Understanding EU Climate Change Policy

EU 기후변화
정책의 이해

고문현·정순길·이승은 저

박영사

본 연구는 산업통상자원부(MOTIE)와 한국에너지기술평가원(KETEP)의
지원을 받아 수행한 연구 과제입니다. (No. 20174010201440)

/ 머리말 /

　이 책은 현재 세계에서 가장 적극적으로 온실가스 감축정책을 추진하고 있다고 평가를 받고 있는 EU의 기후변화정책을 소개하는 것을 목적으로 하고 있다. EU는 온실가스 감축정책을 회원국들이 개별적으로 입안해서 시행하는 것이 아니라 EU 차원에서 에너지 및 환경정책을 수립하여 모든 회원국에 동일하게 적용하고 있다. EU를 하나의 권역으로 보면 EU의 온실가스 배출량 순위는 세계에서 중국, 미국에 이어 세 번째에 해당하며, 2018년을 기준으로 볼 때 세계 온실가스 배출량의 약 9% 정도를 배출하고 있는 것으로 추정된다. EU는 온실가스 감축문제를 해결하기 위한 각종 정책을 적극적으로 펼쳐서 다른 국가들과는 달리 1990년도를 기준으로 할 때 꾸준히 온실가스 배출량이 감소하고 있으며, 그 감소폭도 상당한 수준이다. 즉, EU는 2017년에 이미 1990년 배출량 대비 22% 감축을 달성하는 등 국제적으로 선언한 2020년도의 온실가스 배출량 감축목표인 1990년 대비 20%를 이미 달성하였으며, 2030년도 감축목표도 1990년 대비 40% 감축이라는 높은 수준을 제시하고 있다. 또한 장기적으로 2050년까지 아예 온실가스 배출량이 완전히 제로가 되는 순환경제를 구축하기 위한 계획을 수립하기 위한 절차를 시작하였다.

　EU는 온실가스 배출량을 감축하기 위한 핵심 정책으로 배출권거래제인 'EU ETS'와 각 회원국이 의무적으로 일정기간 이행하여야 하는 'Effort Sharing Decision(이하 'ESD'라 약칭)'을 중점적으로 추진하고 있다. EU ETS에 해당하는 업종은 11,000여 개에 달하는 대형 사업장으로 EU 온실가스 배출량의 40~45% 정도를 차지하고 있다. EU ETS에 포함된 업체들에 할당하는 연간 배출허용한도는 2013년부터 2020년까지 매년 1.74%씩 감소하도록 설계되었다. EU ETS Ⅳ단계가 시작되는 2021년부터 2030년까지 연간 배출허용한도는 매년 2.2%씩 더욱 가파르게 낮추어진다. 이 책에서는 EU ETS가 배출권 공급과잉으로 인하여 배출권 시장의 기능이 약화된 이후 이를 정상화시키기 위해서 EU가 취한 EU ETS에 대한 개혁 조치들에 대해서 자세히 설명한다. 또한 EU의 개혁조치로 인하여 2018년 중반 이후 배출권가격이 상당 수준으로 상승함에 따라 배출권가격과 화력발전소의 연료전환 관계에 대해서 살펴본다. 아울러 ETS의 도입하는 경우 어느 국가에서나 제기되는 기업경쟁력 약화 문제를 EU의 경우에 어떻게 정책적으로 대처하고 있는지 설명한다.

EU ETS에 포함되지 않은 업종에 대해서는 2013년부터 2020년까지 각 회원국별로 매년 지켜야 하는 배출량이 ESD에 명기되어 있다. ESD는 2021년부터 2030년까지 새로운 유연성 체계가 도입된 'Climate Action Regulation'으로 개편되어 시행된다. EU ETS가 적용되지 않는 부문에서의 가장 큰 문제는 'Diesel Gate'에서 나타난 바와 같이 Transport 부문, 특히 자동차에서 발생하는 온실가스를 어떻게 통제할 것인가 하는 문제이다. Transport 부문은 EU의 엄청난 노력에도 불구하고 1990년 이래 온실가스 배출량이 증가하고 있는 거의 유일한 부문이며, 사실상 '2030 기후 및 에너지 목표'를 달성하기 위해서 반드시 해결해야 할 부문이다. 따라서 이 책에서는 현재까지 이 부문에 대한 EU의 정책적인 노력을 소개하고, 2020년대에 적용할 새로운 기준에 대해서 설명한다.

향후 EU 기후변화정책에서 불확실성을 높이게 될 주요 요인은 Brexit로 표현되는 영국의 EU 탈퇴 이후에 필연적으로 발생하게 될 정책적 지도력의 공백을 어떻게 극복할 것인가 하는 문제이다. Brexit는 단순히 EU의 기후변화정책에 대해서 영향을 미치는 문제가 아니라 EU에서 독일에 이어 두 번째로 온실가스 배출량이 많았던 영국 자체의 기후변화정책에도 변화를 불러 올 수 있는 사건이다. 따라서 이 책에서는 영국의 기후변화정책에 대해서 별도로 설명을 덧붙였다.

대부분의 경우 온실가스를 감축하기 위한 정책수단으로 배출권거래제가 거론될 때는 반드시 탄소세의 도입문제가 제기된다. EU의 경우 전체적으로 배출권거래제가 시행되고 있음에도 불구하고 일부 국가에서 여러 가지 목적으로 탄소세를 도입하여 시행하고 있다. 이에 따라 경제학적 측면에서 배출권거래제와 탄소세의 정책적 효과를 비교하고, 이미 EU 회원국에서 시행하고 있는 탄소세의 내용에 대하여 설명한다.

EU가 온실가스 감축을 위해서 취하고 있는 기존의 다양한 정책 이외에 2030년 온실가스 감축목표를 달성하기 위해서 추가로 도입하기로 예정한 각종 정책은 단순히 EU 회원국에게만 영향을 미치는 것이 아니라 EU와 무역 등으로 얽혀 있는 우리나라의 산업계에도 적지 않은 영향을 주게 된다. 특히 우리나라의 주력 산업인 자동차, 조선 등이 속한 육상운송과 해상운송에 대해서 향후 수년 이내에 대대적인 정책적인 변화를 예고하고 있는 상황이므로 우리나라의 해당 산업분야는 이에 대해서 신속한 대처가 필요하다. 이 책에서 설명하고 있는 EU 기후변화정책의 방향이 국내 산업계의 적절한 대처에 조금이나마 도움이 되기를 바란다.

책을 저술하는 것은 집을 짓는 것과 같이 여러 분들의 도움을 받았다. 이 책의 저술에 흔쾌히 참여하여 옥고를 작성해 주신 정순길 교수님과 이승은 박사님, 에너지 법·제도 전문가를 양성하는 숭실대학교 기후변화특성화프로그램 지원뿐만 아니라 이 책의 저술이 가능하도록 재정적으로 지원해주신 임춘택 한국에너지기술평가원장님, 어려운 출판환경 속에서도 전폭적인 도움을 주신 박영사 안종만 회장님과 조성호 이사님 등 관계자 여러분께 진심으로 감사드린다.

2019년 6월 저자를 대표하여
고문현 씀

/ 차례 /

제1장 EU의 온실가스 배출 추이

1.1 온실가스에 관한 일반적인 사항

1.1.1 온실가스의 종류

대기 중에 열을 가두는 역할을 함으로써 지구 온난화의 주요 요인으로 지목되고 있는 온실가스는 이산화탄소(CO_2)를 비롯하여 메탄(CH_4), 아산화질소(N_2O), 수소불화탄소(HFC_s), 과불화탄소(PFC_s), 육불화황(SF_6) 등 6개 종류의 가스를 말한다. 이 중 수소불화탄소, 과불화탄소와 육불화황은 하나로 묶어서 불화가스 또는 F-가스라고도 부른다. 물론 지구상에 존재하는 온실가스의 종류는 이보다 많이 있지만 유엔기후변화협약(UNFCCC)을 이행하기 위해서 체결된 교토의정서에서 위의 6개 종류를 각국이 감축해야 할 온실가스로 명기하였다.

온실가스는 지구를 덮고 있는 담요와 같이 지구상의 에너지를 흡수하고, 이를 우주로 방출하는 속도를 늦춰서 지구 온난화를 야기한다. 따라서 온실가스가 지구 온난화에 미치는 영향은 대기 중에 포함된 온실가스의 절대적인 규모와 밀도, 대기 중에 머무는 기간 등에 의해서 결정된다. 온실가스가 대기 중에서 머무는 기간을 보면 <표 1-1>에 표기된 바와 같이 메탄의 경우 12년, 아산화질소는 114년, 수소불화탄소는 14년, 과불화탄소는 800~50,000년, 육불화황은 3,200년 정도이다. 이산화탄소는 시간이 경과함에 따라 사라지는 것이 아니라 해양, 대기, 육지의 다른 부분으로 순환하므로 잔존기간을 정확히 추정할 수 없지만 대략 30~95년 정도로 보고 있다.

온실가스별로 지구 온난화에 미치는 정도는 서로 다르기 때문에 이산화탄소가 지구 온난화에 미치는 영향을 기준으로 각각의 온실가스가 지구 온난화에 기여하는 정도를 지수로 표시한 것이 지구 온난화지수(GWP; Global Warming Potential)이다. GWP는 주어진 일정 기간에 이산화탄소 1톤의 배출량을 흡수하는 데 소요되는 에너지와 비교해서 1톤의 온실가스 배출량을 흡수하는 데 소요되는 에너지에 대한 척도이다. 일반적으로 GWP가 상정하고 있는 일정 기간은 100년이다. 따라서 특정 온실가스의 GWP의 값이 크면 클수록 같은 기간 동안에 이 온실가스가 이산화탄소에 비해서 지구온난화를 그 수치만큼 더 야기한다고 할 수 있다. GWP는 서로 다른 다양한 분야에서 발생하는 각각의 온실가스 배출량을 하나의 수치로 표기할 수 있는 척도이므로 온실가스 감축을 위한 정책 수립에 있어서 중요한 지표이다.

GWP는 IPCC의 보고서에 포함되어 있는데 보고 시점에 따라 그 값이 약간씩 차이가 있다. 현재 UNFCCC에서는 2007년에 발표된 IPCC 4차 보고서(AR4)에 기재된 100년 기준 GWP 수치를 사용한다. 이에 따르면 GWP는 메탄 25, 아산화질소 298, 수소불화탄소 1,430, 육불화황 22,800 등이다. 가장 최근에 보고된 GWP는 2014년에 발행된 IPCC 5차 보고서(AR5)로 여기에는 메탄 34, 아산화질소 298, 수소불화탄소 1,550 등으로 AR4에서 보고된 수치와도 약간의 차이가 있다.

온실가스는 종류에 따라서 대기 중에 머무는 기간과 온난화에 미치는 영향이 다르므로 온실가스의 전체 규모를 다룰 때는 개별적인 가스의 규모를 보는 것이 아니라 이를 이산화탄소의 무게로 환산한 단위로 이산화탄소 환산량을 사용하며, 이를 tCO_2e 또는 tCO_2eq로 표기한다. 일반적으로 지구 차원에서 온실가스 배출량을 표시하는 경우에는 10억 톤을 의미하는 $GtCO_2e$가 사용되고, 개별 국가의 온실가스 배출량을 표현할 때는 100만 톤을 의미하는 $MtCO_2e$가 사용된다.

IPCC(2014)에 따르면 지구상의 온실가스 종류별 점유율은 화석연료 사용과 제조업 공정에서 발생하는 이산화탄소가 65%, 삼림 또는 토지활용에서 발생하는 이산화탄소가 11% 등 전체 지구상의 온실가스 발생량의 76%를 차지하고 있

표 1-1 온실가스와 GWP

온실가스 이름	표기	잔존기간(년)	GWP
이산화탄소(Carbon Dioxide)	CO_2	30~95	1
메탄(Methane)	CH_4	12	25
아산화질소(Nitro Oxide)	N_2O	114	298
수소불화탄소(Hydrofluorocarbon)	HFC_s	14	1,430
과불화탄소(Perfluornated Chemicals)	PFC_s	800~50,000	6,500~11,700
육불화황(Sulfur Hexafluoride)	SF_6	3,200	22,800

* GWP는 2007년 IPCC AR4, 100년 기준

으며, 메탄이 16%, 아산화질소가 6%, F-가스가 2% 정도를 차지하고 있다.

1.1.2 온실가스의 발생 경로

㉠ 이산화탄소

이산화탄소는 인간 활동에 의해 생성되는 대표적인 온실가스이다. 자연 상태에서 이산화탄소는 탄소 순환시스템의 일환으로 대기 중에 존재한다. 즉, 이산화탄소는 끊임없이 대기, 해양, 지표면에서 많은 미생물과 식물, 동물 등에 의해 생산되고 흡수되는 과정을 반복하며 순환한다. 이렇게 이산화탄소를 배출하고 흡수하는 탄소 순환시스템은 그 자체로 균형을 유지하고 지속되어 왔다. 그러나 산업혁명 이래로 인간 활동은 대기 중에 방출되는 이산화탄소 배출량을 증가시키거나 대기 중의 이산화탄소를 저장하는 기능을 수행하는 삼림 등에 변화를 가져옴으로써 탄소 순환시스템에 변화를 초래하여 대기 중에 포함된 이산화탄소의 양에 변화를 가져온다. 산업혁명 이래로 대기 중에 포함된 이산화탄소의 양이 증가한 것은 상당 부분 인간 활동에 그 원인이 있다.

이산화탄소를 배출하는 대표적인 활동에는 석탄, 석유, 천연가스 등 화석연료의 연소이다. 2017년 기준으로 전체 온실가스에서 이산화탄소가 차지하는 비중은 73%이며, 지구상에서 인위적으로 배출한 이산화탄소의 40%는 석탄, 31%는 석유, 18%는 천연가스의 연소에서 나왔다. 이외에 4%가 시멘트 생산과정에서 발생하고 있다. 화석연료의 사용에서 배출되는 이산화탄소를 줄이기 위해서는 화석연료를 재생에너지로 전환하는 방법이 가장 확실하다. 부분적으로 에너지 효율 향상으로 이산화탄소를 줄이는 것도 하나의 방법이다. 또한 이산화탄소를 포집하여 지하에 저장하는 CCS(Carbon Dioxide Capture and Storage; 이산화탄소 포집 및 저장)는 이산화탄소의 대규모 감축에 도움이 될 수 있다.

㉡ 메탄

메탄은 이산화탄소에 이어 온실가스에서 중요한 비중을 차지하고 있다. 지구상에서 발생하는 메탄의 60% 이상이 인간 활동에 기인한 것으로 알려져 있다. 인간 활동에 의해서 발생하는 메탄은 주로 제조업, 농업과 폐기물 처리 등의 과정에서 발생한다. 제조업에서 발생하는 메탄은 주로 천연가스를 이용하는 공장과 정유공장 등과 관련되어 있다. 2017년 기준으로 전체 온실가스 배출량에서 메탄이 차지하는 비중은 18%이다. 메탄의 발생 원인별 비중을 보면 축산업과 관련된 메탄 배출량이 23%에 달하고, 천연가스의 생산과정과 관련된 배출량이 13%, 석유 생산과 관련된 배출량이 11%, 석탄 채굴과 관련된 배출량이 11%, 쌀 생산과 관련된 배출량이 10% 등이다. 이외에도 쓰레기를 땅에 매립하여 처리할 때 쓰레기가 분해되는 과정에서 발생하는 메탄의 배출량이 8% 정도를 차지하고, 공업용 오폐수의 처리와 관련된 배출량도 8% 정도에 달한다.

ⓒ 아산화질소

아산화질소는 지구상의 질소 순환시스템의 일환으로 대기 중에 존재하지만 인간 활동에 의해서 그 양이 점차 증가하고 있다. 지구상에서 발생하는 아산화질소의 60% 이상이 인간 활동에 기인한 것으로 알려져 있다. 인간 활동에 의해 발생하는 아산화질소는 주로 농업에서 발생한다. 전체 온실가스 배출량에서 아산화질소가 차지하는 비중은 6% 정도이다. 농업에서 발생하는 아산화질소는 가축의 분뇨를 사용한 거름과 소변 등에서 발생하며 2017년 기준으로 배출량의 21%를 차지하고 있다. 또한 아산화질소는 작물 재배를 위해 인조화학 질소비료를 사용함에 따라서 발생하며, 전체 배출량의 18%를 차지하고 있다.

ⓔ F-가스

다른 온실가스와 달리 F-가스는 자연적인 과정에서 발생하는 부분이 전혀 존재하지 않고 모두 인간 활동에 의해 발생한다. F-가스는 주로 반도체 또는 알루미늄 제조공정에서 발생한다. 다른 온실가스와 달리 F-가스는 대단히 높은 지구 온난화지수를 갖고 있고, 대기 중의 잔류기간도 상당히 길기 때문에 적은 양의 대기 방출에도 심각한 영향을 미친다. 대기 중에 방출된 F-가스는 다른 공기 속에 잘 섞여서 지구상의 대기 속으로 퍼져 나간다. 일단 방출된 F-가스는 대기 상층부로 올라가는 경우에 태양광선에 의해서 제거 가능하다. HFC_s가 발생하는 원인은 오존층을 파괴하는 물질의 사용을 금지한 몬트리올 의정서에 따라 냉각 촉매제로서 대체물질로 HFC_s가 사용되기 때문이다. 냉장고, 에어컨 등 각종 냉방기기에서 사용되는 HFC_s가 설비의 노후화 등으로 인하여 대기 중에 방출되는 것이다. PFC_s는 반도체 또는 알루미늄의 제조공정에서 부산물로 생산된다. SF_6는 마그네슘 처리공정 또는 반도체 제조공정에서 사용되며, Circuit Breaker 등 절연체를 사용하는 전력의 송전 및 배전기기 등에서 이용된다. 2017년 기준으로 전체 온실가스 배출량에서 F-가스가 차지하는 비중은 3% 정도이다.

1.1.3 온실가스의 배출부문

㉠ 전력과 난방 부문

지구상에서 인간 활동에 의해서 방출되는 온실가스의 배출원은 다양하지만 IPCC(2014) 보고서는 경제부문별로 직접배출은 전력과 난방, AFOLU(농업, 삼림, 토지활용), Transport, 제조업, 빌딩, 기타 에너지 등 크게 6개 부문으로 분류하며, 전력과 난방 점유율을 최종 소비자에 따라 다시 나머지 5개 부문에 대한 간접 배출로 분류한다. 직접 배출에서 가장 높은 비중을 차지하고 있는 부문은 전력과 난방 부문으로 약 26%를 점하고 있으며, AFOLU가 25%로 뒤를 잇고 있다. 제조업과 Transport는 각각 21%와 14%를 차지하고 있으며, 빌딩과 기타 에너지는 6.4%와 9.6%를 점하고 있다. 또한 간접 배출로 재분류되는 전력과 난방 부문의 26%는 제조업 부문과 빌딩 부문에서 각각 11%와 12%를 차지하여 사실상 대부분을 점하고 있다.

전력과 난방 부문은 전력의 발전, 송전, 배전 과정을 포함한다. 온실가스는 전기를 생산하기 위해서 연료로 천연가스, 석탄, 석유 등 화석연료를 사용할 때 주로 발생한다. 극히 미미하게 전력을 송전할 때 사용되는 절연체에 의해서 SF_6가 발생하기도 한다. 석탄발전소의 경우 천연가스발전소보다 상당히 많은 양의 온실가스를 방출한다. 따라서 발전소가 사용하는 연료에 따른 구성비가 한 나라의 온실가스 배출량에 지대한 영향을 미치게 된다. 일반적으로 전력은 가정, 기업 등 발전소 이외의 곳에서 소비된다. 따라서 전력 생산에 의해 유발되는 온실가스 배출량을 전력을 소비하는 부문에 따라 다시 분류할 수 있다. 전력의 최종 소비자에 따라 발전소에서 배출된 온실가스를 재배정하면 제조업 부문과 빌딩 부문 등에서 방출하는 온실가스의 양은 큰 폭으로 증가한다.

㉡ Transport 부문

Transport 부문은 사람과 물건을 운송하기 위한 자동차, 트럭, 기차, 선박, 비행기 등 대부분의 교통수단을 포함한다. 교통수단에 의한 이산화탄소 배출은 휘발유 또는 경유 등 석유제품을 연료로 사용하기 때문에 발생한다. Transport 부문에서 이산화탄소 배출량의 절반 이상은 자동차를 사용하는 데서 발생한다.

상대적으로 많지 않은 양의 메탄과 아산화질소도 교통수단의 연료연소 과정에서 발생하며, 일부 HFC_s도 교통수단에 부착된 에어컨에 의해서 방출되기도 한다. 지난 40년간 Transport 부문의 이산화탄소 배출량 증가는 전 세계적으로 나타나고 있는 급격한 도시화, 이에 따른 대중교통 수단의 미비, 상대적으로 낮은 석유가격, 연비가 낮은 교통수단, 저탄소 연료의 부족 등이 주요 요인으로 꼽히고 있다. 특히, 2002년 이후 Transport 부문에 의한 이산화탄소 배출량의 증가는 중국의 수출산업의 성장과 맞물려 있다. 최근 OECD 지역에서의 화석연료의 소비가 감소함에 따라 이산화탄소 배출량도 감소하였지만 여타 국가에서는 이에 크게 영향을 받지 않았다. 일반적으로 1인당 소득과 1인당 Transport 부문에 의한 배출량은 강한 상관관계를 보여주고 있다. 이러한 상관관계는 국가의 소득이 높아질수록 개인소득의 증가에 따른 경제 활동의 증가와 생활수준의 향상에 따른 개인 교통수단에 대한 수요 증가 현상이 강해지므로 선진국으로 갈수록 더욱 뚜렷하게 나타난다.

ⓒ 제조업 부문

제조업 부문은 인간이 일상생활에서 사용하는 제품을 생산하는 분야로서 생산과정에서 이산화탄소를 방출한다. 제조업에서 배출되는 이산화탄소는 제품을 생산하는 현장에서 배출하는 직접 배출과 생산 현장과는 상관없지만 공장의 에너지 사용에 따라 발생하는 간접 배출이 존재한다. 직접 배출은 동력, 난방 등의 목적으로 화석연료를 연소함에 따라 발생하거나 화학반응 또는 제조과정에서 유출 등으로 발생한다. 직접 배출의 상당부분은 에너지를 얻기 위한 화석연료의 연소과정에서 발생하지만 약 1/3 정도는 천연가스나 석유의 정제과정에서 유출 또는 화학제품, 시멘트, 철강 생산에서의 화학반응에 의해서 발생한다. 간접 배출은 화석연료를 사용해서 발전소에서 생산한 전기를 공장에서 제품을 생산하기 위하여 사용함에 따라 발생한다.

제조업과 관련된 이산화탄소 배출량은 개발도상국들이 전 세계 배출량의 대부분을 차지하고 있으며, OECD 국가들이 차지하는 비중은 1970년의 61%에서 2010년의 26%로 급격히 감소하였다. 개발도상국이 생산과정에서 에너지를 대규모로 소비하는 시멘트, 알루미늄, 철강, 제지 등의 생산을 대폭 확대한 것이 이산화탄소 배출량의 증가에 직접적인 영향을 미쳤다. 특히 2000년대 이래로 중국에서의 수출산업의 성장이 제조업 부문에서의 이산화탄소 배출량의 증가를 선도하고 있다.

　ⓔ 빌딩 부문

　빌딩 부문에는 모든 주거용 건물과 상업용 건물이 포함된다. 빌딩 부문에서 난방 또는 취사 등을 위해서 천연가스 또는 석유제품을 사용함에 따라 이산화탄소와 메탄 등을 방출하게 된다. 미국의 경우 석탄에 의한 것보다 천연가스의 사용에 따른 배출량이 건축물 관련 전체 이산화탄소 배출량의 79% 정도에 달할 정도로 높은 비중을 차지하고 있다. OECD 국가들은 빌딩 부문과 관련된 배출량이 전체 배출량의 절반 정도를 차지하고 있지만 대체로 감소하는 추세를 보이고 있지만 개발도상국에 속한 국가에서 빌딩 부문과 관련된 배출량이 빠르게 증가하는 모습을 보이고 있다.

　소득이 높아질수록 에너지 소비가 증가하므로 개인소득 수준과 빌딩 부문의 배출량 사이에는 어느 정도 상관관계가 존재한다. 건축물의 신축부터 폐기까지 하나의 과정에서 이산화탄소 배출량의 80% 이상이 건물의 운영 중에 발생하며, 주로 난방, 환기, 냉방, 온수, 조명 등과 관련이 있다. 또한 대부분 주거용 건물에서 발생하는 이산화탄소 배출은 난방과 관련이 높다.

　ⓜ 농업 부문

　농업 부문은 다양한 방면에서 온실가스의 증가에 일조한다. 경작용 토지에 대한 비료 살포, 관개 등 다양한 농법의 적용은 필연적으로 아산화질소의 방출에 이르게 된다. 토지의 경작과 관련된 온실가스 배출량은 전체 농업에서의 배출량의 절반 이상을 차지한다. 가축 중에서도 대표적으로 소의 경우에는 소화과정에서 메탄을 방출한다. 이렇게 방출되는 온실가스의 양이 전체 농업에서 배출되는 양의 1/3 정도를 차지한다. 또한 거름을 저장하는 것도 산소와 습기와의 접촉 여부에 따라 온실가스 배출에 영향을 미치며 전체적으로 농업에서의 배출량의 10% 이상을 차지한다. 기타 벼를 수확하고 난 후에 볏짚을 태우는 것 등이 메탄과 아산화질소의 방출을 야기한다.

　농업과 관련된 이산화탄소 배출량이 증가하는 요인으로는 가축에 대한 수요 증가, 토지 개간 증가, 삼림의 황폐화, 화학비료의 사용 증가 등을 꼽을 수 있다. 지난 40년간 지구상의 인구가 90% 정도 증가함에 따라 1인당 토지의 가용면적은 크게 감소하였지만 농작물에 대한 생산성이 크게 향상되었다. 이 과정에서 질소비료가 광범위하게 사용되었고, 이에 따라 아산화질소의 배출량이 크게 증가하였다.

1.1.4 온실가스 감축을 위한 노력

㉠ IPCC(Intergovernmental Panel on Climate Change)

IPCC는 '기후변화에 관한 정부 간 패널'이라는 용어로 번역된다. IPCC는 UN의 산하기관인 세계기상기구(WMO)와 UN 환경계획(UNEP)에 의해 1988년 설립된 조직으로 인간 활동으로 인한 기후변화의 위험을 평가하는 것을 주요 업무로 한다. 이에 따라 IPCC는 연구를 수행하거나 기상 관측을 하는 것이 아니라 UNFCCC의 실행에 관한 보고서를 5~7년 간격으로 주기적으로 발행한다. IPCC는 보고서에 대한 검증을 관련 분야 종사자에게 맡기고 있으며 과학적인 근거를 확인한다. IPCC의 가입국은 WMO와 UNEP 회원국으로 한정된다.

IPCC 평가보고서는 1990년 처음으로 발간되어 이를 2년 뒤에 보완하였으며, 2차 평가보고서는 1995년, 3차 평가보고서는 2001년, 4차 평가보고서는 2007년, 5차 평가보고서는 2014년에 각각 발표되었다. 각 평가보고서는 세 권으로 Working Group Ⅰ, Ⅱ, Ⅲ 등으로 구성되어 있다. Working Group Ⅰ에는 기후변화의 과학적 근거가 담기고, Working Group Ⅱ에는 기후변화의 영향, 적응 및 취약성이 담기며, Working Group Ⅲ에는 기후변화의 완화가 내용으로 되어 있다.

IPCC 5차 평가보고서는 기온 상승을 2℃로 제한하기 위한 2011년 이후 누적 이산화탄소 배출허용총량을 $1,000 Gt CO_2$으로 설정하고, 온실가스 감축시기의 중요성을 강조하였다. 또한 기후변화 대응의 효과성을 높이기 위한 국제적, 국가적, 지역적 차원에서의 정책적 접근, 특히 기술지원 및 금융지원 등을 기후변화 대응의 효과를 제고하기 위한 전략으로 제시하였다.

㉡ UNFCCC(UN Framework Convention on Climate Change)

세계적으로 배출되는 온실가스를 감축하기 위한 국제적인 협약의 필요성은 온실가스가 지구온난화를 야기하는 주요 요인 중의 하나이고, 인간의 활동이 지구온난화에 중대한 영향을 미치고 있다는 과학적 증거에 바탕을 두고 있다.

IPCC가 UN에 제출한 보고서에 따라 지구 기후를 보호하기 위하여 온실가스 감축을 목표로 하는 기후변화협약, 즉 UNFCCC가 1992년 6월 리우회의에서 채택되었다. 2015년 현재 197개국이 가입국으로 우리나라는 1993년에 가입하였다.

유엔기후변화협약은 각국의 온실가스 배출, 흡수 현황에 대한 국가통계 및 정책이행에 관한 국가 보고서 작성, 온실가스 감축을 위한 국내 정책 수립 및 시행, 온실가스 감축 권고 등을 주요 내용으로 삼고 있다. 협약에 가입한 당사국들은 기술적, 경제적 능력에 따라 구분하여 부속서 I 국가와 부속서 II 국가, 기타 국가들로 구분된다. 부속서 I 국가는 협약이 체결될 당시의 OECD 24개국 및 EU와 동유럽 국가 등 35국이었으나 후에 5개국이 추가로 가입하였으며, 현재에는 러시아와 발트 지역 및 여러 중동부 유럽 국가들이 포함되어 있다. 부속서 II 국가는 부속서 I 국가에서 동유럽 국가들이 제외된 EU와 OECD 24개국으로 구성된다. 여기에 속한 국가들은 온실가스를 감축하기 위한 국가 전략을 수립·시행하고, 이를 공개하여야 하며, 통계자료와 정책이행에 대한 보고서를 협약당사국총회에 제출하여야 한다. 협약체결 당시에 OECD 회원국이었던 24개 선진국은 개발도상국에 대한 재정지원 및 기술이전 의무를 가진다. 우리나라는 기타 국가로 분류되어 국가 보고서 제출 등 협약에 따른 일반적인 의무만 수행하고 있지만 OECD에 가입한 이후에는 자발적으로 부속서 I 국가와 같은 의무를 부담하여 줄 것을 요구받고 있다.

UNFCCC는 매년 개최되는 당사국 총회(COP)에서 협약의 이행방법 등 주요 사안들을 전반적으로 검토한다. 당사국 총회는 1995년 처음 독일 베를린에서 개최된 제1차 당사국 총회부터 2014년 페루의 리마에서 개최된 제21차 당사국 총회까지 전 세계적인 온실가스 감축에 대한 중요한 결정들이 이루어져 왔다. 이 중에서 배출권 거래제의 도입이 처음 규정된 교토의정서가 채택 것은 제3차 당사국 총회이다. 교토의정서는 미국이 자국 산업에 부담이 된다는 이유로 2001년 탈퇴하였으나 2004년 러시아가 비준함에 따라 2005년부터 발효되었다. 교토의정서의 의무이행 당사국은 미국, 일본, 호주, 캐나다, EU 등 38개 선진국으로 의무이행 기간은 2008년부터 2012년이다. 전체 온실가스 감축 목표는 1990년 대비 평균 5.2% 감축으로 각 국가별로 목표량은 다르다. 감축 대상 온실가스는 이산화탄소(CO_2)를 비롯하여 6개 모두 포함한다. 교토의정서는 의무이행 당사국의 감축 이행시 신축성을 허용하기 위하여 배출권 거래제와 공동이행(JI), 청정

개발체제(CDM) 등의 제도를 도입하였다. 공동이행제도(JI; Joint Implementation)에 의해서 발행되는 상쇄배출권을 ERU(Emmission Reduction Unit), CDM에 의해서 발행되는 상쇄배출권을 CER(Certified Emmission Reduction)이라고 부른다.[1] ERU와 CER은 교토의정서에 따른 의무를 이행하는 배출권으로 사용되었다.

ⓒ 파리협정(Paris Agreement)

2015년 12월 12일 파리에서 개최된 제21차 유엔기후변화협약 당사국 총회에서 채택된 파리합의문은 전문 및 29개 조항으로 구성된 파리협정(Paris Agreement)과 140개의 결정문(Decision)으로 구분된다. 파리협정의 목표는 지구 평균 기온 상승폭을 산업화 이전 대비 2℃보다 훨씬 적도록 제한하고, 기후변화 적응력 강화 및 기후 복원력을 증진시키며, 온실가스 배출감축 및 기후 복원력 개발을 위한 재원을 조성하자는 것이다. 이를 위해서 파리협정은 감축, 적응, 손실과 피해, 재원, 기술개발 및 이전, 역량 배양, 투명성 이행점검 등 주요 요소별로 적용될 원칙과 방향을 담고 있다. 주요 요소별로 파리협정을 요약한 내용은 <표 1-2>과 같다.

<표 1-2>의 주요 조항 중에서 기후재원은 파리협정 9조에 포함되어 있으며, 재원조성과 공급, 보고 및 점검, 재원체계, 재원에 대한 접근성 등의 내용으로 모두 9개항으로 구성되어 있다. 우선, 재원의 공급주체로 선진국은 감축과 적응분야에 있어서 개발도상국에게 재원을 지원해야 하고, 기타 당사국들은 자발적으로 이러한 지원을 공급하도록 장려하고 있다. 재원조성은 선진국 주도로 이루어져야 하고, 다양한 범위의 공급원, 금융수단, 방식으로 이루어지되 공공기금의 중요성이 인식되어야 함을 명시하고 있다. 선진국은 개발도상국으로의 공급이 예상되는 재원에 대한 정성·정량적 정보를 2년 주기로 사전에 보고를 하여야 하며, 재원을 공급하는 기타 당사국들은 자발적으로 보고할 것을 장려하고 있다. 이에 따라 개발도상국은 선진국의 재원조성 및 공급을 예측하는 것이 가능하다. 선진국은 공공의 개입을 통해서 조성되고, 개발도상국으로 공급된 지원과 관련된 투명하고 일관적인 정보를 2년 주기로 공급해야 한다는 내용도 있다. 사전보고와 사후보고의 의무주체는 선진국으로 한정되어 있으며, 2년 주기와 명확한 정보제공 그리고 공공영역으로부터 조성된 재원의 정보를 제공하여야 한다.

---

1) 유상희 외 5인, 『기후변화 및 탄소시장 용어집』, 경문사, 2010, 17면 참조.

표 1-2 파리협정의 주요 내용

구분	주요 내용
장기목표	• 산업화 이전 대비 지구 평균 기온 상승을 2℃ 보다 낮은 수준으로 유지하고, 1.5℃ 이하로 제한하기 위한 노력 추구 • 기후변화에 대한 적응력 강화 및 기후 탄력성 및 온실가스 저배출 개발 증진 • 온실가스 저배출 및 기후 탄력적 개발을 위한 재원 조성
감축	• 최대한 빨리 지구 온실가스 최대배출년도 도달 • 모든 나라는 국가별 감축목표를 주기적으로 준비, 통보 및 유지 • 각국은 NDC 달성을 위해 국내 감축방안 실행 • 차기 감축목표는 자국의 상황에 비추어 도달 가능한 최상의 수준으로 이전에 제시된 목표보다 향상된 수준을 제시 • 선진국은 절대적 감축목표, 개발도상국도 동일 방식 채택 지향 • 국가 간 자발적 연계를 통한 온실가스 감축량 국제거래를 허용
적응	• 복원력 제고와 취약성 감소 • 국가적응계획을 수립하고, 적응계획과 이행 • 정보, 우수 관행 및 경험 공유 강화
손실과 피해	• 손실과 피해의 중요성 인정 • 바르샤바 메커니즘 등을 통한 손실과 피해에 대한 이해, 행동 및 지원 강화
기후재원	• 선진국은 재원 공여 및 조성에 선도적 역할 수행, 여타 국가는 자발적 참여 • 다양한 재원을 활용하여 재원 공여 및 조성 규모 확대 • 선진국은 공공재원 지원 관련 사전 및 사후 정보 격년으로 제출, 여타 나라는 자발적 제출 권고
기술 개발과 이전	• 감축 및 적응을 위한 기술개발 및 이전의 중요성에 대한 장기 비전 공유 • 기술협력 확대를 위한 기술 Framework 수립
역량배양	• 감축과 적응 행동, 기술과 재원 활용능력 제고 목표 • 지역, 양자, 다자 차원의 협력 추진 • 역량배양을 위한 파리위원회 설립
투명성 이행점검	• 기후행동 및 지원에 대한 투명성 강화 및 유연성 인정 • 투명성 강화를 위한 개발도상국들의 역량배양 지원 • 2023년부터 5년 주기로 파리협정 이행 및 장기목표 달성 가능성을 평가하는 전 지구적 이행점검 실시 • 이행 촉진적, 비적대적, 비징벌적 성격의 의무 준수체제 구축

유엔기후변화협약의 재원체계는 파리협정의 재원체계를 지원하고, 기존 협약과 파리협정의 재원체계가 일맥상통한다. 재원의 운영은 국제기관을 통해 실행에 옮겨지는데 기후협약에서 재원의 운영주체는 녹색기후기금(Green Climate Fund)과 지구환경기금(Global Environment Facility)이 담당하고 있다. 따라서 파리협정 이행을 위한 재원은 GCF와 GEF를 중심으로 조달된다. 파리협정에 명시된 기후재원의 특징을 요약하면, 선진국의 선도적인 역할을 중심으로 기타 당사국들은 자발적으로 재원분야에 기여하는 형태로서 사전·사후보고 및 이행점검을 통해서 재원에 대한 명확성과 예측가능성이 확보되어 있다. 또한 기후재원은 공공분야를 중심으로 다양한 분야에서 조성되고 점차 증대될 것으로 보인다.

파리협정은 2016년 4월 22일 서명식 이후 55개국 비준 및 전 세계 온실가스 배출량의 55% 이상이라는 발효요건을 2016년 11월 4일 충족함에 따라 국제적으로 공식 발효되었다. 우리나라도 2016년 11월 3일 국회가 파리협정 비준동의안을 가결함에 따라 당일 UN에 비준서를 기탁하였으며, 비준서 기탁 후 30일 규정에 따라 2016년 12월 3일부터 공식적으로 효력이 발생하였다. 미국은 트럼프 행정부가 2017년 6월 1일 파리협정에서의 탈퇴를 공식 선언하였다.

② NDC(Nationally Determined Contribution)

INDC(Intended Nationally Determined Contribution)는 파리협정의 체결 이전에 각국이 자발적으로 언제까지 어느 정도의 온실가스 배출량을 감축하겠다는 목표를 UNFCCC에 제출한 내용이다. 각국의 온실가스 감축목표는 지구 온도의 상승폭을 2℃ 이내로 제한하려는 파리협정의 장기적인 목표에 따라 사전에 조율하였다. 그러나 INDC에 법적으로 강제력을 부여하려는 노력은 미국의 입장으로 인하여 성공하지 못함에 따라 교토의정서와는 달리 어느 정도 한계가 존재한다. 다만 지구상의 대부분의 국가들이 자발적으로 참여했다는 데 그 의의가 있다고 할 수 있다. INDC는 파리협정이 체결되기 이전에 제출된 내용이므로 용어에 'Intended'가 포함되었으며, 일단 국가들이 파리협정을 공식적으로 비준한 이후에는 INDC는 NDC로 바뀐다.

파리협정에서는 NDC에 대해서 스스로 정하는 방식을 채택하고, 모든 국가가 차기 감축목표를 제출할 때 이전 목표보다 진전된 목표를 제시하고, 최고의 의욕 수준을 반영하여야 한다는 진전원칙을 규정하였다. 이에 따라 각국은 2020

표 1-3   온실가스 주요 배출국들의 INDC

국가	감축목표
중국	2030년까지 2005년 1인당 GDP 대비 60%~65%
미국	2025년까지 2005년 배출량 대비 26%~28%
EU(28개국)	2030년까지 1990년 대비 40%
인도	2030년까지 2005년 1인당 GDP 대비 33%~35%
러시아	2030년까지 1990년 배출량 대비 25%~30%
일본	2030년까지 2013년 배출량 대비 26%
한국	2030년 BAU 대비 37%

년부터 5년마다 이전 목표보다 더 높은 목표치를 포함한 NDC를 제출하여야 한다.

만일 2030년까지 각국이 파리협정에서 제출한 NDC를 달성한다고 가정하면 지구의 온실가스 배출량은 2025년 $51\,Gt\,CO_2e$에서 정점에 도달할 것으로 전망된다. <그림 1-1>에서 보여주듯이 1990년부터 2015년까지 GDP 단위당 온실가스 배출량 집약도의 연평균 변화는 -1.7%로 나타나고 있다. 2050년까지 각국이 현재의 온실가스 배출 추세를 지속하면 연평균 GDP 단위당 온실가스 배출량 집약도는 평균 -2.1%를 기록하는 경로에 들어갈 것으로 보인다. 만일 각국이 제출한 NDC를 이행한다면 연평균 GDP 단위당 온실가스 배출량 집약도는 평균 -3.3%를 기록하는 경로를 따라 갈 것으로 추정하며, 배출량의 정점은 2025년에 도달할 것으로 보인다. 그러나 지구 평균 기온 상승폭을 산업화 이전 대비 2℃ 이하로 묶어두기 위해서는 연평균 GDP 단위당 온실가스 배출량 집약도는 평균 -6.9%를 기록하는 경로를 택하여야 될 것으로 보인다. 따라서 각국이 파리협정에서 이미 제출한 NDC를 성공적으로 이행한다고 하더라도 파리협정의

그림 1-1   세계 온실가스 배출량 감축 경로

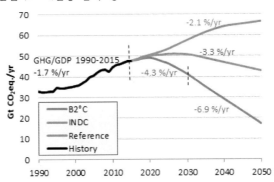

출처: "Climate Action Progress Report", EC, 2018. 10.

목표를 달성하는 것이 어려우므로 중간 이행점검 단계에서 각국이 보다 강화된 목표를 제시하도록 만드는 조치가 필요하다.

　　각 나라의 온실가스 감축목표를 보면 선진국의 경우 온실가스 배출량에 대한 절대량을 목표로 하고 있는 반면에 2000년대 들어 고도의 경제성장에 따라 온실가스 배출량이 급격히 증가하고 있는 중국과 인도는 경제성장률을 반영한 1인당 GDP로 목표치를 설정하였다. 우리나라는 경제변수들의 추정치에 따라 산출되는 BAU(Business As Usual)를 기준으로 삼았다. 사실상 BAU는 정확하게 예측하기 어려운 각종 거시경제 변수들을 목표 연도까지 거의 15년 동안의 추정치를 사용해서 온실가스 배출량 전망치를 산출하는 것이다. 따라서 아무리 정교한 예측모형을 사용한다고 하더라도 초기에 경제 전망이 빗나가면 해마다 오차가 누적되어 수년이 경과한 후에는 실제 배출량과 전망치가 크게 차이를 보이는 치명적인 약점이 있다. 특히, 일정 기간이 지나서 실제 온실가스 배출량과 예측모형에 따른 전망치에서 차이가 발생하면 이 차이가 예측모형의 실패에서 오는 것인지 또는 그동안 정부의 온실가스 감축정책이 성공적이어서 오는 것인지 구분하기가 쉽지 않은 문제점을 가지고 있다. 결론적으로 BAU에 근거해서 15년 이후의 온실가스 배출량의 목표치를 설정하는 것은 객관성이 상당히 결여된 자의적인 수치에 불과하므로 우리나라가 국제 협정에서 BAU를 기준으로 목표치를 제시한 것은 차후에 적당한 기회에 이를 수정할 필요가 있다.

1.2 세계 주요 온실가스 배출국가

1.2.1 세계 온실가스 배출량 추세

지구상에서 위험한 기후변화를 회피하기 위한 전제조건은 산업혁명이 발생한 시점에서의 지구 기온을 기준으로 평균 기온이 2℃ 이하로 상승하도록 제한하는 것이라고 널리 알려져 있다. 전문가들에 의하면 현재 시점에서 평균 기온의 상승을 2℃ 이하로 묶는 것은 이론상 가능하지만 현실적인 선택의 폭은 크지 않으며, 전 세계가 온실가스에 감축에 동참하여야 가능한 수준이라고 본다. UNEP에 따르면 21세기에 지구의 기온 상승을 2℃ 이하로 제한하기 위해서는 전 세계의 온실가스 배출량을 44 $GtCO_2e$ 수준으로 유지하여야 한다고 추정하지만 LULUCF를 포함할 경우 2017년 기준으로 55.1 $GtCO_2e$에 달하고 있기 때문이다. 매우 불확실한 LULUCF 부분을 제외할 경우 지구의 온실가스 배출량은 50.9 $GtCO_2e$에 달한다. 지구의 기온 상승을 제한하기 위해서 필요한 온실가스 감축량이 현재 수준의 배출량의 10%를 조금 초과하는 수준이라서 목표 달성이 어렵지 않을 것으로 판단할 수 있으나 현실적으로 온실가스 배출량이 지속적으로 증가하는 상황에서 이를 축소하는 것은 대단히 어렵다.

1970년부터 2003년까지 지구의 온실가스 배출량은 연평균 1.7%씩 증가해 왔다. 2003년부터 2011년까지 지구의 온실가스 배출량은 중국의 급속한 산업화에 따라 연평균 3.2%로 가속화되었다. 그러나 2012년부터 2014년까지 세계 경제의 성장이 둔화됨에 따라 온실가스 배출량도 연평균 1.4% 증가로 낮추어졌다. 이어서 2015년과 2016년은 사실상 온실가스 배출량의 증가가 멈추어서 다수의 전문가들이 세계 온실가스 배출량이 정점에 도달한 것이 아닌가 하는 희망적인 해석을 내리기도 했다.

그러나 2017년에 들어서면서 세계의 온실가스 배출량이 전년 대비 1.2% 증가하여 온실가스 배출량 정점에 대한 희망은 없어졌다. 2017년의 배출량 증가는 주로 세계의 석탄 소비량이 3년 동안의 감소세에서 벗어나 0.7% 증가로 반전한데 따른 것이다. 3년 동안의 석탄소비가 감소한 나라는 중국, 미국, EU 등으로 화력발전소의 연료 전환에 따라 석탄발전소가 천연가스발전소로 대체된 것과 재생에너지의 비중이 커진 것이 주요 원인이다. 2017년 세계 석탄 소비량이 증가한 원인은 중국과 인도에서의 소비 증가를 꼽을 수 있다. 2017년 중국의 석탄 소비는 전년 대비 0.2% 증가에 불과하지만 인도의 석탄 소비는 전년 대비 4.5% 증가를 기록하였다. 반면에 미국과 EU에서의 석탄 소비는 전년 대비 각각 2% 정도 감소를 기록하였다. 또 다른 화석연료인 천연가스와 석유제품의 소비량은 2017년에도 지속적으로 증가하여 전년 대비 1.4%와 1.7%를 기록하였다. 석유 소비량의 증가는 중국, 미국, EU 등이 주도하고 있으며, 이들은 전체 소비 증가폭의 절반 정도를 점하고 있다. 천연가스 소비량의 증가도 중국과 EU, 이란 등이 주도하고 있으며, 이들은 전체 소비 증가폭의 2/3 정도를 점하고 있다.

근본적으로 2017년에 세계 온실가스 배출량이 증가한 이유는 기초적인 에너지 수요의 증가와 에너지 믹스에서의 화석연료가 차지하는 비중 때문이다. 2017년에 에너지 수요는 14EJ 증가하였으며, 증가분의 절반은 화석연료에 의해서 충당되었고, 나머지 절반은 재생에너지와 원자력발전소에 의해서 충당되었다. 2010년부터 2017년까지 볼 때, 세계적으로 1차 에너지 총소비량(Total Primary Energy Supply)은 563EJ에서 629EJ로 증가하였으며, 이 중에서 화석연료가 충당하는 비중은 78.3%에서 75.8%로 감소하였다. 반면에 동일한 기간 동안 재생에너지가 충당하는 비중은 17.0%에서 20.2%로 증가하였고, 원자력발전소의 비중은 4.6%에서 4.0%로 감소하였다. 이와 같이 1차 에너지 총소비량은 증가하고 있는 상황에서 온실가스 배출량이 정점에 도달하고 하락하는 추세에 들어서기 위해서는 단지 재생에너지와 원자력발전소의 성장 속도가 빨라야 한다는 것만으로 충분하지 않다. 이는 전체 에너지 시장에서 재생에너지와 원자력발전소가 차지

그림 1-2   주요 국가들의 온실가스 배출 비중 (2017년)

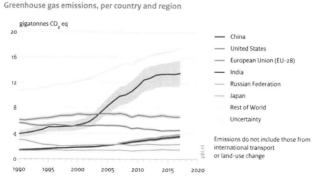

Source: EDGAR v5.0 (CO₂: IEA and others), v4.3.2 (CH₄, N₂O) FT2017 (EC-JRC/PBL 2018).

출처: Trends in Global CO_2 and Total Greenhouse Gas Emissions: 2018 Report, PBL Netherlands Environmental Assessment Agency, 2018. 12.

하고 있는 비중이 너무 낮기 때문이다.

전 세계 온실가스 배출량의 90% 정도는 세계 경제에서 큰 비중을 차지하는 17개 국가가 배출하는 것으로 알려져 있다. 기준연도에 따라 약간의 차이는 있지만 <그림 1-2>에 나타난 바와 같이 2017년에는 중국이 전 세계 온실가스 배출량의 26%를 점하면서 세계 최고의 온실가스 배출량을 기록하고 있으며, 미국, EU, 인도, 러시아, 일본 등 상위 6개국이 차지하는 비중은 63%에 달한다.

1.2.2 중국의 온실가스 배출량 추세

중국은 세계 온실가스 배출량 기준 세계 1위로 EU의 온실가스 통계를 담당하는 EDGAR에 의하면 2017년 기준으로 $13.5 \, Gt \, CO_2 e$에 달하고 있으며, 지구 전체 배출량의 약 26%를 점유하고 있다. 중국의 온실가스 배출량의 장기적인 추세는 <그림 1-2>에서 보여주는 바와 같이 1990년 이래로 꾸준히 증가되어 왔으며, 특히 2000년대에 들어서면서 경제의 비약적인 성장과 더불어 대단히 빠른 속도로 증가하였다. 2000년 이후 중국의 배출량 증가 추세는 미국, EU, 러시아, 일본 등에서 온실가스 배출량이 정체되거나 또는 완만하게 축소되고 있는 현상과 크게 대비된다. 다만, 2013년 이후부터 중국에서 스모그 현상 등 대기의 질 문제에 대한 사회적 인식이 높아지고, 경제성장이 고속성장에서 후퇴하는 모습을 보임에 따라 최근 몇 년 동안 온실가스 배출량의 증가 속도가 주춤한 상태이다.

중국의 온실가스 배출규모가 다른 국가들에 비해서 유난히 큰 이유는 중국 경제가 에너지 집약적인 제조업을 중심으로 구성되어 있으며, GDP 단위당 높은 에너지 집약도에 기인한다. 특히, 중국 경제의 에너지 공급원으로서 온실가스를 많이 배출하는 석탄발전소가 차지하는 비중이 다른 국가에 비해서 과도하게 높은 점이 문제점으로 지적되고 있다. 중국의 전력생산은 2017년에 전년 대비 5.9% 증가하여 6.5GWh에 달하고 있다. 중국에서 전력생산은 95%가 석탄발전소인 화력발전소가 70%를 담당하고, 수력발전소가 18%, 재생에너지와 원자력 발전소가 11%를 담당하는 구조이다. EU에서 석탄발전소가 차지하는 비중이 20% 미만이고, 미국의 경우에도 40%를 넘지 않고 있는 현실에 비하면 중국에서 석탄발전소가 차지하는 비중은 지나치게 높다. 이러한 현상은 중국 경제가 2000년대 들어 고속으로 성장함에 따라 급격히 증가하는 전력수요를 빠른 시간

내에 충당할 수 있도록 환경 등 다른 요인에 대해서 고려하지 않고 석탄발전소를 집중적으로 건설했기 때문이다.

중국은 2010년대 후반 들어 경제 성장 속도가 둔화된 반면에 집중적으로 건설된 석탄발전소의 문제점들이 점차 부각됨에 따라서 에너지 정책을 전환하려는 시도를 하고 있다. 예를 들어 2017년을 기준으로 중국에서 1차 에너지 총소비량 공급의 58%가 석탄에 의존하고 있으며, 23%가 석유와 천연가스, 18%가 재생에너지, 나머지 2%를 원자력발전소로부터 얻고 있다. 1차 에너지 총소비량의 석탄에 대한 의존도가 매우 높아 보이지만 2010년과 비교하면 10% 포인트가 하락하였으며, 재생에너지에 대한 의존도와 석유 및 천연가스에 대한 의존도는 각각 4% 포인트씩 증가하였으며, 수력발전소와 원자력발전소의 몫도 각각 2%와 1% 증가하였다.

중국은 2014년 11월 미국과의 기후변화에 대한 합동선언문을 통해서 양국의 국가원수가 2020년 이후의 기후변화에 대한 양국의 장기적인 목표를 제시하였다. 합동선언문에 담긴 중국 정부의 기본입장은 2030년까지 온실가스 배출량의 정점에 도달하되 가능한 빠른 시점에 도달하도록 노력하는 것이고, 화석연료가 아닌 에너지원에서 기본 에너지 소비량의 20%를 생산하는 것이다. 이러한 중국 정부의 입장은 2015년 12월 파리 당사국총회에서 UN에 제시한 중국 정부의 INDC에 그대로 담겨 있다. 즉, 중국의 기후변화에 대한 장기목표는 최대 온실가스 배출량이 대략 2030년 또는 그 이전에 도달하도록 최선을 다하고, GDP 단위당 이산화탄소 배출량을 2005년 60%~65% 수준으로 낮추며, 1차 에너지원에서 화석연료가 아닌 에너지원이 차지하는 비중을 대략 20%까지 확대하는 것이다.

중국 정부의 장기적인 목표와는 달리 2017년에 중국의 석탄 소비량이 전년 대비 0.2% 증가에 그치고, 시멘트 생산량이 2.9% 감소하였음에도 불구하고 이산화탄소 배출량은 0.7% 증가하였는데 이는 주로 석유와 천연가스의 소비량이 각각 3.7%와 14.8% 증가하였기 때문이다. 중국의 2018년 온실가스 배출량도 전년 대비 감소할 것으로 보이지는 않으며 오히려 증가폭이 더 커질 것으로 보이고 있다. 2018년의 전력 생산, 석탄 생산, 시멘트 생산, 철광 생산 등 온실가스 배출량에 영향을 미칠 수 있는 요인들이 모두 전년 대비 상당히 증가하는 모습을 보이고 있기 때문이다.

중국의 온실가스 배출량이 지구 전체 배출량에서 차지하는 높은 비중과 2000년대에 보여준 빠른 증가세로 인하여 국제사회의 관심은 중국의 온실가스 배출량의 최고치가 어느 시점에 도달할 것인가 하는 점에 있다. 중국 정부는 공식적으로 온실가스 배출량에 대한 목표치를 설정하고 있지 않고, 2030년대 이전에는 최고치에 도달하도록 최선을 다한다는 정책목표를 가지고 있다. 최근 다수의 전문가들은 중국의 대기오염의 정도가 날로 악화되고 있으며, 이에 대한 정치적인 부담이 과거와 달리 매우 높아짐에 따라 중국 정부가 온실가스 및 대기오염의 가장 큰 원인으로 꼽히는 석탄발전소에 대한 규제를 강화하고 있어서 온실가스 배출량의 최고치는 중국 정부의 목표보다 빨리 도달할 것으로 예측하고 있다. 중국 정부는 석탄발전소의 신·증설에 매우 엄격한 규제를 가하는 동시에 필요한 전력소요를 감당하기 위해서 태양광에너지와 풍력에너지에 대한 대규모의 투자를 진행하고 있으며, 원자력발전소의 건설에도 매우 적극적인 편이다. 아울러 대기 오염문제를 완화시키는 주요 정책으로 전기 자동차 산업에 대한 집중적인 육성책도 시행하고 있다. 이와 같이 중국 정부가 대기 환경의 개선과 온실가스 감축을 위해서 다양한 정책들을 적극적으로 시행함에 따라 중국의 온실가스 배출량의 정점은 정부가 목표로 하는 2030년 또는 2020년대 말보다는 최소 5년 정도 빠른 2020년대 중반 정도에 도달할 것으로 예측하는 전문가들이 많다.

1.2.3 미국의 온실가스 배출량 추세

미국은 2017년 기준으로 배출량이 $6.6\,Gt\,CO_2e$으로 중국에 이어 세계에서 두 번째로 온실가스를 많이 배출하는 국가이다. <표 1-4>는 미국의 온실가스 배출량 통계 중에서 1990년과 미국이 기준시점으로 정하고 있는 2005년, 그리고 2013년부터 2016년까지 4년간의 배출량의 추이를 보여주고 있다. 2017년에

표 1-4 미국의 온실가스별 배출량 추이

온실가스	1990년	2005년	2013년	2014년	2015년	2016년
이산화탄소	5,121.3	6,132.0	5,519.6	5,568.8	5,420.8	5,310.9
메탄	779.9	688.6	662.6	664.0	665.4	657.4
아산화질소	354.8	357.8	363.2	361.2	379.6	369.5
F-가스	99.7	141.9	163.7	169.3	172.4	173.5
합계	6,355.6	7,320.3	6,709.1	6,763.1	6,638.1	6,511.3

출처: "Inventory of U.S. Greenhouse Gas Emissions and Sinks: 1990-2016"

미국의 온실가스 배출량은 전년 대비 0.1% 증가에 그쳐 사실상 거의 변동이 없는 수준으로, 1990년도 배출량 대비 2.4% 증가했으며, 지난 26년간 연평균 기준으로 0.1% 정도의 미미한 증가율을 보였다. 또한 미국이 온실가스 배출량의 기준연도로 삼고 있는 2005년도의 배출량 7,320백만 톤 대비 2017년 배출량은 12.1% 정도 낮은 수준에 있다. 미국의 온실가스 배출량은 경제위기 직전인 2007년에 최고치인 7,349백만 톤을 기록한 이후 지난 10년 동안 비교적 빠른 속도로 배출량 감소가 진행되었다. 특히, 2014년에 6,763백만 톤을 기록한 이후 매년 약간씩 배출량이 감소하고 있는 상황이다.

미국의 온실가스 배출량에서 이산화탄소가 차지하고 있는 비중은 전체 배출량의 81%로 절대적인 우위를 차지하고 있다. 그 뒤를 메탄 10%, 아산화질소 6%, F-가스 3% 등이 따르고 있다. 미국에서 배출하는 이산화탄소의 93.6%는 화석연료의 연소에서 발생하고 있으며, 메탄은 주로 축산농가에서 가축을 사육하거나 천연가스 시스템, 폐기물 매립 과정 등에서 발생한다. 아산화질소는 토양관리와 관련된 부분이 74.4%로 대부분을 차지하고 있으며, 일부는 발전소 및 자동차 연료 연소과정 등에서 발생한다. 온실가스 중에서 가장 배출량 비중이 적은 F-가스는 90% 이상이 CFC_s 등 오존파괴물질을 대체하는 물질을 제조하는 과정에서 발생한다. 이산화탄소를 제외한 나머지 온실가스 배출량의 과거 25년 동안 추이를 보면 메탄의 배출량이 약간씩 감소하고 있는 반면에 F-가스의 배출량이 이에 상응하는 수준으로 조금씩 증가하는 모습을 보였다. 따라서 이산화탄소를 제외한 나머지 온실가스 배출량의 장기적인 추세는 거의 일정한 수준을 유지하고 있다.

2017년을 기준으로 볼 때 미국의 1차 에너지 총 수요량의 36%를 석유가 제공하고 있으며, 천연가스가 26%, 석탄이 15%, 재생에너지가 12%, 원자력발전소가 8%를 담당하고 있다. 2010년에 대비하면 석탄의 비중이 7% 포인트 감소한 것이고, 이를 천연가스의 4% 포인트 증가와 재생에너지의 3% 포인트 증가가 상쇄하였다.

미국 온실가스 배출량에서 가장 많은 비중을 차지하고 있는 부문은 Transport 부문으로 2016년도를 기준으로 볼 때 전체 배출량의 28.5%를 차지하고 있다. Transport 부문에서 사용한 화석연료의 90% 이상은 휘발유, 경유 등과 같이 석유를 정제한 제품이다. 두 번째는 전력 부문으로 28.4%를 차지하고 있다.

2016년 현재 미국에서 전력 생산의 68% 정도를 석탄과 천연가스 등 화석연료를 사용한 발전소에서 담당하고 있다. 전력 부문에서의 온실가스 배출량은 2005년을 정점으로 꾸준히 감소하는 추세를 보이고 있다. 이러한 현상은 최근 들어 제조업 부문의 전력수요 감소가 빌딩 부문의 주거용과 상업용 건물의 전력수요 증가보다 많아서 전체적으로 전력수요가 조금씩 감소하고 있기 때문이다. 아울러 발전 부문에서의 탄소 집약도가 점차 낮아지는 현상을 보이고 있다. 이것은 배출량이 상대적으로 적은 천연가스발전소나 온실가스를 전혀 배출하지 않는 재생에너지에 의해 생산되는 전력의 비중이 점차 높아지고, 석탄발전소의 비중이 감소하기 때문에 나타나는 현상이다. 세 번째 비중을 차지하고 있는 부문은 제조업으로 22%를 차지하고 있다. 특이한 점은 1990년을 기준으로 보면 발전 부문과 Transport 부문은 배출량의 절대 규모가 증가하였지만 제조업 부문은 감소했다는 점이다. 장기적인 관점에서 제조업 부문에서 배출되는 온실가스가 꾸준히 감소하고 있다는 것은 미국의 산업구조가 제조업 중심에서 서비스산업 중심으로 구조적으로 변화하고 있다는 것과 제조업 부문에서의 에너지 효율이 지속적으로 개선되고 있음을 시사하고 있다. 농업 부문은 전체 온실가스 배출량의 9% 정도를 차지하고 있으며, 다른 부문과는 달리 주로 토양관리 관련된 아산화질소와 가축사육과 관련된 메탄이 온실가스의 주류를 이루고 있다. 이외에 빌딩 부문의 상업용 및 주거용 건물 등과 관련된 온실가스 배출이 11% 정도를 차지하고 있다.

1.2.4 인도의 온실가스 배출량 추세

2017년 기준으로 인도의 온실가스 배출량은 $3.6 Gt CO_2 e$으로 전년 대비 2.9% 증가하였다. 이는 2015년의 2.3% 증가, 2016년의 2.9% 증가 등과 비슷한 수준으로 그 이전 10년 동안의 평균 4.8% 증가에 비해서 현저히 낮아진 수준이다. 인도에서의 온실가스 배출량 증가는 주로 이산화탄소 이외의 온실가스 배출량이 거의 변함이 없는 편이므로 사실상 이산화탄소 배출량의 증가와 일치한다. 따라서 2015년부터 온실가스 배출량의 증가세가 낮아졌다는 것은 석탄 소비량의 증가세가 둔화되고 있음을 의미한다. 즉, 2014년까지 10년간 석탄 소비량의 증가율이 연평균 7.6%를 보였으나 2015년에서 2016년은 3.6%의 증가, 2017년은 4.5%의 증가에 그쳤다.

인도에서 온실가스 배출량에서 절반의 비중을 차지하고 있는 전력생산은 2017년 1.5GWh로 전년 대비 5.3% 증가하였다. 전력생산의 80% 정도는 화석연료를 사용하는 발전소가 담당하며, 수력발전소는 9%, 재생에너지는 7.5%, 원자력발전소는 2.5%를 맡고 있다. 화석연료를 사용하는 발전소 중 93%는 석탄발전소가 차지하고 있다. 인도는 2006년부터 2017년 사이에 152GW 설비능력의 석탄발전소를 신설하였다. 이는 중국에 이어 세계 2위에 해당하는 규모이다. 그러나 현존하는 석탄발전소의 65% 정도가 재생에너지 보다 비용 측면에서 저렴하지 않으므로 인도 정부는 2016년에 수립한 국가전력계획에서 추가로 석탄발전소를 건설하는 대신에 2027년까지 필요한 275GW의 전력생산을 재생에너지 부문에서 담당하는 정책을 수립하였다.

인도에서 석탄발전소에 이어 온실가스 배출량의 비중이 높은 부문은 제조업 부문으로 배출량의 1/4 정도를 차지한다. 제조업에서 배출하는 온실가스의 80% 정도가 석탄을 연료로 연소하는 과정에서 발생한다. 특히 이 중에서도 석탄을 연료로 사용하는 철강 업종이 거의 절반에 해당하는 온실가스를 배출하고 있다. 인도의 철강 생산량은 중국, 일본에 이어 세계 3위로 주로 전기로를 이용하여 철강을 생산하며, DRI(Direct Reduced Iron)를 생산하기 위하여 다른 나라에서 주로 사용하는 천연가스 대신에 석탄을 사용한다. 따라서 인도에서 생산되는 DRI의 탄소 집약도는 다른 나라의 동일 제품에 비해서 매우 높은 편에 속한다.

2017년을 기준으로 볼 때 인도의 1차 에너지 총 수요량의 43%를 석탄이 제공하고 있으며, 석유가 24%, 천연가스가 5%, 재생에너지가 27%, 원자력발전소가 1%를 담당하고 있다. 2010년에 대비하면 석탄의 비중이 4% 포인트 증가한 것이고, 석유가 1% 포인트 감소하였다. 태양광발전과 풍력발전의 재생에너지가 2% 포인트 증가한 반면 천연가스와 Biomass가 각각 2% 포인트와 4% 포인트 감소하였다.

1.2.5 우리나라의 온실가스 배출량 추세

우리나라의 온실가스 총배출량은 2016년 기준으로 중국, 미국, EU, 인도, 러시아, 일본에 이어 7위를 기록하고 있다. 우리나라의 온실가스 총배출량은 2016년 기준으로 694.1백만 톤이며, 1990년에 비해 136.9% 증가하였다. 온실가스별로 분류하면 <표 1-5>에서 보여주는 바와 같이 이산화탄소의 배출량이

637.6백만 톤으로 91.9%를 차지하고, 메탄의 배출량이 26.0백만 톤으로 3.7%, 아산화질소의 배출량이 14.8백만 톤으로 2.1%, HFC_s, PFC_s 및 SF_6로 구성된 기타 불소계 온실가스의 배출량이 15.7백만 톤으로 2.3%를 차지하고 있다. 이산화탄소의 배출량은 1990년에 비해 152.7%, 아산화질소는 62.0% 증가한 반면에 메탄은 14.2% 감소하였다. 이에 비해서 F-가스의 배출량은 1990년 대비 13배 정도 대폭 증가하였다. F-가스의 배출량이 급격히 증가하는 이유는 과거에 비해서 냉매로 사용되는 HFC_s와 반도체, LCD 제조공정에 사용되는 PFC_s, SF_6 등의 사용량이 크게 늘고 있기 때문이다. 이와 같이 F-가스의 배출량이 증가함에 따라 상대적으로 전체 온실가스 배출량 비중에서 메탄이 차지하는 비중이 1990년의 10.3%에서 2014년의 3.7%로 크게 낮아졌다. 우리나라의 온실가스 구성 비율은 세계적인 평균과 비교할 때 이산화탄소의 비중이 매우 높게 나타나고 있는 반면에 메탄의 비중이 상대적으로 낮게 나타나는 특징을 보이고 있다. 이러한 현상은 우리나라에서 메탄의 주요 발생 원인이 되는 천연가스의 생산이 전혀 없고, 또 다른 원인인 농업 부문이 차지하는 비중이 비교적 높지 않기 때문이다.

온실가스 배출량을 경제 부문별로 보면 <표 1-6>에 나타난 바와 같이 에너지 부문이 604.8백만 톤으로 86.8%를 차지하고 있으며, 산업공정 부문이 51.5백만 톤으로 7.9%, 농업 부문이 21.2백만 톤으로 3.1%, 폐기물 부문이 16.5백만 톤으로 2.2%를 차지하고 있다. 에너지 부문의 배출량은 대부분 연료연소에 의한 온실가스 배출량으로 세부적으로 에너지산업 43.8%, 제조업 및 건설업 32.6%, Transport 14.9%, 기타 8.2%로 구성된다. 산업공정 부문의 온실가스 배출량은 광물산업이 60.8%, 할로 카본 및 육불화황 소비가 36.7%로 대부분을 차지하고 있다. 농업 부문의 온실가스 배출량은 축산에서 절반에 약간 미치지 못하는 수준의 배출량이 발생하고, 나머지 배출량은 벼 재배와 관련되어 발생하고

표 1-5 우리나라 온실가스별 배출량   (단위: 백만 톤)

온실가스	연도별 배출량					1990년 대비 증감률
	1990년	2005년	2010년	2015년	2016년	
CO2	252.3	499.4	594.7	634.5	637.6	149.2%
CH4	30.3	27.6	26.9	26.0	26.0	-13.4%
N2O	9.2	22.6	13.6	14.3	14.8	66.7%
F-가스	1.2	14.9	22.3	17.1	15.7	-
총배출량	292.9	558.9	657.4	692.9	694.1	135.6%

출처: "2018년 국가 온실가스 인벤토리보고서", 환경부 온실가스종합정보센터, 2018. 12.

있다. 폐기물 부문의 온실가스 배출량은 대부분 폐기물 매립과 소각과정에서 발생하고 있다.

1990년부터 2016년까지 지난 25년간 우리나라 온실가스 총배출량은 <그림 1-3>에서 보여주는 바와 같이 3억 톤에 약간 못 미치는 수준에서 6억 9천만 톤으로 135.6%에 달하는 증가율을 보여 주었다. 우리나라 온실가스 배출량의 추세를 보면 대략 네 개의 구간으로 구분이 가능하다. 처음 구간은 1997년까지로 매년 5% 이상의 온실가스 배출량 증가를 기록하였다. 다음 구간은 1998년부터 2009년으로 1998년 국내 외환위기의 영향으로 온실가스 배출량이 전년 대비 14% 수준의 급격한 감소를 기록한 후 차츰 회복하는 모습을 보이고 있다. 이 구간에서 온실가스 배출량은 연평균 2.5%의 증가를 기록하였다. 특히 2009년은 세계 금융위기로 인하여 배출량이 0.6% 증가하는 데 그쳤다. 셋째 구간은 2010년부터 2013년으로 경제가 회복함에 따라 배출량의 증가속도가 다시 빠르게 나타나는 구간이다. 특히 2010년은 경기 회복과 산업용 및 냉난방 전력수요의 급증으로 전년 대비 배출량이 10% 가까이 증가하였으며, 2011년에도 4% 이상의 증가를 기록하였다. 마지막 구간은 2014년부터 2016년까지 최근 3년간으로 온실가스 배출량이 6억 9천만 톤 부근에서 정체된 모습을 보이고 있다.

우리나라 인구 1인당 온실가스 총배출량은 2016년 기준으로 13.5톤으로 1990년에 비해 100% 증가하였다. 우리나라는 지난 25년간 산업발전에 따른 경제성장률이 인구증가율을 상회하고 있어서 1인당 온실가스 총배출량은 지속적으로 증가하는 경향을 보이고 있다. 다만 2010년이 지나면서 저성장 기조가 정착됨에 따라 1인당 온실가스 총배출량도 정체된 모습을 보이고 있다.

그림 1-3   우리나라 온실가스 배출량(1990~2016)

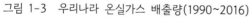

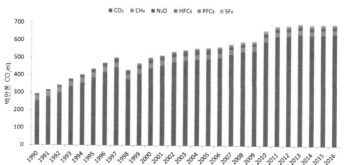

출처: "2018년 국가 온실가스 인벤토리보고서", 환경부 온실가스종합정보센터, 2018. 12.

　실질 국내총생산(GDP) 대비 온실가스 총배출량은 2016년 기준으로 459.7
톤/10억원으로 1990년 대비 34.2% 감소한 것으로 나타나고 있다. GDP 대비 온
실가스 총배출량의 이전 시점대비 증감률이 음수이면 GDP 증감률에 비해 온실
가스 배출 증감률이 낮다는 의미이다. 반대로 GDP 대비 온실가스 총배출량의
이전 시점대비 증감률이 양수이면 GDP 증감률에 비해 온실가스 배출 증감률이
높다는 의미이다. 2010년까지 우리나라 온실가스 배출 증감률이 음수를 보이는
경향이 강했으며, 2010년과 2011년에 양수를 기록하기도 하였으나 그 이후로는
다시 음수를 보여주고 있다.

　우리나라 온실가스 현황을 간단하게 요약하면, 온실가스의 종류로는 이산
화탄소가 절대적으로 높은 비중을 차지하고 있고, 온실가스 발생원으로는 에너
지 부문이 대부분을 차지하고 있다고 할 수 있다. 또한 경제가 본격적인 저성장
국면에 진입함에 따라 총배출량은 어느 정도 정체된 모습을 보이고 있으며, 이
에 따라 GDP 당 총배출량도 지속적으로 감소하는 추세다.

표 1-6 우리나라 부문별 온실가스 배출량 추이

분야	온실가스 배출량(백만 톤 $CO_2eq.$)				
	1990년	2005년	2010년	2015년	2016년
에너지	241.5	466.4	565.8	602.4	604.8
산업공정	19.8	54.3	54.4	53.3	51.5
농업	21.3	21.1	22.2	20.9	21.2
LULUCF	−38.2	−56.4	−54.4	−42.9	−44.5
폐기물	10.4	16.7	15.0	16.4	16.5
총배출량	292.9	558.5	657.4	692.9	694.1
순배출량	254.7	502.1	603.0	650.1	649.6
1인당 총배출량 (톤 $CO_2eq.$/명)	6.8	11.6	13.3	13.5	13.5
GDP당 총배출량 (톤 $CO_2eq.$/10억)	698.3	540.0	519.6	472.4	459.7

출처: "2018년 국가 온실가스 인벤토리보고서", 환경부 온실가스종합정보센터, 2018. 12.

1.3 EU의 온실가스 배출량 추이

1.3.1 EU의 온실가스 배출량 장기 추세 및 온실가스 집약도

세계에서 가장 적극적으로 온실가스 감축정책을 추진하고 있는 EU는 온실가스 감축정책을 회원국들이 개별적으로 입안해서 시행하는 것이 아니라 EU 차원에서 에너지 및 환경정책을 수립하여 모든 회원국에 동일하게 적용한다. EU를 하나의 권역으로 보면 세계에서 중국, 미국에 이어 세 번째에 해당하며, 2017년 기준으로 볼 때 세계 온실가스 배출량의 약 9% 정도를 배출하는 것으로 추정된다. <그림 1-4>에서 보여주듯이 EU는 온실가스 감축문제를 해결하기 위한 각종 정책을 적극적으로 펼쳐서 다른 국가들과는 달리 1990년도를 기준으로 할 때 꾸준히 온실가스 배출량이 감소하고 있으며, 그 감소폭도 상당한 수준이다. 즉, EU는 2017년에 이미 1990년 배출량 대비 22% 감축을 달성하는 등 국제적으로 선언한 2020년도의 온실가스 배출량 감축목표인 1990년 대비 20%를 이미 달성하였으며, 2030년도 감축목표도 1990년 대비 40% 감축이라는 높은 수준을 제시하고 있다.

EU가 온실가스 감축목표를 초과 달성하는 1990년부터 2017년까지 EU의 GDP는 58% 증가를 기록하였다. 반면에 온실가스 배출량은 22% 하락하였으므로 온실가스 배출량과 GDP의 비율로 정의되는 온실가스 집약도(GHG Intensity)는 2017년 $315gCO_2-eq./EUR$을 기록하여 1990년 수준의 거의 절반으로 하락하였다. EU 경제에서 온실가스 집약도의 획기적인 하락은 주로 기술 혁신에 따른

그림 1-4   EU 온실가스 배출량 추세와 전망(1990년~2030년

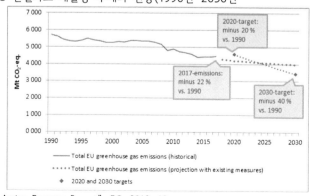

출처: "Climate Action Progress Report", EC, 2018. 10.

결과물이다. 기술 혁신은 전통적인 화석연료를 신재생에너지로 교체하는 부분을 포함해서 경제 전반의 생산성 향상, 에너지 효율 향상 등 다양한 측면에서 진행되고 있다. 아울러 EU의 경제 중심축이 제조업에서 서비스산업으로 점차 이동하고 있는 점도 온실가스 집약도의 하락에 부분적인 영향을 주고 있다고 볼 수 있다.

그림 1-5   EU 온실가스 배출량, 실질 GDP, 온실가스 집약도

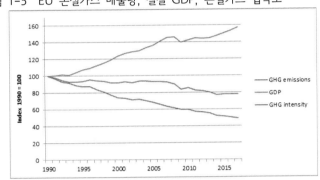

출처: "Climate Action Progress Report", EC, 2018. 10.

1.3.2 EU 온실가스 배출량의 장기 추세와 최근 동향

2016년의 EU 온실가스 배출량은 43억 톤으로 1990년 배출량 56.57억 톤에 비해서 24.0%에 해당하는 13.56억 톤이 감소하였다. 현재까지 EU 온실가스 배출량이 최저점은 2014년에 기록한 42.98억 톤이다. 지난 26년간 EU에서 온실가스 배출량이 크게 감소한 이유는 재생에너지 보급의 확대, 화석연료 사용의 감소, 에너지 효율의 향상, 경제의 구조적 변화와 경제 불황 등을 꼽을 수 있다. EU의 겨울이 대체로 1990년 이래 온화해짐에 따라 가정용 난방에 대한 에너지 수요도 상당 폭 감소한 것으로 나타나고 있다. 1990년 이래 Transport 부문을 제외한 대부분의 업종에서 온실가스 배출량이 줄어든 것으로 나타났다. 특히 제조업 부문과 발전 부문에서의 온실가스 배출량 감소는 두드러져 보인다. 제조업에서 배출량이 감소한 이유는 복합적으로 효율성 향상과 탄소 집약도 측면에서의 개선 이외에도 탄소 집약적인 제조업의 쇠퇴와 서비스업종의 부상으로 집약할 수 있는 경제의 구조적인 변화 등을 꼽을 수 있다. 2008년 하반기부터 시작

된 경제 불황도 제조업의 배출량 감소에 직접적인 영향을 미쳤다. 발전 부문의 경우 1990년 이래로 지속적으로 온실가스 배출량이 감소하고 있다. 에너지 효율 향상 이외에도 탄소 집약도가 낮은 연료가 점차 비중을 높여간 것이 주요 이유이다. 1990년 이래로 석탄발전소와 석유발전소의 비중이 감소하였으며, 탄소 집약도가 상대적으로 낮은 천연가스발전소의 비중이 꾸준히 증가하였다. 주거용 건물 부문에서도 온실가스 배출량이 현저히 감소하였다. 건물의 절연기준의 강화로 주거용 건물의 에너지 효율이 크게 향상된 것과 탄소 집약도가 낮은 난방 연료가 주로 사용된 것이 온실가스 배출량 감소에 주요한 역할을 한 것으로 보인다.

온실가스의 종류에서 보면 이산화탄소의 배출량이 가장 현저하게 줄어들었다. 또한 광업과 목축업의 쇠퇴로 인하여 아산화질소와 메탄의 배출량도 크게 줄어든 편에 속한다. EU 회원국별로 보면 모든 회원국의 온실가스 배출량이 감소하였지만 특히 영국과 독일의 배출량이 크게 감소하였다. 지난 26년 동안 두 나라에서 감소한 온실가스 배출량이 전체 EU 배출량 감소분의 48%를 차지한다.

2004년부터 10년간을 보면 EU의 연평균 경제성장률은 1.1%에 불과하다. 2008년부터 2013년까지 남유럽의 채무위기로 인하여 이 기간 동안 EU의 경제 성장률은 실질적으로 영에 가까웠다. 2014년부터 EU의 경제는 정상화되기 시작하였으며, 이에 따라 2015년과 2016년의 GDP는 각각 2.2% 성장을 기록하였고, 2017년은 2.6%의 성장을 보였다. EU의 경제는 2004년부터 꾸준히 성장세를 보였지만 반대로 온실가스 배출량은 10년 동안 연평균 1.7% 정도 감소하여 최저점을 도달한 2014년은 42.98억 톤을 기록하였다. 그러나 2015년은 온실가스 배출량이 증가하여 43.27억 톤, 2016년은 전년 대비 약간 감소한 43억 톤, 2017년은 전년 대비 약간 증가한 것으로 추정된다. 2018년의 EU의 온실가스 배출량도 화석연료에 대한 소비가 전년 대비 줄어들고 있지만 경제가 성장세를 기록하고 있어서 약간 증가할 것으로 보인다.

온실가스 배출량의 추세를 주로 결정하는 것은 이산화탄소의 배출량으로 EU에서 온실가스 배출량이 감소를 보인 2004년부터 2014년까지 연평균 1.7% 정도로 감소하였다. 이후에 온실가스 배출량이 증가한 것도 동일한 비율로 이산화탄소의 배출량이 증가하였기 때문이다. 2017년에 이산화탄소의 배출량이 1.1% 증가한 이유는 천연가스와 석유 소비량의 증가에 기인하는 것으로 석탄소비량의 감소에 의한 효과를 상회하고 있다. 이산화탄소 이외의 경우 석탄과 천연가스 등 화석연료의 생산 감소에 따라 최근 3년 동안 메탄에 의한 온실가스의 배출량은 줄어들었지만 아산화질소와 F-가스 배출량의 증가가 대략 이를 상쇄하고 있는 상황이다.

EU 회원국을 중심으로 보면 2017년 천연가스 소비 증가로 온실가스 배출량 증가에 크게 기여한 나라는 독일, 이탈리아, 스페인, 루마니아 등이고, 석탄 소비량의 증가를 보인 나라는 독일, 영국, 이탈리아, 네덜란드, 폴란드 등이다. 대체로 독일, 이탈리아, 네덜란드 등에서는 석탄에서 천연가스로 화석연료 소비의 변화가 일어나고 있다고 볼 수 있다.

2017년을 기준으로 볼 때 EU의 1차 에너지 총 수요량의 31%를 석유가 제공하고 있으며, 천연가스가 23%, 석탄이 13%, 재생에너지가 22%, 원자력발전소가 11%를 담당하고 있다. 2010년에 대비하면 석탄과 천연가스의 비중이 각각 2% 포인트 감소한 것이고, 석유가 1% 포인트 감소하였다. 이러한 감소분을 태양광발전과 풍력발전의 재생에너지가 5% 포인트 증가한 것과 Biomass가 2% 증가한 것으로 상쇄하였다.

EU에서의 전력생산은 2017년 기준으로 전년 대비 1% 증가한 3.3GWh에 달하며, EU 전체의 화석연료에 의한 이산화탄소 배출량의 35%를 차지하고 있다. 전력생산의 43%는 석탄과 천연가스 각각 절반씩인 화석연료를 사용하는 발전소가 담당하며, 원자력발전소가 25%, 재생에너지가 20%, 수력발전소가 9%를 담당한다.

EU 회원국 중에서 프랑스를 비롯한 10개국은 2030년까지 석탄발전소의 완전 폐쇄를 계획하고 있지만 폴란드를 비롯한 6개국에서는 신규 석탄발전소를 건설 중에 있다. 영국은 2025년까지 CCS 설비를 갖추지 못한 석탄발전소의 완전 폐쇄를 정책으로 이행하고 있으며, 실제로 2012년 석탄발전소의 비중이 2017년 7%까지 하락하였다. 영국에서 석탄발전소의 후퇴는 2013년에 도입한 2015년부터 2020년까지 배출권 가격 하한선 제도의 시행에 따라 배출권 가격이 상당히 높아졌기 때문에 가속화되었다.

1.3.3 EU 온실가스 부문별 배출량 – 전력과 난방

2016년 온실가스 배출량을 기준으로 EU에서 가장 높은 비중을 차지하고 있는 부문은 <표 1-7>에 나타난 바와 같이 에너지 부문으로 78%를 차지하고 있으며, 다음은 농업 부문으로 10%, 제조업 부문이 9%, 폐기물 부문이 나머지 3%를 차지하고 있다. 에너지 부문의 온실가스 배출량은 1990년 43.55억 톤에서 2016년 33.52억 톤으로 23% 감소하였으며, 2014년 이후 소폭의 증가와 감소를 번갈아 기록하고 있다. 에너지 부문에서 배출하는 온실가스는 대부분 이산화탄소이며, 메탄과 아산화질소가 차지하는 비중은 EU 전체 온실가스 배출량의 3%에 지나지 않는다.

에너지 부문은 여러 개의 하위 분야로 구성되는데 에너지 부문에서 가장 높은 비중을 차지하고 있는 분야는 주로 화석연료를 사용하는 화력발전소를 의미하는 발전 및 난방(Public Electricity and Heat Production)으로 30% 정도를 차지한다. 다음은 Road Transport로 26%를 차지하고 있으며, 건설업을 포함한 제조업은 14%를 차지하고 있다. 이렇게 에너지 부문에서 상위 3개 분야가 차지하는 비중은 70%를 상회하며, 주거용 건물과 상업용 건물을 포함할 경우 90%를 넘어선다.

EU 회원국 사이에서 나타나고 있는 발전에 따른 온실가스 집약도의 차이는 각국이 발전에 사용하는 연료의 Mix가 다르기 때문에 발생한다. 일부 회원국들은 천연가스보다 석탄의 비중이 높으며, 일부 회원국은 원자력발전에 대한 의존도가 높게 나타나기도 한다. EU 전체적으로 보면 에너지 부문에서 사용한 연료의 45% 정도가 석탄을 비롯한 고체연료가 차지하고 있다. 그러나 고체연료에 대한 의존도는 해마다 감소하고 있으며, 천연가스와 바이오매스의 비중이 차츰 높아지고 있는 추세이다. 2016년을 기준으로 천연가스의 비중은 28%이며, 바이오매스는 11%, 석유 등은 3% 정도를 차지하고 있다.

발전 및 난방에서 온실가스 배출량이 추세적으로 감소하고 있는 원인을 요약하면 재생에너지의 확대, 에너지 효율의 향상, 석탄에서 천연가스로 발전 연

표 1-7   EU 온실가스 부문별 배출량 추이

부문	1990년	2000년	2005년	2010년	2014년	2015년	2016년
에너지	4,355	4,022	4,123	3,800	3,339	3,375	3,352
제조업	518	457	467	396	384	379	377
농업	543	459	435	421	429	430	431
폐기물	236	229	200	166	144	141	139
합계	5,657	5,169	5,227	4,785	4,298	4,327	4,300

출처: EU GHG Inventory, May 2018.

료의 전환을 꼽을 수 있다. 1990년부터 2016년 사이에 화석연료를 사용하는 발전소의 발전량이 전체 발전량에서 차지하는 비중은 20% 감소한 반면에 재생에너지의 비중이 크게 높아졌다. 또한 동일 기간 동안에 화석연료를 사용해서 생산하는 전력의 단위당 화석연료 투입량은 17% 감소하는 등 전력생산에서의 열효율 향상이 이루어졌다. 아울러 전력생산에 투입되는 화력연료의 Mix가 변함에 따라 동일 기간 동안에 전력 생산에 투입된 단위당 화석연료의 온실가스 배출량이 12% 감소하였다. 그러나 2014년 이후부터 석탄 가격과 천연가스 가격의 변동성이 높아짐에 따라 부분적으로 경우에 따라 천연가스가 석탄에 비해서 발전 연료로서의 경쟁력을 상실하는 경우도 종종 발생하고 있어서 발전 연료의 전환이 일관되게 이루어지고 있지는 않다.

EU 회원국별로 보면 <그림 1-6>에서 보여주듯이 2016년에 독일, 폴란드, 영국 등 세 나라가 EU 에너지 부문의 이산화탄소 배출량의 59.4%를 차지하고 있다. 프랑스가 차지하는 비중이 4%에도 미치지 못하는 이유는 프랑스 발전소에서 원자력발전소가 차지하는 비중이 다른 회원국에 비해서 크게 높기 때문이다.

2004년 이래 2016년까지 EU 전체 발전 생산량에서 원자력발전소가 차지하는 비중은 1990년 대비 낮은 수준에 머무르고 있다. 1991년부터 2003년까지 원자력발전소의 비중은 1997년 32%를 정점으로 1990년 29%보다 높은 수준에 있었다. 이 기간 동안은 원자력발전소가 온실가스 배출량의 감축에 기여하고 있었다고 볼 수 있다. 그러나 2004년부터 상황이 반전하여 2016년에는 원자력발전소의 비중이 25%까지 하락하였다. 따라서 2004년 이후부터 원자력발전소가 온

그림 1-6 에너지 부문의 이산화탄소 배출량 비중 추이

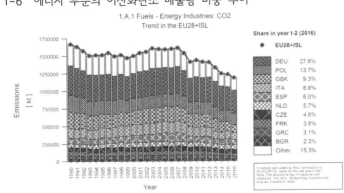

출처: EU GHG Inventory, May 2018.

실가스 배출량의 감소세에 미친 영향은 부정적이라고 보아야 하며 이러한 현상은 2020년 이후까지 지속될 것으로 보인다.

1.3.4 EU 온실가스 부문별 배출량 – Road Transport

Road Transport는 EU 전체 온실가스 배출량의 20%를 차지하고 있으며, 에너지 부문 중에서 발전과 난방에 이어 두 번째로 높은 비중을 차지하고 있다. 1990년부터 2016년 사이에 Road Transport에서의 온실가스 배출량은 23% 증가하였다. 2007년부터 2013년 사이에 유럽의 경제 위기에 따라 Road Transport에서의 온실가스 배출량은 일시적으로 감소하기도 했으나 2014년부터 다시 상승 추세를 유지하고 있다. Road Transport에 속한 수송수단은 승용차, 상업용 경량 트럭, 트랙터, 트레일러, 버스 등과 같은 중장비, 이륜차, 삼륜차 등 모든 종류를 포함한다. Road Transport에서 배출하는 온실가스의 원인은 이러한 이동수단들이 모두 화석연료를 사용하기 때문이며, 1990년부터 2016년 사이에 화석연료의 사용량은 23% 증가하였다.

Road Transport에서 배출하는 온실가스의 대부분은 화석연료 중에서도 자동차 등이 사용하는 휘발유와 경유 때문에 발생한다. 휘발유를 연료로 사용하기 때문에 발생하는 온실가스는 1990년대 4억 톤을 약간 상회하는 수준에서 2000년대 들어 3억 톤대로 하락하였으며, 이후에도 지속적으로 하락하여 2008년 이후에는 3억 톤을 하회했고, 2016년에는 2억 톤을 약간 웃도는 수준에 머무르고 있다. 1990년부터 2016년 사이에 휘발유로 인한 온실가스 배출량은 43% 감소하였다. 2016년을 기준으로 프랑스, 독일, 이탈리아, 스페인 영국 등 5개국이 휘발유로 인한 EU 온실가스 배출량의 64%를 점유하고 있다.

반면에 경유를 연료로 사용하기 때문에 발생하는 온실가스는 1990년에 3억 톤을 약간 상회하는 수준에서 출발하여 1990년대 말에는 휘발유에서 발생하는 배출량 4억 톤을 초과했으며, 2007년 6억 톤에 다다를 때까지 지속적으로 상승하였다. 2007년부터 수년간 정체된 모습을 보이기도 했으나 2014년 이후 다시 상승 추세로 들어선 모습이다. 2016년 기준으로 경유에서 발생하는 온실가스 배출량은 Road Transport 배출량의 71%를 차지하고 있다. 회원국별로는 프랑스, 독일, 이탈리아, 영국, 스페인 등 5개국이 경유로 인한 EU 온실가스 배출량의 67%를 점유하고 있다.

1.4 EU의 기후변화에 대한 국제적 공약

1.4.1 교토의정서

1992년 다수의 국가들이 기후변화를 초래하는 지구의 평균 기온 상승을 제한하는 UNFCCC를 협력적인 분위기 속에서 채택하였다. UNFCCC하에서 선진국들은 기후변화를 완화시키기 위해서 필요한 조치를 취하고, 이를 국가의 정책으로 채택할 것을 천명하였다. 교토의정서는 UNFCCC하에서 서명이 이루어진 국제적으로 법적으로 강제력이 있는 최초의 합의서이다. 교토의정서는 이에 서명한 선진국들에게 기후변화 완화를 위해서 취해야 하는 책임을 명시하고 있다. 교토의정서는 1997년에 서명이 이루어졌고, 2005년부터 발효되었다. 교토의정서에 의한 1단계 공약기간은 2008년부터 2012년까지 5년간이다. 1단계 기간 동안 37개 선진국들이 1990년 대비 온실가스 배출량을 5% 감축하기로 합의하였다. 당시 15개 회원국이 서명 당사국인 EU는 2012년 온실가스 배출량을 1990년 대비 8% 감축하기로 공약하였으며, 이 공약은 지켜졌다.

2012년 카타르의 도하에서 개최된 18차 당사국 총회에서 교토의정서의 공약기간이 2020년까지 연장되었다. 이 2차 공약기간의 전체 온실가스 감축목표는 1990년 대비 18%로 설정되었다. EU의 28개 회원국은 도하의 수정안에 서명하였으며, 당시 이에 서명한 국가들의 2차 공약기간 동안의 온실가스 배출량은 지구 전체 배출량의 14~15%에 불과한 것으로 추정되었다. EU 28개 회원국과 아이슬란드는 2020년 온실가스 배출량을 1990년 대비 20% 감축하는 것을 교토의정서에 의한 2차 공약기간의 의무이행과 같이 하는 것으로 합의하였다. EC는 2015년 7월 교토의정서 2차 공약기간을 공식적으로 비준하기 위해서 필요한 입법절차를 완료하였다. EU의 비준 작업이 완료됨에 따라 EU 회원국과 아이슬란드 등이 국내 비준절차에 들어가 2018년 9월 폴란드를 마지막으로 모든 회원국이 절차를 종료하였다.

2차 공약기간에 적용되는 사항은 1차 공약기간에 적용되었던 것과 약간 변경된 부분이 존재한다. 우선 1차 공약기간에 감축 대상이었던 온실가스 6개 종류 이외에도 NF3가 온실가스 추가되었다. 또한 공약기간 중에 자국의 공약 수준을 높이기를 원하는 국가는 이를 상향 조정하는 것이 가능하다. 교토의정서의 1차 공약기간 중에 잉여 AAU(Assigned Amount Unit)의 이월이 특정한 회계처리

에 따라 가능해졌다. 2차 공약기간 중의 특정 국가의 AAU는 2013년부터 2020
년 사이의 온실가스 배출량의 증가를 막기 위해서 2008년부터 2010년 사이의
평균 배출량을 상회하게 조정하는 것도 가능하다. LULUCF에서의 배출량 감축
을 산정하는 회계방식이 바뀌었고, 이산화탄소가 아닌 온실가스를 전환하는
GWP는 AR4를 기준으로 하는 것 등이다.

1.4.2 UNFCCC

2010년 EU는 2020년 온실가스 배출량을 1990년 대비 20% 감축하겠다는
목표를 UNFCCC에 제출하였다. EU는 교토의정서에 의한 공약보다 UNFCCC에
제출한 목표가 회계 측면에서 더욱 엄격할 것임을 명확히 밝혔다. 예를 들면, 항
공사에 대한 온실가스 규제가 포함되었고, ESD에도 연간 의무이행주기가 추가
되었으며, EU ETS에서 사용 가능한 CDM 등에 의한 상쇄배출권에도 더 높은
질적인 수준을 요구하였다. 따라서 아래 조건이 UNFCCC에 제출한 EU의 20%
목표 달성에 적용된다.

㉠ LULUCF에 의한 온실가스 배출량의 가감은 포함하지 않는다.

㉡ 기준 연도는 1990년으로 교토의정서와 달리 F-가스에 대해서 별도의 기
준 연도를 인정하지 않는다.

㉢ 역내외 항공기에 의한 온실가스 배출은 일부 목표에 포함된다.

㉣ 제한된 수량의 CER, ERU 또는 다른 상쇄배출권이 사용될 수 있다. 또
한 국제 상쇄배출권에 대하여 LULUCF 사업 제외, 특정 가스 사업 제외 등 질적
인 제약도 가해진다. Effort Sharing에서는 상쇄배출권 연간 사용한도가 각국
2005년 해당 부문 배출량의 3%로 제한된다.

㉤ 교토의정서 1차 공약기간 중의 잉여 AAU는 이월하여 사용할 수 없다.

㉥ 온실가스의 종류는 6개로 한정된다.

1.4.3 파리협정

EU는 국제 기후협상에서 항상 최전선에서 적극적으로 행동해 왔다. 교토의
정서가 세계 주요 배출국인 미국의 불참으로 소기의 성과를 거두기 어려운 상황
이 초래함에 따라 EU는 좀 더 적극적인 온실가스 감축목표를 가지고 선진국과
개발도상국을 설득하는 노력을 기울여 왔으며 이러한 결과가 파리협정으로 나

타나게 되었다. 파리협정은 21세기 종료 이전까지 현재의 기후변화 정책과 기후 중립성과의 차이를 극복하기 위한 가교로 볼 수 있다. 각국 정부는 산업화 시기 이전의 지구의 평균기온에 가능하다면 기후변화의 충격과 위험을 상당히 감소시킬 수 있는 1.5℃ 이하를 목표로 하되 2℃ 이상 더 오르지 않도록 하는 장기적인 목표에 동의하였다.

파리협정을 전후로 각국은 INDC라 부르는 종합적인 국가 기후정책목표를 제출하였다. INDC를 분석하면 아직 지구의 기온 상승을 산업화 시기 이전 평균의 2℃ 이하로 묶기에는 부족하지만 장기적으로 이러한 목표를 도달하는 데 도움을 줄 것으로 기대된다. EU는 2015년 3월 선진국 중에서는 가장 먼저 INDC를 제출하였다. 또한 2030년 온실가스 배출량을 1990년 대비 40% 감축하기 위한 목표를 이행하기 위해서 이미 여러 가지 조치들을 시행하고 있다. 파리협정은 2016년 11월 4일 발효되었으며, 2018년 8월까지 197개 대상국 중에서 178개국이 비준 절차를 완료하였다.

제2장 EU의 온실가스 감축목표 및 추진 성과

2.1 EU의 기후 및 에너지 목표

2.1.1 2020년 목표: '20-20-20'

EU는 오래전부터 2050년까지 온실가스 배출량을 1990년 대비 80% 감축이라는 장기 목표를 설정하고 있었다. 이러한 EU의 장기 목표와 국제 기후협상에서의 입장을 감안하여 2007년 3월 EU 집행부는 EU를 고도로 에너지 효율적인 저탄소 경제로 전환하기 위해서 필요한 2020년까지 중간 목표로 다음 3개의 에너지 및 기후 정책 목표를 제시하였다. 첫째, 온실가스 배출량을 2020년까지 1990년 대비 20% 감축하고, 둘째, EU 전체 에너지 소비량에서 재생에너지가 차지하는 부분을 20%로 늘리며, 셋째, 에너지 효율을 20% 향상시킨다는 것이다.

이러한 중간 목표를 달성하기 위해서 EU는 다수의 입법안으로 구성된 '2020 기후 및 에너지 Package'를 2009년에 채택하였다. 이 Package에는 2020년까지 1990년 대비 온실가스 배출량을 20% 감축하기 위한 방안이 제시되어 있다. 이러한 2020년의 온실가스 배출량 감축규모는 2005년 온실가스 배출량 대비 14% 감축과 동일하다. 2020년 온실가스 배출량을 2005년 대비 14% 감축하는 목표는 EU ETS에 해당하는 업종에 대해서는 2005년 대비 21% 감축과 이에 해당하지 않는 업종에 대해서는 'Effort Sharing Decision'을 통한 2005년 대비 9% 감축으로 달성할 수 있다. 2009년의 'EU ETS Directive'에 대한 수정으로 모든 EU ETS에 포함된 업종에 대해서 하나의 2020년 감축목표가 설정되었다. EU ETS에 해당하는 업종은 주로 대형 사업장으로 EU 온실가스 배출량의 40~45% 정도를 담당한다. 따라서 EU ETS에서 2020년 온실가스 배출허용한도는 2005년 대비 21%로 설정되었으며, 사실상 EU의 2020년 온실가스 감축목표의 중대한 몫을 맡고 있다. EU ETS에 포함된 업체들에 할당하는 연간 배출허용

한도는 2013년부터 2020년까지 매년 1.74%씩 감소하도록 설계되었다. EU ETS
에 포함되지 않은 업종에 대해서는 2013년부터 2020년까지 동일한 기간 각 회
원국별로 매년 지켜야 하는 배출량이 'Effort Sharing Decision'에 명기되어 있
다. 이와 같이 '2020 기후 및 에너지 Package'는 EU가 UNFCCC에 제시한 2020
년 온실가스 배출목표를 달성하는 데 있어서도 핵심적인 역할을 수행하고 있다.

2.1.2 2030 기후 및 에너지 Framework

2014년 EU 지도자들 사이에서 2030년 EU의 기후 및 에너지에 대한 목표
에 대한 합의가 이루어졌으며, 2018년 5월 EU 집행부와 의회 사이의 정치적인
합의에 따라 EU의 2030년 기후 및 에너지 목표는 다음과 같이 구체적으로 설정
되었다. 첫째, 2030년 온실가스 감축목표는 1990년 대비 최소한 40% 이상으로
EU ETS에 포함되지 않는 업종에 대해서는 강제적인 온실가스 연간 감축량을
설정하는 것을 포함한다. 둘째, EU 전체 에너지 소비량에서 재생에너지가 차지
하는 부분을 최소 32%로 늘리는 것이고, 셋째, 2030년까지 에너지 효율을
32.5% 향상시키는 것을 지향한다는 것이다. 단, 재생에너지 목표와 에너지 효율
에 대한 목표는 각 회원국이 반드시 지켜야 하는 강제력 있는 목표는 아니다. 각
회원국은 자체적으로 제시된 목표보다 더 높은 목표를 설정하는 것이 가능하다.

그림 2-1 EU 2030년 온실가스 감축목표

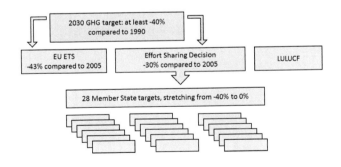

2.1.3 Effort Sharing Decision-2020 목표

'Effort Sharing Decision'은 EU ETS가 포함하지 않은 부문 중에서 국제 해

상운송과 LULUCF 순배출량을 제외한 모든 부문을 포함한다. 따라서 'Effort Sharing Decision'은 Transport, 빌딩, 소규모 기업, 농업, 폐기물 등 다양한 부문을 포함한다. 이러한 부문에서 배출하는 온실가스 배출량은 EU 전체 배출량의 60% 정도에 달하고 있다. 'Effort Sharing Decision'에는 각 회원국들이 매년 지켜야 하는 연간 배출할당량이 2013년부터 2020년까지 미리 정해져 있다. EU 집행부는 모든 회원국들에 대해서 과거 검증된 배출량 자료를 근거로 2013년부터 2020년까지 연간 배출할당량을 결정하였다. 연간 배출할당량은 2013년 EU ETS의 범위 확대를 반영하기 위해서 일부 수정이 있었으며, 2017년 EU ETS의 온실가스 배출량 보고방식이 변경됨에 따라 이에 맞추어 수정이 있었다.

각 회원국은 GDP 수준에 따라 온실가스 배출량이 2005년 대비 부유한 국가는 20% 감축부터 가난한 국가는 20% 증가까지 감축목표가 주어졌다. EU 전체적으로 보면 'Effort Sharing Decision'에 포함된 부문의 2020년 온실가스 감축목표는 2005년 배출량 대비 9.3% 감축이다. 부유하지 않은 회원국들은 경제발전에 따라 온실가스 배출량이 증가할 가능성이 높기 때문에 배출량 증가를 허용하는 것이다. 각 회원국에 대한 'Effort Sharing Decision'의 온실가스 배출량 목표는 배출량에 대한 제한을 의미하므로 모든 회원국은 배출량을 감축하기 위

그림 2-2   2020 ESD 회원국별 목표

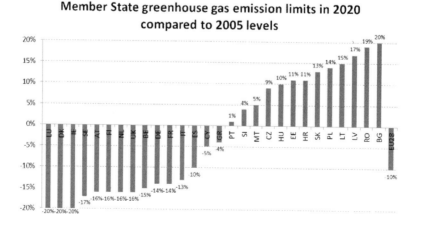

출처: EU Climate Action, Jan. 2019.

해서 다양한 정책수단을 동원하여야 한다.

2.1.4 EU 재생에너지 확대목표

EU는 2020년까지 재생에너지가 전체 에너지 소비량의 20% 비중을 차지하기 위하여 '기후 및 에너지 Package'의 한 부분으로 'Renewable Energy Directive'를 채택하였다. 'Renewable Energy Directive'는 EU의 2020년 재생에너지 비중목표 20%와 2020년까지 Transport 부문 연료 소비량 10% 등과 부합하는 법적으로 강제력이 있는 국가별 재생에너지 비중을 명기하고 있다. 'Renewable Energy Directive'는 각 회원국이 2020년 목표를 달성하는 데 도움을 주기 위해서 2011년부터 2018년까지 각 회원국의 재생에너지 비중에 대한 예측 포물선을 보여주고 있다. 이 포물선을 활용하여 EU의 특정 연도 재생에너지 비중을 추정할 수 있다. 또한 'Renewable Energy Directive'에서 각 회원국은 2011년까지 National Renewable Energy Action Plan을 제출하여야 한다. 이는 각 회원국 자체적으로 2020년 재생에너지 비중 목표를 달성하기 위해서 중간에 지나야 하는 예상 경로를 그리는 것이다. 2011년부터 매 2년 단위로 각 회원국은 중간 'Renewable Energy Directive'에 대한 국가별 진행 상황과 예상 National Renewable Energy Action Plan 목표를 보고하여야 한다.

2018년 6월 EU는 2030년 재생에너지 비중 목표를 최종에너지 소비량의 최소한 32%로 설정하는 방안에 합의하였다. 이 목표는 각국이 자율적으로 수립한 국가별 목표를 달성하는 집단적인 노력에 의해서 달성될 수 있다. 'Energy Union Governance Regulation'에 의하면 각 회원국은 2018년 12월까지 국가별 목적과 목표, 정책수단과 투자규모 등이 포함된 National Energy and Climate Plan을 제출하여야 한다. National Energy and Climate Plan에는 각 회원국의 목표를 근거로 2022년까지 증가분의 최소한 18%를 달성하고, 2025년까지 증가분의 43%를 달성하며, 2027년까지 증가분의 65% 달성할 수 있도록 중간마다 기준점을 두고 있다. 계획대로 진행된다면 2030년에 각 회원국의 목표를 취합한 32%에 도달하게 될 것이다. EU 집행부는 각 회원국이 제시한 목표에 따라 2030년과 중간 기준연도에 목표 수준에 도달이 가능한지 추적하는 평가를 실시할 예정이다. 만일 각국이 계획한 목표가 불충분한 것으로 판단되면 EU 집행부는 각국이 재생에너지 비중목표를 상향 조정하도록 권고하게 된다. 각 회원국은 매 2년 단위로 재생에너지 비중, 예상 경로 등과 재생에너지 기술 등에 대하여 보고하여야 할 의무가 있다. 'Energy Union Governance Regulation'에 규정된 다양한 보고의무에 의해서 EU는 재생에너지 비중이 예상대로 목표를 향해 진행하고 있는지를 파악할 수 있다.

2.1.5 EU 에너지 효율 향상목표

2007년에 EU 집행부는 2020년 에너지 소비량 20% 절감, 온실가스 감축목표와 재생에너지 비중 확대목표를 달성하기 위해서 에너지 효율을 향상시킬 필요가 있음을 강조하였다. 비록 자동차에 대한 배출기준, 'EU ETS Directive', 'Effort Sharing Decision' 등이 에너지 효율을 향상시키는 데 영향을 미치고 있지만 '기후 및 에너지 Package'가 에너지 효율 문제를 직접적으로 다루고 있지는 않다. Package가 채택된 이래로 EU에서 에너지 효율에 대한 정책적 틀은 2006년에 입안된 '에너지 효율에 대한 Action Plan'에서 열거된 우선순위에 따라 전개되어 왔다. '에너지 효율에 대한 Action Plan'은 2011년에 재검토된 바 있다. 에너지 효율에 대한 정책적 틀에서 가장 중요한 중의 하나는 2012년에 'Energy Efficiency Directive'를 채택했다는 것이다. 'Energy Efficiency Directive'는 EU에서 에너지 효율을 제고하기 위한 공통적인 정책수단의 틀을 확립하였다. 그리고 'Energy Efficiency Directive'는 장애물을 제거하는 데 도움을 주고, 에너지 사용과 공급을 저해하는 시장실패를 극복하는 것을 목적으로 하고 있다. 'Energy Efficiency Directive'는 2020년에 EU에서 1차 에너지 소비량이 1,483Mtoe를 초과하지 말아야 하고, 최종 에너지 소비량은 1,086Mtoe를 초과하지 말아야 한다고 명시하고 있다. 이와 같은 구체적인 에너지 소비량은 EU 집행부의 2007년 에너지 기본 시나리오에 기초하여 PRIMES(Price-driven and Agent-based Simulation of Markets Energy System Models)에 의해서 산정된 값이다. EED를 이행하면 2007년 에너지 기본 시나리오 대비 1차 에너지 소비량이 15% 정도 감소하고, Transport 부문에서 추가로 2% 정도 감소할 수 있을 것으로 기대하였다. 'Energy Efficiency Directive'에서 각 회원국은 지향하는 국가 목표를 설정하여야 하며, Energy Efficiency Obligation 체계를 확립하는 등 일련의 강제적인 요구사항을 이행하여야 한다.

회원국들은 각국의 사정에 따라 국가 에너지 효율 목표를 달성하는 과정을 측정할 수 있도록 다양한 기준연도를 정하였다. 또한 회원국들은 국가의 에너지 효율의 목표를 설정하는 방식을 1차 에너지 소비량, 최종 에너지 소비량 또는 에너지 집약도 등 각국의 편의에 따라 서로 다른 접근방식을 선택할 수 있었다. 따라서 각국의 국가 에너지 효율 목표는 각국의 특수한 상황을 반영한 것이다. 결과적으로 에너지 효율에 대한 목표 수준은 국가별로 크게 차이가 발생하였다. 2005년과 대비하여 18개국은 1차 에너지 소비량과 최종 에너지 소비량을 모두 줄이는 것을 목표로 하고 있는 반면에 5개국은 1차 에너지 소비량과 최종 에너지 소비량 모두를 증가시키는 것을 목표로 하고 있다. 또 나머지 5개국은 1차 에너지 소비량 또는 최종 에너지 소비량을 해당 기간 동안 일정 한도 이내로 잠재적인 증가를 억제하는 것을 국가 목표로 설정하였다. 물론 회원국들은 3년마다 제출하는 National Energy Efficiency Action Plan에서 1차 에너지 소비량, 최종 에너지 소비량, 국가 에너지 효율목표 등을 수정하여 제출할 수 있다.

2018년 6월 EU 집행부와 의회는 2030년 에너지 효율목표를 32.5%로 설정하되, 2023년에 상향 조정할 수 있다는 단서를 달기로 정치적인 합의에 도달하였지만 'Energy Efficiency Directive'에 의해서 2030년 에너지 효율목표를 설정한 회원국은 아직 없다. 그러나 모든 회원국은 2022년까지 2020년 국가 목표의 달성 여부를 EU 집행부에 보고하여야 하며, 동시에 Energy Union의 전체 목표를 제시하여야 한다. Governance Regulation에 의하면 회원국은 EU가 설정한 목표를 달성하기 위해서 자국의 지향적인 에너지 효율 목표를 1차 에너지 소비량, 최종 에너지 소비량, 1차 또는 최종 에너지 절감량, 에너지 집약도 등을 근거로 설정할 수 있다. 아울러 회원국들은 2021년부터 2030년 목표로 나아가는 자국의 에너지 효율 향상 진도표를 제출하여야 한다. 각국은 2019년 말까지 에너지 효율에 관한 목표를 포함한 최종 계획안을 제출하여야 한다. 이후 매 2년마다 회원국은 국가 목표의 달성 과정에 관한 정보가 포함된 종합 National Energy and Climate Plan의 이행상태를 보고하여야 한다.

2.1.6 F-가스에 대한 정책

F-가스는 사람에 의해 만들어진 가스로 HFC_s, PFC_s와 SF_6 등 세 종류가 있지만 기후변화와 직접적으로 관련된 것은 HFC_s이다. HFC_s는 오존층에 영향을 주지 않는다는 이유로 몬트리올 의정서에서 폐기 대상물질인 CFC_s의 대체재

로서 냉장고, 에어컨 등의 냉매로 주로 이용된다. F-가스는 EU 온실가스 배출량의 2%를 차지하는 데 불과하지만 1990년 이래 2배나 증가하였다. 따라서 EU는 기후변화정책의 일환으로 F-가스에 대한 규제를 시행하고 있다.

첫 번째 F-가스에 대한 규제는 2006년에 도입되었으며, 2010년 수준으로 F-가스의 배출량을 안정화하는 데 성공하였다. 두 번째 규제는 기존 규제를 대체하는 것으로 2015년 1월부터 시행되고 있다. 현행 규제의 정책목표는 2030년까지 F-가스 배출량을 2014년 대비 2/3 수준으로 감축하는 것이다. 이 목표는 2050년까지 F-가스의 배출량을 1990년 대비 80~95% 감축하려는 EU의 장기목표를 실천하기 위한 공정하고 가장 비용 효율적인 경로로 여겨진다. F-가스에 대한 감축목표를 이행하면 2030년까지 F-가스의 누적 감축량이 이산화탄소로 환산하여 1.5Giga 톤에 달하고, 2050년까지 5.0Giga 톤에 달할 것으로 추산된다.

2015년 F-가스 규제는 2006년 규제에서의 주요 조치들을 그대로 유지하고 있으며, HFC_s에 대한 단계적 폐지 시한을 설정하고 있다. EU 시장에서의 HFC_s에 대한 판매량은 2030년까지 기준연도의 21%에 도달하도록 단계적으로 상한선이 설정되었다. 모든 회사들은 이전 규제에 의해서 F-가스의 생산, 수입, 수출량을 보고하게 되어 있었지만 새 규제는 이외에도 F-가스의 파기와 F-가스를 내장한 제품과 장비의 수입량에 대해서도 보고하여야 하며, 보고 대상인 F-가스도 범위를 확대하여 $HCFC_s$, 불소가 첨가된 에테르와 알콜, 기타 불소가 첨가된 복합물질 등을 포함한다. F-가스를 취급하는 회사들은 연간 단위로 Quota를 받아야 한다. Quota는 특정한 조건에서만 양도가 가능하며, 배출권과는 달리 거래의 대상이 아니다. 법적으로 EU 시장에서 F-가스를 거래하기 위해서는 회사는 충분한 Quota를 보유하고 있어야 한다. Quota를 지키지 않는 회사에게는 초과분에 두 배에 해당하는 벌금이 부과되며, 차후의 Quota 배정에 반영된다. 회사들에게 할당하는 Quota는 톤으로 표기되는 것이 아니고 이산화탄소 환산량으로 표기하여 회사들이 GWP가 낮은 물질을 선택하도록 유도하고 있다. 2015년의 Quota는 183.1$MtCO_2e$, 2016~2017년은 170.3$MtCO_2e$이 할당되었다. 2018년의 경우 약간의 수정을 거쳐 HFC_s에 대한 Quota는 101.2$MtCO_2e$이 할당되었다.

2016년 10월 몬트리올 의정서 당사국 회의에서 HFC_s의 생산과 사용에 대한 단계적 감축을 내용으로 하는 Kigali 수정안이 통과되었으며, EU는 2018년 9월 27일에 Kigali 수정안을 비준하였으며, 대부분의 회원국에서도 이에 대한 비준절차를 종료했다. Kigali 수정안은 2019년부터 발효되었으며, 이에 의한 EU의 2019년 HFC_s 상한선은 $184.2\,Mt\,CO_2e$이다. 2019년 EU의 HFC_s 소비량은 Kigali 수정안에 의한 상한선보다 12% 정도 하회할 것으로 추정하고 있다.

2.1.7 LULUCF에 대한 정책

2018년 5월 EU는 2021년부터 2030년 사이에 LULUCF에서 발생하는 온실가스 배출량과 제거량(Removal)은 서로 상쇄되어야 한다는 'No-Debit' 원칙을 입법으로 채택했다. 즉, 각 회원국은 자국의 토지이용에서 발생하는 온실가스 배출량을 다른 토지이용에서 나오는 온실가스 제거량으로 완전히 상쇄하여야 하며, 만일 온실가스 배출량이 제거량을 초과하는 경우에는 LULUCF에서 잉여분이 존재하는 다른 회원국으로부터 부족한 수량만큼 이전받거나 'Effort Sharing Regulation'에 속한 다른 업종의 배출량을 부족한 수량만큼 낮추어야 한다. 이는 2014년 EU 지도자들 사이에서 합의된 2030년 온실가스 배출량 감축목표를 달성하기 위해서 토지이용을 포함한 모든 업종이 기여하여야 한다는 내용에 따른 것으로 파리협정의 내용과도 동일한 방향이다. 물론 2021년 이전에도 일부 회원국들은 교토의정서에 따른 의무이행을 위해서 'No-Debit' 원칙을 부분적으로

그림 2-3 LULUCF에서의 온실가스 배출량과 제거량 실적

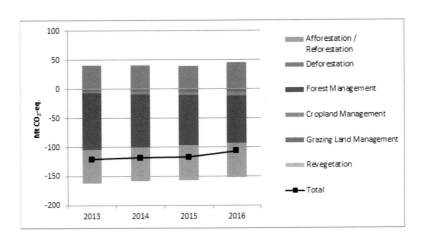

출처: "Climate Action Progress Report", EC, 2018. 10.

따르고 있었으나 법제화를 통해서 2021년부터 모든 회원국이 이 원칙을 준수하여야 한다. 아래 <그림 2-3>에서 나타난 바와 같이 EU가 교토의정서에 따라 보고한 내용에 의하면 2013년부터 2016년까지 연간 평균 배출량 Sink는 -384백만 톤에 달한다. 동일 기간에서 Credits와 Debits를 상쇄하는 경우 Sink는 -116백만 톤이다. 실적 중에서 제거량으로 보고된 부분은 -394백만 톤에서 -366백만 톤으로 하락하고, Net Credits로 산정된 부분은 -121백만 톤에서 -111백만 톤으로 하락한다.

입법화된 내용에 의하면 업종의 범위가 현재의 삼림에서 2021년부터 모든 토지이용으로 확대되며, 2026년에는 습지도 포함된다. 아울러 에너지 생산과정에서 발생하는 바이오매스로부터의 온실가스 배출량은 법적으로 규제를 회피하고 있었다는 지적에 따라 2021년부터 바이오매스에서 발생하는 온실가스 배출량을 LULUCF에서 적합한 방식으로 산정하고, 기록하여야 한다는 조항을 신설하였다. 요약하면, LULUCF에 대한 규제 법안은 교토의정서에 적용되던 기존 회계방식을 단순화하고, 개선하였으며, EU 회원국들이 삼림에서 발생하는 온실가스 배출량과 제거량을 산정하는 방식에 대한 새로운 감독체계를 수립하였다. 아울러 좀 더 최근의 Benchmark 실적을 사용하여 온실가스 배출량 산정 범위를 EU의 모든 토지이용으로 대상을 확대하고 있다.

2.2 Climate Action Regulation

2.2.1 Climate Action Regulation

'Climate Action Regulation'은 2021년부터 2030년까지 EU ETS가 적용되지 않는 업종의 온실가스 배출량을 감축하기 위해서 시행되는 규제이다. EU 전체 온실가스 배출량의 60% 정도가 'Climate Action Regulation'의 규제를 받으며, 'Climate Action Regulation'에 의해서 정해진 국가 감축목표를 각 회원국은 의무적으로 이행하여야 한다. 2013년부터 2020년까지 EU ETS가 적용되지 않는 업종에 적용된 규제는 'Effort Sharing Decision'이라 부른다. 'Effort Sharing Decision'과 'Climate Action Regulation'은 내용면에서 유사하지만 유연성 체계에 있어서 상당한 차이가 존재한다. 'Climate Action Regulation'을 통해서 EU의 모든 회원국은 EU 전체의 온실가스 배출량 감축목표를 달성하기 위한 노력을 공유하고 있다. 회원국의 감축의무는 각국의 일인당 소득을 기준으로 국가별 부의 수준에 따라 다르게 부담이 지워진다. 일반적으로 소득이 높은 국가일수록 소득이 낮은 국가에 비해 더 높은 수준의 감축목표를 달성하는 것이 용이하므로 이러한 조치는 공정하다고 볼 수 있다. 그러나 온실가스 감축목표가 높아질수록 감축에 소요되는 비용이 높아지므로 단순히 국민소득 수준에 비례해서 감축목표를 설정하는 것은 합리적이라고 보기 어렵다. 이러한 문제점을 완화시키기 위해서 EU 평균 국민소득 수준 이상의 회원국에 대해서는 단순히 소득 수준에 비례해서 온실가스 감축목표를 설정한 것이 아니라 어느 정도 온실가스 감축에 대한 비용 효과성을 반영하여 조정하였다. 부유한 국가들은 2030년까지 2005년 온실가스 배출량을 기준으로 40% 감축의 의무가 부과되지만 상대적으로 빈곤한 국가는 2030년까지 2005년의 배출량을 그대로 유지하는 의무가 부과된다. 전체 회원국의 온실가스 감축의무를 합계하면 EU 전체적으로 2030년까지 2005년 대비 30% 감축의무가 부과되는 것이다.

EU ETS와 'Climate Action Regulation'의 온실가스 감축의무를 합하면 2030년까지 1990년 대비 40% 감축이라는 EU의 기후목표가 달성될 수 있다. 2015년을 기준으로 'Climate Action Regulation'이 적용되는 업종의 온실가스 배출량 비중은 Transport 부문이 35%로 가장 높다. 자동차, 트럭, 역내 선박운항, 전기 기관차 이외의 기차, 이 밖에 다른 형태의 수송수단 등이 'Climate

Action Regulation'에 포함된다. 단 역내 항공은 대상에서 제외된다. 건물부문은 'Climate Action Regulation'의 25%를 차지한다. 건물의 경우에는 냉난방과 관련된 온실가스 배출만이 포함된다. 건물이 사용하는 전기는 'Climate Action Regulation'의 대상이 아니다. 농업의 경우 'Climate Action Regulation'의 17%를 차지하며, 이산화탄소를 제외한 온실가스만 대상으로 한다. 농업에서 발생하는 이산화탄소는 LULUCF의 규제를 받는다. 주로 축산업과 비료사용에서 발생하는 메탄이 'Climate Action Regulation'의 대상이다. 제조업이 'Climate Action Regulation'의 16%를 차지하며, 소규모 에너지 업체에서 나오는 온실가스와 에어로졸, 방염처리 등에 사용하는 F-가스가 'Climate Action Regulation'의 대상이다. 폐기물이 'Climate Action Regulation'의 5% 정도를 차지한다. 고체 폐기물 처리 매립장, 폐수처리 등과 폐기물 처리와 관련된 온실가스 배출이 'Climate Action Regulation'의 대상이 된다. 'Climate Action Regulation'의 대상이 되는 업종의 온실가스 배출량에 대한 전체적인 목표는 설정되지만 각국이 구체적으로 어떠한 정책으로 얼마나 감축하여야 하는지를 명시하고 있지는 않다. 따라서 'Climate Action Regulation'에 해당하는 업종의 온실가스 감축을 위한 정책수단의 선택은 각 회원국에 달려 있다.

2.2.2 'Climate Action Regulation' 해당 부문의 저탄소 전환 시기

'Climate Action Regulation'은 Transport, 건물, 농업, 폐기물 업종별로 저탄소화로 진행하는 구체적 단계를 규정하고 있다. 이들 업종은 파리협정을 준수하기 위하여 장·단기적으로 급격한 변화를 겪을 수밖에 없는 상황이다. 지구의 기온을 1.5℃ 상승 이하로 묶기 위해서는 이들 업종에서 2040년까지 온실가스 배출량이 영의 수준에 도달하여야 한다. 1990년 배출량 대비 95% 감축이라는 EU의 2050년도 목표의 하단부분을 달성하기 위해서 'Climate Action Regulation'에 대상이 되는 업종은 2050년까지 2005년 배출량 대비 95%를 감축하여야 한다. 수송, 건물, 농업, 폐기물 업종의 저탄소화는 막대한 자금이 소요되지만 결과적으로 시민들에게 깨끗한 공기와 건강과 좀 더 안락한 주택 등 혜택을 가져오므로 이러한 혜택이 비용을 초과한다. 이러한 혜택은 EU ETS에 해당하지 않는 업종에 대한 온실가스 배출량을 줄이기 위한 EU와 회원국의 정책의 수행에 달려 있다. 'Climate Action Regulation'은 EU와 회원국의 정책을 실행하고, 2030년뿐만 아니라 그 이후까지 저탄소로의 전환에 대해서 동기부여를 주기 위함이다. 비록 2030년 이후의 기후목표 달성을 위한 경로가 'Climate Action Regulation'에 포함되어 있지 않지만 각 회원국은 2030년 이후에 대해서도 기후변화에 대한 계획을 의무적으로 제출하여야 한다.

'Climate Action Regulation'에 의한 2030년도 목표가 파리협정에서 천명한 EU의 목표에 부합하는지는 Climate Action Network Europe에 의해 검증된 바 있다. 결론적으로 현재의 'Climate Action Regulation'에 의한 온실가스 배출량 30%의 감축목표는 47% 감축으로 상향 조정하여야만 위험한 기후변화를 막자는 파리협정에 부합하는 것으로 나타났다.

2.2.3 'Climate Action Regulation'에 의한 각 회원국의 의무

'Climate Action Regulation'은 2030년도 온실가스 배출량을 목표로 정한 것이 아니라 2021년부터 2030년도까지 기간에 대해서 배출량 목표를 정한 것이다. 'Climate Action Regulation'은 각 회원국이 매년 배출할 수 있는 온실가스 배출량을 정하고 있다. 이러한 회원국의 연간 배출량을 AEA(Annual Emission Allocation)라고 부른다. 2030년 목표는 특정한 연도에 달성하여야 하는 온실가스 감축 배출량의 % 비율로 제시된다. 그러나 최종연도의 목표 이외에 문제가 되는 것은 중도에 대기 중에 얼마나 많은 오염물질이 배출되었느냐 하는 것이다. 온실가스는 일단 대기 중에 방출되면 장기간 없어지지 않고 남아 있는 성질을 가지고 있다. 따라서 일정 기간에 걸쳐 배출된 양이 적으면 적을수록 온실가스 집약도가 낮아지는 것이고, 지구 기온의 상승에도 적은 영향을 미치게 된다.

'Climate Action Regulation'에서 2021년부터 2030년까지 온실가스 배출량은 2021년의 출발점에서 2030년의 감축목표로 직선을 연결하는 것이다. 이는 각 회원국의 온실가스 감축량이 2030년의 목표뿐만 아니라 2021년의 출발점의 배출량 수준에 의해 결정된다는 것을 의미한다. 출발점이 낮으면 낮을수록 이 기간 동안의 전체 배출량은 줄어들 것이며, 대기 중의 온실가스 집약도도 낮아질 것이다. 'Climate Action Regulation'에서 출발점은 2016년부터 2018년까지 각국의 평균 배출량을 기준으로 설정하였다. 이러한 결정은 각국의 실제 배출량을 기준으로 삼았다는 점에서 현실적이지만 'Effort Sharing Decision'의 2020년도 목표를 달성하지 못한 국가가 달성한 국가에 비해서 유리한 출발점에 서게 되는 모순을 갖고 있다. 예를 들어 아일랜드의 경우 2020년의 목표가 2005년 대비 -20%이지만 2016년부터 2018년까지 평균 배출량은 2005년 대비 -5% 정도이므로 평균 배출량을 출발점으로 삼는 것은 목표를 달성한 다른 회원국에 비해 매우 유리한 입장이 된다. 이러한 결정으로 현재의 배출량 추세로는 오스트리아. 벨기에, 핀란드 등이 유리한 상태에 있다. 'Climate Action Regulation'의 출발 시점은 2019년 6월 1일 또는 2020년 6월 1일 중에서 배출량이 낮은 시점이 출발시점으로 결정되었다.

2.2.4 유연성 체계

매년 회원국들은 자국의 온실가스 배출량을 AEA보다 낮은 수준으로 배출하여야 할 의무가 있다. 이러한 기후목표를 좀 더 낮은 비용으로 달성하기 위하여 회원국들은 다양한 유연성 체계를 사용할 수 있다. 'Climate Action Regulation'에서 회원국이 사용할 수 있는 유연성 체계는 다음과 같다.

㉠ 기간에 대한 유연성 체계

회원국들은 두 해에 대해서 배출량의 차입과 이월이 가능하다. 특정 연도에 배출량 감축목표를 초과 달성하는 경우 초과분은 자국 AEA의 30%까지 미래의 의무이행을 위해서 이월할 수 있다. 단, 이행기간을 넘어서는 경우에는 이월이 불가하다. 회원국은 2021년부터 2025년까지 다음 연도의 AEA의 10%까지 당해 연도의 목표달성을 위해 차입할 수 있으며, 2026년부터 2030년까지 AEA의 5%까지 차입할 수 있다.

㉡ 회원국 사이의 유연성 체계

회원국은 상호 간에 배출량 감축분을 거래할 수 있다. 만일 어느 회원국이 특정 연도의 목표에 미달한다면 다른 회원국의 잉여분을 수량에 제한 없이 매입하여 목표를 채울 수 있다. 덧붙여 회원국은 자국의 2021년부터 2025년까지 AEA를 5%까지 다른 회원국으로 이전하는 것이 가능하며, 2026년부터 2030년까지 AEA를 10%까지 이전할 수 있다. 예를 들어 어느 국가가 미래에 목표를 과도하게 달성할 것으로 추정한다면 잉여분을 미리 다른 국가에 매도하는 것이 가능하다. 단, 역외에서 발생한 온실가스 배출량 감축분은 'Climate Action Regulation'에서 인정하지 않는다.

ⓒ EU ETS와의 유연성 체계

벨기에, 덴마크 등 9개 회원국은 전체 100백만 톤까지 EU ETS의 배출권을 사용해서 자국의 'Climate Action Regulation'의 목표를 준수할 수도 있다. 이 중 아일랜드와 룩셈부르크는 2005년 ETS를 제외한 배출량의 40%까지 사용할 수 있고, 나머지 7개국은 20%까지 사용할 수 있다. 만일 특정한 국가가 배출권을 사용하고자 한다면 배출권은 경매 예정수량에서 차감되므로 경매수익의 일부 감액이 발생한다.

ⓓ Land Use 분야와의 유연성 체계

매년 회원국은 LULUCF에서 유래하는 배출권을 전체 280백만 톤까지 사용할 수 있다. 단 이 업종에서 대기 중으로 배출하는 온실가스가 감축하는 배출량보다 작아야 한다. 또한 나무를 심거나 경작지 및 초지를 관리하여 얻어지는 배출권도 'Climate Action Regulation' 목표달성에 사용할 수 있다. 이 조항은 심은 나무가 나중에 벌목되고, 결과적으로 이산화탄소를 대기 중에 방출한다는 면에서 사실상 온실가스 배출량 감축으로 볼 수 없다는 비판을 받고 있으며, 'Climate Action Regulation'의 대표적인 허점(Loophole)으로 지적된다.

ⓔ 2020년 이전의 잉여량에 대한 유연성 체계

2013년 GDP가 EU 평균 이하인 회원국 중에서 2020년 목표를 초과 달성한 회원국은 2026년부터 2030년까지 전체 105백만 톤까지 가능한 'Safety Reserve' 조항의 혜택을 볼 수도 있다. 단, 이 조항에 의한 혜택은 각국의 2020년 이전 잉여량의 20%를 초과할 수 없다. 또한 EU의 2030년 기후목표를 달성하는 데 위협이 되지 않는다고 판단될 경우에만 이 조항을 적용할 수 있다.

만일 회원국이 유연성 체계까지 활용하고도 'Climate Action Regulation'의 목표를 달성하지 못하면 자동적인 벌칙이 부과된다. 이 벌칙은 배출량 감축의 지연에 따른 환경적 비용을 고려하여 결정된다. 목표에 미달한 배출량만큼 1.08로 곱해져 다음 연도의 목표에 가산된다. 따라서 목표가 더욱 높아진다. 매 5년마다 EC는 회원국들이 각자의 연간 목표를 준수하고 있는지 검사한다. 실질적으로 검사는 2027년과 2032년에 있을 것으로 보인다. 만일 준수하지 않는 경우에 벌칙은 다음 해의 AEA에 반영된다.

표 2-1 CAR에 의한 각국의 배출량 감축목표

	2030 목표 (%)	배출량 감축 (백만 톤)	LULUCF (백만 톤)	EU ETS	2021 Starting Bonus	실제 배출량 감축(백만 톤)
벨기에	-35	73	3.8	15.7		53
불가리아	0	-40	4.1		1.6	-46
체코	-14	-28	2.6		4.4	-35
덴마크	-39	33	14.6	7.4		11
독일	-38	232	22.3			210
에스토니아	-13	-2	0.9		0.1	-3
아일랜드	-30	59	26.8	19.1		13
그리스	-16	-96	6.7			-103
스페인	-26	-38	29.1			-67
프랑스	-37	234	58.2			176
크로아티아	-7	-16	0.9		1.1	-18
이탈리아	-33	96	11.5			85
사이프러스	-24	1	0.6			0.04
라트비아	-6	-3	3.1		0.5	-7
리투아니아	-9	-4	6.5		2.2	-13
룩셈부르크	-40	22	0.25	4.0		18
헝가리	-7	-59	2.1		6.7	-68
몰타	-19	-0.03	0.03	0.2		-0.25
네덜란드	-36	107	13.4	23.6		70
오스트리아	-36	29	2.5	11.7		15
폴란드	-7	69	21.7		7.5	39
포르투갈	-17	-44	5.2		1.7	-50
루마니아	-2	-37	13.2		10.9	-61
슬로베니아	-15	-4	1.3		0.2	-6
슬로바키아	-12	-3	1.2		2.2	-6
핀란드	-39	10	4.5	6.9		-2
스웨덴	-40	12	4.9	8.6		-2
영국	-37	18	17.8			0
합계	-30	621	280	97	39	205

출처: "How effective will the EU's largest post-2020 climate tool be?", Carbon Market Watch Policy Brief, April, 2018.

　　아래 <표 2-2>에서 4개 회원국의 'Climate Action Regulation' 목표 달성
에 대한 추정에서 보여주듯이 모든 EU 회원국은 'Climate Action Regulation' 목표
달성을 위해서 해당 기간의 초기부터 상당히 심각하게 접근하여야 한다. 비교적
온실가스 배출량이 많지 않고, 할당량도 크지 않은 헝가리의 경우를 제외하고
나머지 3개 회원국의 경우 자체적으로 예상한 추정치에 따르면 유연성 체계를
활용한다고 해도 목표에서 큰 폭으로 미달할 것으로 보이며, 법적 의무를 준수
하기 위해서 상당한 비용을 지출할 것으로 보이기 때문이다.

표 2-2 주요 4개국 CAR 분석

	헝가리	이탈리아	폴란드	스페인
CAR 목표	-7%	-33%	-7%	-26%
전체 할당량	428백만 톤	2,424백만 톤	1,756백만 톤	1,838백만 톤
예상 배출량	395백만 톤	2,532백만 톤	1,870백만 톤	1,927백만 톤
과부족	34백만 톤	-108백만 톤	-114백만 톤	-89백만 톤
Loopholes	2백만 톤	11백만 톤	22백만 톤	29백만 톤
잠재 비용	€0	€100억	€100억	€60억

　㉠ 헝가리

　　2005년부터 2016년까지 헝가리에서의 'Climate Action Regulation' 해당
부문의 배출량은 상당 폭 감소하였다. 2021년에 비교적 높은 할당량이 주어진
이유는 특정 국가에 추가적인 할당량을 부여하는 EU Regulation 10.2에 포함된
조항에 따른 결과이다. 헝가리는 자체 추정에 따르면 'Climate Action Regulation'
목표를 비교적 쉽게 달성할 수 있는 회원국 중의 하나로 보인다. 이러한 예상이
맞을지는 초기 몇 년간의 실적에 달려 있겠지만 헝가리가 'Climate Action
Regulation' 목표 달성에 어려움을 겪을 가능성은 높아 보이지 않는다. 이러한
이유는 BAU 기준으로 볼 때 헝가리의 주거부문에서의 배출량 감축이 빠르게
진행될 것으로 보이기 때문이다. 주거부문의 감축량이 Transport 부문의 증가량
을 상쇄하고도 남을 것으로 보인다. 헝가리의 경우 남는 할당량을 다른 회원국
에 판매하여 그 수익을 추가로 온실가스를 감축하는 데 사용하는 것이 가능하다.

ⓛ 이탈리아

이탈리아도 2005년부터 2016년까지 'Climate Action Regulation' 해당 부문의 배출량은 상당 폭 감소하였다. 그러나 자체적인 추정에 의하면 EU 차원에서 또는 이탈리아 국가 차원에서 특단의 조치가 취해지지 않는다면 'Climate Action Regulation' 목표를 달성하기가 매우 어렵다고 보고 있다. 이탈리아는 BAU 기준으로 볼 때 'Climate Action Regulation' 배출량이 감소할 것으로 예상하고 있다. 배출량 감소가 예상되는 부문은 폐기물 부문과 주거용 빌딩 부문이며, Transport 부문의 배출량은 정체될 것으로 추정하고 있다. 이탈리아는 Safety Reserve에서 105백만 톤을 인출할 수 있지만 다른 회원국도 이를 이용할 것이 분명하고, 이에 따라 이탈리아가 실제 얼마나 혜택을 볼 수 있을지는 불확실하다. 이탈리아는 Regulation에 의해 LULUCF에서 11.5백만 톤의 할당 한도를 갖고 있지만 조건이 수반하므로 얼마나 활용할 수 있을지 불분명하며, 수량도 목표 미달 예측수량 108백만 톤에 비하면 지나치게 적은 편이다. 따라서 이탈리아는 Transport 부문을 비롯하여 획기적으로 온실가스 배출량을 감축하여야 한다.

ⓒ 폴란드

폴란드는 2005년부터 2016년 사이에 'Climate Action Regulation' 해당 부문의 배출량이 감소하지 않은 국가이다. 2011년부터 2014년까지 일시적으로 'Climate Action Regulation'에 해당하는 부문의 배출량의 감소가 있었으나 이후 상승 반전하여 이전에 감소한 배출량을 모두 상쇄했다. 2021년에 비교적 높은 할당량이 주어진 이유는 헝가리와 같이 특정 국가에 추가적인 할당량을 부여하는 EU Regulation 10.2에 포함된 조항에 따른 결과이다. 폴란드는 자체적인 추정에 의하면 EU 차원에서 또는 국가 차원에서 특단의 조치가 취해지지 않는다면 'Climate Action Regulation' 목표를 달성하기가 매우 어렵다고 보고 있다. 폴란드는 BAU 기준으로 볼 때 'Climate Action Regulation' 부문의 배출량이 많지는 않지만 약간 감소할 것으로 예상하고 있다. 배출량 감소가 예상되는 부문은 주거용 빌딩 부문이며, Transport 부문의 배출량은 크게 증가할 것으로 추정하고 있다. 폴란드도 이탈리아, 스페인 등과 같이 Safety Reserve에서 105백만 톤을 인출할 수 있지만 이탈리아의 경우와 같이 그 수량은 불확실하다. 폴란드는 Regulation에 의해 LULUCF에서 21.7백만 톤의 할당 한도를 갖고 있지만 조건이 수반하므로 얼마나 활용할 수 있을지 불분명하며, 수량도 목표 미달 예측수량 114백만 톤에 비하면 지나치게 적은 편이다. 따라서 폴란드는 Transport 부문을 비롯하여 획기적으로 상당한 온실가스 배출량을 감축하여야 한다.

　　㉣ 스페인

　　2005년부터 2016년까지 스페인에서의 'Climate Action Regulation' 해당 부문의 온실가스 배출량은 상당 폭 감소하였다. 경제가 회복기에 들어섰음에도 불구하고 아직 'Climate Action Regulation' 배출량이 증가세로 반전하지는 않았다. 그러나 스페인도 자체 추정에 의하면 'Climate Action Regulation' 목표 달성에 크게 어려움을 겪을 국가 중의 하나이다. 이러한 이유는 BAU 기준으로 볼 때 스페인의 'Climate Action Regulation'에 해당하는 대부분의 부문에서 배출량의 증가가 예상되기 때문이다. 특히, Transport 부문의 증가는 클 것으로 예상된다. 스페인도 이탈리아, 폴란드 등과 같이 Safety Reserve에서 105백만 톤을 인출할 수 있지만 그 수량은 불확실하다. 스페인은 Regulation에 의해 LULUCF에서 29.1백만 톤의 할당 한도를 갖고 있지만 조건이 수반하므로 얼마나 활용할 수 있을지 불분명하며, 수량도 목표 미달 예측수량 89백만 톤에 비하면 부족하다. 따라서 스페인도 다른 회원국들과 마찬가지로 Transport 부문을 비롯하여 모든 부문에서 획기적으로 온실가스 배출량을 감축하여야 한다.

2.3 EU의 기후 및 에너지 정책 추진 성과와 전망

2.3.1 EU의 온실가스 감축 목표와 EU ETS에 속한 업종의 성과와 전망

2016년을 기준으로 EU의 온실가스 배출량은 1990년 대비 22% 감축된 44억 톤을 기록하고 있으며, 2017년 배출량은 전년보다 1.1% 증가한 46억 톤이며, 2018년 배출량도 전년 대비 약간 증가할 것으로 추정한다. 따라서 2020년까지 온실가스 배출량을 1990년 대비 20% 감축하려는 목표는 2014년 45억 톤을 기록하여 이미 달성한 상황에서 수년째 정체된 상황이 이어지고 있다. 현재 진행하고 있는 온실가스 감축정책을 미래에도 지속한다는 시나리오에서 보면 2020년의 온실가스 배출량은 1990년 대비 20% 감축목표를 충분히 충족할 것으로 추정하지만, 2030년의 온실가스 배출량은 1990년 대비 30% 감축에 지나지 않을 것으로 추정한다. 만일 준비 중인 추가적인 정책수단을 완전히 이행한다고 가정하면 2030년의 온실가스 배출량은 1990년 대비 32% 감축할 것으로 추정하고 있다. 따라서 현재 진행 중이거나 추가로 준비 중인 정책수단을 모두 동원한다고 해도 2030년 온실가스 감축목표인 1990년 대비 40% 감축은 달성하기 어렵다. 2014년 이후 온실가스 배출량 추이에서 알 수 있듯이 온실가스 배출량의 감축속도가 점차 느려지고 있기 때문에 2030년 목표를 달성하기 위해서는 2020년 이후에 매우 빠른 온실가스 배출량 감축이 필요하다.

EU 집행부는 기존의 정책만으로는 2030년 온실가스 40% 감축목표를 달성이 어려울 것으로 보고 다음과 같은 정책을 추가로 실시한다. 우선 EU ETS Ⅳ단계가 시작되는 2021년부터 EU ETS에 대해서 배출허용한도를 더욱 가파르게 낮추는 등 개혁조치가 시행된다. 또한 EU ETS에 해당하지 않는 부문에 대해서 회원국들에 대하여 2021년부터 2030년까지 의무적인 연간 온실가스 감축량을 설정하는 동시에 'Climate Action Regulation'에 새로운 유연성 체계를 도입하였다. 아울러 LULUCF 부문을 'EU 2030 기후 및 에너지 Framework'에 통합하였으며, 'Energy Performance of Buildings Directive'를 개정하였다. 이외에도 2018년 6월 'Renewable Energy Directive'의 연장과 개정을 통해서 재생에너지의 비중을 32%로 상향 조정하였으며, 'Energy Efficiency Directive'의 수정을 통해서 에너지 효율 목표도 32.5%로 상향 조정하였다. 특히, Transport 부문에서의 온실가스 배출량을 줄이기 위해서 다수의 수송수단에 대한 정책이 제안되었다. 이 중에는 각종 수송수단의 온실가스 배출 기준을 강화하는 내용이 포함되어 있다.

만일 2030년 온실가스 감축목표가 달성된다고 할지라도 EU의 장기적인 목표인 2050년 온실가스 배출량 1990년 대비 80~95% 감축을 달성하기 위해서는 좀 더 감축 속도가 빠르게 진행되어야 가능하다. 2050년에 80% 감축을 달성하기 위해서는 2030년부터 2050년 사이에 약 23억 톤의 온실가스 배출량을 감축하여야 한다. 이는 매년 1억 톤 이상의 온실가스 배출량을 감축하여야 한다는 것을 의미한다. 만일 2050년 감축목표를 95%로 결정한다면 2030년부터 2050년 사이에 31억 톤의 배출량을 감축하여야 하며, 이는 매년 1.5억 톤 이상을 감축한다는 것과 동일하다. 이러한 수준의 감축은 현재의 정책으로는 사실상 불가능에 가깝고, EU에서 에너지, 식량, 이동수단, 도시 체계 등 사회적, 기술적으로 중대한 변혁이 발생하여야만 달성할 수 있는 수준이다. 건물의 에너지 효율을 향상시키는 것과 같은 정책수단이 실질적인 효과를 거두기 위해서는 상당한 기간이 소요되므로 장기적인 조치들이 지연되지 말아야 한다. 일반적으로 먼 미래에 효과가 발생하는 정책은 높은 초기 비용과 이의 이행에 따른 정치적인 논란 등으로 인해서 지연되는 일이 쉽게 발생한다. 그러나 이러한 정책들을 이행하는 것이 장기적인 손실을 회피함에 의해서 얻게 되는 혜택을 감안한다면 단기적으로도 합리적이라고 볼 수 있다.

EU ETS에 포함된 업종에서의 온실가스 배출량은 1990년 이래 상당히 큰 폭으로 감소하였다. 예를 들어 EU ETS에서 2020년 온실가스 감축목표는 2005년 대비 21%로 배출허용총량이 결정되어 있었지만 이미 2017년에 2005년 대비 26% 감축을 달성하였다. 2005년 이래 온실가스 배출량이 급격히 감소한 이유는 주로 발전업종에서의 배출량이 감소했기 때문이다. 즉, 발전소에서 전력과 난방을 생산하기 위해서 투입하는 연료가 석탄 또는 갈탄에서 천연가스 또는 재생에너지로 교체되었기 때문에 온실가스 배출량이 줄었다. 발전업종을 제외한 일반 기업부문에서도 2005년 이래 2012년까지 온실가스 배출량이 꾸준히 감소하였지만 EU ETS Ⅲ단계에서는 정체된 모습을 보이고 있다. 2017년 회원국들이 제출한 보고서에 따르면 향후 EU에서 온실가스 배출량을 추가적으로 감축할 수 있는 부문은 EU ETS에 포함된 업종일 것이라고 보고 있다. 현재 진행 중인 정책수단이 미래에도 지속된다고 가정하면 2020년에서 2030년까지 발전업종에서

7% 정도의 온실가스 배출량 감축이 가능할 것으로 예상하였다. 또한 이 기간 동안의 온실가스 배출량 감축은 대부분 발전업종에서 이루어질 것으로 보고 있다. 그러나 항공업종에서 발생하는 온실가스 배출량은 1990년부터 2014년 사이에 두 배에 달했고, 2030년까지도 지속적으로 증가할 것으로 예측된다.

2.3.2 'Effort Sharing Decision'에 속한 업종의 감축 성과와 전망

'Effort Sharing Decision'에 포함된 부문에서의 온실가스 배출량은 EU ETS보다 미약한 수준이지만 1990년 이래 지속적으로 감소 중에 있다. 이는 'Effort Sharing Decision'에 속한 업종의 감축 잠재력과 다양성을 반영한 결과이다. 'Effort Sharing Decision'에 속한 업종의 2020년 온실가스 감축목표는 2005년 대비 9.3% 낮은 수준이지만 이미 2016년 기준으로 'Effort Sharing Decision'에 속한 업종의 온실가스 배출량은 2005년 대비 11.5% 낮은 수준에 도달하여 목표를 달성했다고 볼 수 있다.

그러나 'Effort Sharing Decision'에 속한 업종의 온실가스 배기량은 2015년을 저점으로 상승 전환하여 2018년까지 비록 증가속도는 전년 대비 1% 미만으로 크지 않지만 계속 증가하는 추세를 유지하고 있다. 'Effort Sharing Decision'에 속한 업종에서의 온실가스 배출량이 최근 증가세로 전환한 이유는 주로 Transport 부문에서의 배출량이 감소세를 멈추고 증가세로 전환한 탓이다.

현재 정책이 유지되는 가정에서 추정하면 2020년 'Effort Sharing Decision'에 속한 업종의 온실가스 배출량은 목표 수준보다 193백만 톤 낮은 수준에 머물 것으로 보이며, 2013년부터 2020년까지 누적 배출량은 'Effort Sharing Decision'에 의한 각국의 할당량의 총계보다 16억 톤 정도 낮은 수준에 있을 것으로 보인다. EU 전체적으로 목표 수준에 도달하는 데 큰 문제가 없어 보이지만 일부 회원국들은 자국의 목표 수준을 충족하는 데 어려움을 겪고 있다.

2030년 'Climate Action Regulation'에 속한 업종의 온실가스 배출 추정량은 현재의 정책 기조가 지속되거나 또는 일부 보완하는 경우에도 2005년 대비 21~23% 정도 감축하는 수준에 머물 것으로 전망된다. 이러한 추정치는 'Climate Action Regulation'에 속한 업종의 2030년 목표가 2005년 대비 30% 감축이라는 사실을 볼 때 크게 미달하는 수준이다. 따라서 2030년 목표를 달성하기 위해서 회원국들은 현재 이행하고 있거나 계획 중인 정책 이외에도 추가적인 정책수단이 필요하다.

대부분의 회원국들은 2020년 이후 2030년까지 'Climate Action Regulation'에서 온실가스 배출량의 감소는 제한적일 것으로 보고 있다. 이 기간 동안 절대적인 배출량 감소는 주로 빌딩부문에서 이루어질 것으로 보고, 농업부문과 Transport 부문은 대략 정체된 모습을 보일 것으로 예상한다. 또한 EU ETS에 속하지 않은 제조업과 에너지 공급부문, 폐기물부문 등에서 상대적인 배출량 감소 비율은 가장 높은 수준에 이를 것으로 보고 있다. 만일 EU 전체적으로 새로운 정책수단을 사용한다면 Transport 부문에서 추가적인 약간의 감축이 있을 것으로 보인다.

'Effort Sharing Decision'에 속한 업종 중에서 가장 높은 비중을 차지하고 있는 Transport 부문의 경우 'Effort Sharing Decision'에 의해서 관리되는 2017년 온실가스 배출량은 2005년 대비 약간 낮은 3% 수준이다. 자동차 등 육상교통에서 배출량은 자동차에 대한 수요가 증가함에 따라 같이 증가한 편이다. 금융위기를 전후해서 약간의 감소를 보이기는 했으나 2014년 이래 계속 증가세를 보이고 있다. 현재의 정책이 지속된다면 2030년도의 배출량은 약간 감소하는 데 머무를 것으로 추정하고 있다. 이러한 추세를 감안해서 EU 집행부는 이 부문에 대한 새로운 정책을 준비하고 있다. Transport 부문이 'Climate Action Regulation'에 의해서 관리되는 배출량의 36% 정도를 차지하고 있다. 회원국별로 성과를 보면 Transport 부문에서의 실적은 68%의 증가를 보인 폴란드부터 21%를 기록한 룩셈부르크까지 다양하게 분포한다. 모두 12개 회원국이 2005년 대비 Transport 부문에서의 배출량이 증가하였다.

1990년 이래 'Effort Sharing Decision'에 속한 업종 중에서도 빌딩 부문에서의 온실가스 배출량이 획기적으로 감소하여 전체 배출량의 감소를 이끌어 왔다. 그러나 2015년부터 빌딩 부문에서의 배출량은 미미한 증가세로 반전하였고, 이후 대체로 정체된 모습을 보이고 있다. 건물의 에너지 사용에서 발생하는 배출량은 해마다 변동이 심한 편에 속한다. 이는 건물이 사용하는 에너지의 양이 기후에 밀접하게 연계된 난방에 의해서 결정되기 때문이다. 2017년 빌딩 부문에서의 배출량은 2005년 대비 16% 낮은 것으로 나타났으며, 향후에도 지속적으로 낮아질 것으로 추정하고 있다. 회원국별로 성과를 보면 몰타, 에스토니아, 리투아니아, 폴란드 등 4개국만이 빌딩부문에서 2005년 대비 배출량이 증가하였다.

농업 부문에서의 2017년 배출량은 2005년 대비 비슷한 수준으로 나타나고 있으며, 이러한 추세는 현재의 정책이 계속된다면 2030년까지 지속될 것으로 보고 있다. 그러나 회원국별로 성과를 보면 2017년 농업 부문 온실가스 배출량이 27%나 증가한 불가리아부터 16% 감소한 그리스까지 다양하게 분포한다.

폐기물 부문에서 발생하는 2017년 온실가스 배출량은 2005년 대비 32% 감소한 것으로 나타났으며, 이러한 가파른 감소세는 향후에도 지속될 것으로 추정하고 있다. EU 전체적으로 폐기물 부문에서의 온실가스 배출량이 대폭적인 감소를 했음에도 불구하고 회원국별로 성과를 보면 2017년 배출량이 2005년 대비 증가한 회원국은 크로아티아, 체코, 사이프러스, 슬로바키아, 스페인, 루마니아 등 모두 6개국에 달한다.

제조업과 기타 부문에서의 2017년 배출량은 2005년 대비 12% 낮아진 것으로 나타났으며, 2030년까지 이 정도 수준으로 지속적으로 낮아질 것으로 추정하고 있다. 그러나 제조업과 기타 부문은 회원국별로 성과를 보면 큰 차이를 보이고 있다. 모두 13개 회원국의 2017년 이 부문의 배출량이 2005년 대비 증가한 것으로 나타났으며, 특히 리투아니아, 몰타, 사이프러스 등 3개국은 50% 이상 증가하였다.

회원국별로 보면 'Effort Sharing Decision' 목표는 2005년을 기준으로 덴마크, 아일랜드, 룩셈부르크의 20% 감축에서 불가리아의 20% 증가까지 폭넓게 분포한다. 'Effort Sharing Decision'에서는 EU 전체의 목표 달성에 대한 진전을 독려하기 위해서 회원국별로 연도별 목표도 설정되어 있다. 2016년을 보면 스웨덴, 크로아티아, 그리스 등 9개 회원국이 연도별 목표를 10% 이상 초과 달성하는 등 모두 22개국이 목표를 달성했다. 그러나 독일, 폴란드, 벨기에, 폴란드, 아일랜드, 몰타 등 6개 회원국이 연도별 목표보다 더 많은 배출량을 기록하였다. 2013년 이래 지속해서 연도별 목표를 달성하지 못한 회원국은 몰타가 유일하다. 몰타의 경우 2016년 연간 배출할당량보다 배출량이 15%의 차이에 해당하는 0.2 백만 톤 높았다. 다른 5개 회원국들의 경우에는 차이가 평균 3.1%에 불과하다. 2017년의 경우 연도별 목표를 달성한 회원국의 수는 18개국인 반면에 목표를 달성하지 못한 회원국의 수는 10개국으로 증가하였다. 몰타는 연간 할당량을 준수하기 위해서 불가리아로부터 자국의 초과 배출량에 해당하는 수량의 연간 배출할당량을 구매해 왔다. 몰타는 향후에도 다른 회원국에서 잉여분의 연간 배출할당량을 구매하여 의무를 이행하여야 하며, 목표에 미달한 다른 회원국들은 자국이 2013년부터 2015년 사이에 이월한 연간 배출할당량을 활용하여 의무를 이행하는 것이 가능하다.

2017년에 EU 회원국들은 'Effort Sharing Decision' 부문의 국가 온실가스 배출량 2020년 전망치를 제출한 바 있다. 이 회원국이 제출한 전망치에 따르면 20개 회원국들이 현재의 정책기조가 유지된다는 가정 아래서 자국의 'Effort Sharing Decision' 부문의 온실가스 배출량이 국가 목표 배출량 이하에 있을 것으로 예측하였다. 반대로 독일을 비롯한 8개국은 'Effort Sharing Decision' 부문의 배출량이 국가목표보다 많을 것으로 예측하였다. 그러나 연간 배출할당량이 개별 회원국의 경우 연도별 차입과 이월이 가능하고, 회원국 사이에서도 이전이 가능하므로 몇 개 회원국이 목표달성에 미달한다고 해도 반드시 전체적으로 목표 달성이 어려운 것은 아니다. EU 전체로 볼 때는 2020년에 16억~17억의 연간 배출할당량이 잉여 상태에 있을 것으로 추정하고 있다. 회원국별로 보면 연간 배출할당량의 누적잉여가 가장 많이 발생할 회원국으로는 이탈리아, 영국, 스페인, 프랑스가 꼽힌다. 전체 기간을 합하여 연간 배출할당량이 적자를 보일 회원국은 아일랜드와 몰타 2개국이다.

2.3.3 재생에너지 비중 목표의 성과와 전망

2017년을 기준으로 재생에너지 비중은 최종 에너지 소비량의 17.4% 정도이다. 이는 2016년 17.0%에 비해서 0.4% 증가한 수치로 최근의 재생에너지의 성장률이 별로 높지 않은 점을 고려하면 EU의 2020년 재생에너지 목표는 도달하기 어려울 전망이다. 'Renewable Energy Directive'는 모든 회원국에 대하여 2020년까지 의무적으로 달성하여야 하는 국가별 재생에너지 목표를 정하고 있다. 국가별 재생에너지 목표는 국가별 상황과 기준 시점을 고려하여 몰타의 10%에서 스웨덴의 49%에 이르기까지 다양하다. 2020년 재생에너지 목표를 달성하기 위해서 'Renewable Energy Directive'는 2011년부터 2018년까지 Indicative Trajectory를 설정하고 있다. 각 회원국은 Indicative Trajectory에 나타난 자국의 'Renewable Energy Directive' 목표를 자체적인 지원정책 등을 통해서 달성하거나 다른 회원국과의 협조를 통해서 달성할 수 있다. Indicative Trajectory에 의한 2017년 재생에너지 비중은 16%로 실제 EU가 달성한 재생에너지 비중 17.4%는 이를 초과하고 있는 상황이다.

2005년부터 2016년 사이에 최종 에너지 소비량에서 재생에너지의 비중은 매년 평균 0.7% 정도 증가해 왔다. 이렇게 재생에너지의 비중이 증가한 이유는 재생에너지의 개발이 매우 역동적인 동시에 최종 에너지 소비량이 감소해 왔기 때문이다. 2005년부터 2016년 사이에 재생에너지의 소비는 77% 증가한 반면에 최종 에너지 소비량은 6% 정도 감소하였다. 이 기간 동안에 재생에너지를 제외한 최종 에너지 소비량의 감소폭은 16%로 나타나고 있으며, 이는 명백히 화석연료를 사용한 발전이 재생에너지로 대체되고 있다는 증거이다. 그러나 이러한 추세는 2014년 이후 유럽의 경제가 점차 회복됨에 따라 바뀌고 있는 상황이다. 전반적으로 최종 에너지 소비량도 증가하고 있으며, 화석연료를 사용한 발전량도 증가하고 있는 상황이다.

만일 2005년부터 2016년까지 지속된 추세가 2020년까지 이어진다면 EU의 2020 재생에너지 비중 목표는 달성될 것으로 보인다. 그러나 최종 에너지 소비량이 증가세로 반전한 것과 몇 개의 중요한 요소들은 목표 달성이 쉽지 않음을 시사하고 있다. 대표적으로 재생에너지 공급자와 고객이 적극적으로 전력시장에 참여하는 데 방해가 되고 있는 전력시장의 낡은 구조와 최적배분이 불가능한 회원국 사이의 전력배분, 재생에너지의 보급을 저해하는 더딘 전력망 확장 등이 해결이 쉽지 않은 문제들이다. 아울러 지난 수년간 각국에서의 재생에너지에 대한 지원정책의 폐기는 신규 투자가 이루어지지 않는 역할을 하고 있다. 그러나 EU 집행부의 'Clean Energy for All European' 입법은 재생에너지에 대한 투자에 새로운 활력을 가져 올 것으로 보인다.

2015년과 2016년의 회원국들의 재생에너지 비중은 프랑스, 룩셈부르크, 네덜란드 등 세 나라를 제외하고 모두 Indicative Trajectory보다 높은 수준에 있다. 2017년과 2018년에도 최소한 20개 회원국 이상이 EU 재생에너지 비중 목표를 추적하는 Indicative Trajectory보다 높이 위치할 것으로 보인다.

회원국들은 2010년에 제출한 후에 지속적으로 수정된 자국의 National Renewable Energy Action Plan에 2020년의 목표에 대한 Trajectory를 포함하고 있다. 이러한 실천계획은 회원국 수준에서 재생에너지의 개발에 관심을 갖기 위한 것이다. 여기에는 재생에너지에 대한 예상 Trajectory 이외에도 특정 업종 부문별로 예상 Trajectory를 포함하고 있다. 예를 들어 수송부문은 RES-T, 난방부문은 RES-H/C, 전력부문은 RES-E라고 표기한다. 대부분 회원국들이 제출한 National Renewable Energy Action Plan에서의 예상 Trajectory는 EU의 Indicative Trajectory 보다더 높은 수준에 있다.

2.3.4 에너지 효율목표의 성과와 전망

'Energy Efficiency Directive'는 2020년 EU의 에너지 효율목표를 1차 에너지 소비량 또는 최종 에너지 소비량에 대한 조건으로 표현될 수 있다고 정의하고 있다. 두 목표를 충족하는 조건은 EU 집행부의 에너지 기본 시나리오에서 추정한 2020년 에너지 소비량을 기준으로 1차 에너지 소비량과 최종 에너지 소비량의 20% 절감하는 것이다. EU 법안에는 2020년 목표로 가는 진행과정을 연차별로 검사하기 위해서 어떤 특정한 Indicative Trajectory를 포함하고 있지 않다. 따라서 일반적으로 2005년의 1차 에너지 소비량과 2020년의 목표를 선형으로 연결하여 중간 진행과정을 평가할 수 있다. 만일 특정 시점의 EU 1차 에너지 소비량이 이 직선의 아래 부분에 위치한다면 2020년 목표를 향해 정상적으로 진행하고 있다는 평가를 내릴 수 있는 반면에 직선의 위 부분에 위치한다면 반대의 평가를 내릴 수 있다. 1차 에너지 소비량으로 본 EU의 2020년 에너지 효율목표는 2005년 대비 13.4% 절감이다. 2016년을 기준으로 EU의 1차 에너지 소비량은 2005년 대비 10% 낮은 수준으로 연 평균 0.9% 정도의 절감을 보이고 있다. 이는 2020년 목표달성에 필요한 최소 수준으로 평가된다. 더욱이 2016년의 1차 에너지 소비량은 직선에 표시된 수준보다 불과 0.11% 낮은 사실상 거의 직선상에 존재하며, 최종 에너지 소비량은 2020년 목표보다 높은 수준에 있다. 또한 2017년에도 1차 에너지 소비량과 최종 에너지 소비량이 모두 전년 대비 1% 이상 증가함에 따라 둘 다 직선보다 위 부분에 위치하게 되었다. 따라서 회원국들은 EU의 2020년 에너지 효율목표를 달성하기 위해서 남은 기간 동안 좀더 적극적인 노력이 필요한 상황이다.

'Energy Efficiency Directive'는 회원국들에게 에너지 효율 향상을 위해서 각국이 취하려는 정책수단에 대해서 보고할 것을 요구하고 있지 않다. 따라서 각국이 보고하는 내용을 기초로 2020년 EU 에너지 효율목표를 달성하는 것이 가능한지를 평가할 수 없으며, 다만 과거에 발표한 통계자료를 평가하여 추정하는 것이 가능할 뿐이다. 최근에 자료를 분석하면 2014년부터 2017년까지 나타나고 있는 1차 에너지 소비량과 최종 에너지 소비량의 증가세가 멈추어야만

2020년 EU 에너지 효율목표를 달성할 수 있다. 특히, 최종 에너지 소비량의 경우 2017년 실적이 2020년 목표를 초과하는 상황이므로 각 회원국의 추가적인 노력이 없다면 목표 달성이 매우 어려운 상황이다.

2016년 11월 EU 집행부는 에너지 효율, 재생에너지, 전력시장 구조, 전력 공급의 보안 등이 포함된 'Clean Energy for All European' Package를 발표하였다. 이 Package의 목적은 지속가능한 에너지로 전환하기 위해서 에너지 절약과 효율성 향상의 적합성을 강조하면서 에너지 효율을 최우선으로 하는 것이다. 2018년 6월 EU 집행부와 의회 사이에서 2030년 에너지 효율목표로 최소 32.5%가 합의에 이르렀다. 이 수준은 2007년 EU 집행부에서 발표한 기본 시나리오에서 추정한 2030년 추정치를 기초로 설정되었으며, 비용 측면에서 상당한 감소가 발생하거나 탈이산화탄소에 대한 국제적인 공약을 충족하기 위해서 필요한 경우 2023년에 상향 조정이 가능하다. 2030년 에너지 효율목표를 달리 표현하면 2005년 대비 1차 에너지 소비량을 26% 감축하고, 최종 에너지 소비량을 20% 감축하는 것으로 2030년 1차 에너지 소비량이 1,273Mtoe, 최종 에너지 소비량이 956Mtoe이 된다.

회원국들은 비록 법적으로 부과된 의무는 아니지만 에너지 효율에 대한 2020년 국가목표를 설정하고 있다. 국가목표도 1차 에너지 감축량 또는 에너지 집약도에 대한 1차 에너지 소비량 또는 최종 에너지 소비량의 절댓값을 근거로 하고 있다. 'Energy Efficiency Directive'는 이때 2020년 1차 에너지 소비량 또는 최종 에너지 소비량의 절댓값에 대한 특정한 값으로 국가목표를 설정하여야 한다고 요구하고 있다. 1차 에너지 소비량에 대한 국가목표는 2005년 대비 영국의 20.3% 감소에서 에스토니아의 20.6% 증가까지 분포한다. 18개 회원국은 1차 에너지 소비량 감소를 국가목표로 설정한 반면에 8개국은 2005년 대비 증가하는 것으로 설정하였다. 회원국은 국가목표를 도중에 아무 때나 상향 또는 하향 조정하는 것이 가능하다.

회원국의 최종 에너지 소비량에 대한 2020년 국가목표는 2005년 대비 헝가리의 23.2% 축소에서 몰타의 36.5% 증가까지 다양하다. 2016년을 기준으로 19개 회원국들이 자국의 직선 최종 에너지 소비량 Trajectory 아래에 위치하고 있다. 그러나 독일 등 9개 회원국은 최종 에너지 소비량이 충분히 감소하지 않은 상태이다.

2.4 EU의 기후 중립적인 경제 건설을 위한 장기 전략

2.4.1 장기 전략 수립 배경

EU는 2050년까지 EU 경제체제를 현대적이고, 경쟁력 있으며, 번영하면서도 기후 중립적인 체제로 전환하기 위한 장기 전략을 수립하려는 노력을 2018년 말부터 시작하였다. EU가 장기 전략을 수립하는 목적은 기후변화에 대한 지구의 대응에서 유럽이 주도적인 역할을 지속하겠다는 약속을 확인하고, 비용 효율적인 틀 안에서 사회적으로 공정한 변화를 통해서 2050년까지 온실가스 순배출량을 영으로 만드는 것이 가능하다는 전망을 제시하기 위한 것이다. 이러한 장기 전략의 수립은 사회적, 경제적 변혁 과정에서 나타날 수 있는 다양한 어려운 문제들을 미리 찾아내고, 회원국 경제에 새로운 기회를 제공할 수 있다는 데 그 중요성이 있다. 그러나 EU가 제시한 장기 전략은 새로운 정책의 시행을 의미하는 것이 아니며, 기후와 에너지 정책에 대한 방향을 제시하고, 파리협정의 기후목표를 달성하기 위해서 EU가 장기적으로 어떻게 기여할 것인지를 판단하기 위함이다.

장기 전략은 2050년까지 온실가스 배출량 영인 경제로 전환하기 위해서 필요한 사회적, 경제적 변혁의 전망을 제시한다. 이러한 전환의 과정이 세계 시장에서 EU 기업과 EU 경제의 경쟁력을 향상시키며, 좋은 일자리를 확보하고 지속 가능한 성장을 가져올 뿐만 아니라 대기 오염문제나 생물학적 다양성의 상실문제 등 다른 환경문제의 해결에도 시너지 효과를 낼 것으로 기대한다. 이를 위해서 장기 전략은 회원국과 기업, 시민들이 가지고 있는 가용 가능한 선택방안들을 살펴보고, 이 방안들이 어떻게 유럽인의 생활의 질을 개선하고 환경을 보호하며, 일자리와 성장을 제공하고 경제의 현대화에 기여할 수 있는지를 검토한다. EU의 장기 전략은 2050년까지 온실가스 순배출량이 영인 경제로 전환하기 위해서 필요한 다수의 해결책을 제시한다. 이 전략은 현재의 에너지 시스템, 토지 및 농업부문을 크게 바꾸어 놓을 것이고, 기존 제조업과 교통체계 및 도시들을 현대화하는 것은 물론 사회의 모든 활동에도 영향을 미치게 될 것이다.

2.4.2 2050 장기 전략

온실가스 순배출량 영인 경제로의 전환에 있어서 핵심적인 역할은 현재 온실가스 배출량의 75% 정도를 점유하고 있는 에너지부문에서 담당한다. 미래의 에너지 체계는 시민을 중앙에 두는 Smart Network로 전력, 가스, 난방, 이동 수단, 시장 등이 통합된다. 또한 온실가스 순배출량 영인 경제로의 전환에 있어서 에너지, 빌딩, Transport, 제조업, 농업 부문 등에서 기술혁신의 확대가 필요하다. 기술혁신의 확대를 위해서 디지털화, 정보통신, 인공지능, 바이오 기술 등에서의 돌파구를 마련하여야 한다. 다양한 업종의 협력에 의한 새로운 시스템과 제조공정의 확대도 필요하다. 이러한 시스템 중심적인 접근방식의 좋은 보기가 광범위한 해결방안을 만들어 낼 수 있고, 새로운 비즈니스 모델을 키울 수 있는 순환경제이다. 또한 자원과 지식을 공유함으로써 시너지 효과를 최대한도로 낼 수 있도록 지역과 회원국 사이에 각각 다른 계층에서 협동이 필요하다. EU는 2050년까지 온실가스 배출량이 영인 경제체제를 구축하기 위한 정책방안으로 다음과 같은 7개 분야의 실천을 제시하였다.

㉠ 에너지 효율의 최대화

에너지 효율방안은 2050년의 에너지 소모량을 2005년 대비 절반 수준으로 낮추어서 온실가스 배출량을 영으로 만드는 데 있어서 핵심적인 역할을 담당한다. 에너지 효율의 디지털화, 홈 자동화, 명세표 부착, 표준의 설정 등은 대부분의 가전제품과 전자제품이 역외에서 역내로 수입되거나 역내에서 역외로 수출되고 있는 현실에 비추어 모든 역외 생산업자들이 EU의 기준을 사용하여야 하므로 EU를 뛰어 넘는 영향력을 가지고 있다. 에너지 효율은 제조공정에서 발생하는 온실가스를 영으로 만드는 데 중심적인 역할을 해야 하지만 에너지 수요 감소의 상당 부분은 현재 에너지 소비량의 40%를 점하고 있는 상업용과 주거용 건물에서 이루어질 것이다. 대부분의 기존 주택이 2050년까지 존속한다고 보면 상당히 높은 비율의 개조가 필요하다. 대부분의 주택이 재생에너지로 전력과 난방을 충당하여야 하며, 가장 효율적인 가전제품으로 교체하여야 하고, 단열재로 향상되어야 한다.

㉡ 재생에너지에 의한 전기 사용의 최대화

2050년까지 현재의 에너지 시스템은 재생에너지에 의한 에너지 시스템의 전력화로 급격하게 변할 것으로 보인다. 청정에너지로의 전환은 1차 에너지가 주로 재생에너지에서 얻어짐을 의미하며, 따라서 에너지 공급에 대한 보장이 확실해지고 일자리 창출이 가능해진다. 유럽의 수입 에너지 의존도는 현재의 55%에서 2050년에는 20% 정도로 낮추어야 한다. 이는 EU의 무역에서 매년 €2,660억을 사용하는 화석연료의 수입금액에 획기적인 감소를 가져올 것이고, EU의 지정학적 위치에 긍정적인 영향을 미치게 된다.

유럽은 전력생산의 구조를 바꾸는 과정이 이미 진행 중이다. 지난 10년 동안 재생에너지의 세계적인 확산은 태양광발전과 육상 및 해상풍력발전에 있어서 비용의 획기적인 절감을 가져왔다. 현재 유럽에서의 전력생산의 절반 정도는 재생에너지로부터 얻고 있지만 2050년까지 80%의 전력이 재생에너지에 의해서 생산될 것으로 추정된다. 원자력발전소가 15% 정도를 담당하기 때문에 사실상 온실가스 배출량이 영인 전력생산이 이루어질 것이다. 재생에너지에 의한 전기를 제대로 배치하면 직접적인 전기 사용이나 간접적으로 전기 연료의 생산에 의해서 난방, Transport, 제조업 등 다른 부문의 온실가스 배출량을 영으로 만드는 데 영향을 미치게 된다.

ⓒ Connected Mobility의 확대

Transport 부문은 EU 전체 온실가스 배출량의 1/4 정도를 점하고 있다. 따라서 모든 수송수단은 체계적인 접근방식에 의해서 Mobility의 탈이산화탄소가 이루어질 수 있도록 기여하여야 한다. 온실가스 배출량이 미미하거나 아예 존재하지 않는 고도로 효율적인 엔진을 장착한 수송수단이 우선적으로 해결해야 할 문제이다. 현재 자동차 업계는 전기 자동차에 대해서 집중적인 투자를 진행하고 있다. 자율 주행차와 지속 가능한 배터리, 전기 자동차, 자동차 전장부품, Connectivity 등은 육상교통의 탈이산화탄소에 기여할 뿐만 아니라 청정한 대기, 소음 저감, 교통사고 감소 등으로 유럽 경제와 시민의 건강에 도움을 주게 될 것으로 보인다.

전체 Mobility 체계의 디지털, 자료 공유, 상호 연계운영 기준에 기반을 둔 효율적인 조직은 Clean 이동수단을 만드는 데 있어서 가장 중요하다. 이는 교통혼잡을 줄이고, 점유율을 향상시키는 스마트 교통운영과 모든 수송수단에서의 더 많이 자동화된 이동수단을 가능하게 해준다. 지역적인 기반시설과 공간 계획이 대중교통 이용의 확대에 따른 혜택을 향유할 수 있도록 개선되어야 한다. 아울러 2050년에 온실가스 순배출량을 영으로 만드는 경제로 전환하기 위해서

2030년까지 TNT-10(Trans-European Core Network)과 같은 필수적인 기반시설의 설치가 필요하다.

㉣ EU 제조업의 경쟁력과 순환경제

EU 제조업 중 유리, 철강, 플라스틱 등과 같은 다수의 제품들은 제조 과정에서 에너지 재사용 비율을 높임으로써 상당히 많은 에너지를 절감할 수 있는 여지가 있고, 온실가스 배출량도 감축할 수 있다. 원자재는 경제의 모든 부문에서 탄소 중립적인 해결을 가능하게 만드는 필수불가결한 요소이다. 자원의 재활용을 통해서 급증하는 원자재 수요를 충당하는 것은 경쟁력을 개선하고, 사업 기회와 직업을 창출하는 하나의 방법일 뿐만 아니라 에너지의 사용을 줄이고, 환경오염과 온실가스 배출량을 감축하게 된다. 원자재의 회수와 재활용은 생산이 EU 역외의 일부 국가들에 한정된 희토류, 코발트 등에 의존하는 업종과 기술 분야에 있어서 특히 중요하다. 물론 이들 원자재의 공급을 지속적, 안정적으로 확보하기 위해서는 EU 무역정책이 보다 강화될 필요성이 있다.

제조업 분야에서 온실가스 배출량을 없애겠다는 것은 현존하는 설비를 완전히 현대화하거나 대체해야 한다는 것을 의미한다. 여기에 소요되는 투자는 사실상 새로운 산업혁명의 일부가 될 것이다. 디지털화와 자동화가 효율성을 높이는 동시에 온실가스 배출량도 감축할 수 있는 단기적으로 경쟁력을 높이는 유망하고 효과적인 수단으로 보인다. 수소, 바이오매스, 재생합성가스 등의 사용 증가는 제조업의 제품 생산과정에서 온실가스 배출과 관련된 에너지의 사용을 줄이게 될 것이다. 다수의 제조업 공정에서 나오는 온실가스는 배출량을 감축하기 어려울 수도 있다. 이러한 경우 이산화탄소를 포집하고, 저장하는 방법이 유효하다.

㉤ 스마트 Network 기반시설과 상호 연결망의 설치

온실가스 배출량이 영인 경제는 유럽 전역에 걸쳐 업종별 통합과 최적 상호 연결을 확보할 수 있을 정도의 적정한 수준의 스마트 Network 기반시설이 갖추어져야 가능하다. 국가 사이와 지역 사이의 협동이 충분히 증대되어야만 유럽 경제의 현대화와 변혁의 결실을 충분히 거둘 수 있다. 따라서 Trans-European Transport and Energy Networks의 완성에 좀 더 중점을 두어야 한다. 최소한도로 미래의 에너지 전달과 배분에 대한 골격을 구성하는 주요 개발을 지원할 수 있는 충분한 기반시설을 갖추어야 한다.

ⓗ 탄소 Sink의 확보와 바이오 경제의 구축

탄소 Sink는 온실가스 감축만큼 중요하다. 자연적인 탄소 Sink인 숲, 토양, 농업용지, 해안 습지 등을 유지하고, 확대하는 것은 아무리 최선을 다해도 온실가스 배출량을 완전히 제거할 수 없는 농업 등과 같은 분야에서의 배출량과 상쇄하는 효과가 있으므로 장기 전략의 성공에 매우 중요하다. 자연에 기초한 해결방안과 Eco-system에 기초한 접근방식이 수자원 관리, 생물학적 다양성, 개선된 기후 복원력 등에 이중으로 혜택을 제공한다.

지속가능한 바이오매스는 온실가스 배출량을 영으로 만드는 경제에 중요한 역할을 담당한다. 바이오매스는 직접적으로 열을 공급할 수 있다. 바이오매스는 바이오연료와 바이오가스로 전환이 가능하며, 정화된 경우에는 천연가스 배관망을 이용하여 수송하는 것이 가능하다. 바이오매스를 발전에 사용할 때 배출하는 이산화탄소는 포집이 가능하고, 저장될 수 있다. 온실가스 배출량이 영인 경제는 현재에 소비되는 양보다 훨씬 더 많은 바이오매스를 사용하여야 한다. 물론 향후 기술개발과 정책선택에 따라 크게 차이가 날 수 있지만 2050년까지 현재와 비교하여 바이오에너지의 소비량이 최대 80% 정도 증가할 것으로 추정하기도 한다. 아무리 경영을 잘한고 가정해도 현존하는 유럽의 삼림 규모로는 숲이 갖고 있는 Sink 기능을 저해하지 않고 바이오매스의 생산을 증대하기는 어렵다. 따라서 필연적으로 EU 역외에서의 수입이 필요하며, 이 경우 바이오매스 수출국가에서의 삼림의 황폐화에 따른 부작용을 고려하여야 한다.

ⓢ CCS를 통해 잔존 이산화탄소 해결

과거에는 CCS가 발전소와 주요 제조업체들의 탈이산화탄소의 핵심적인 방안으로 간주되기도 했으나 오늘날 급속한 재생에너지 기술의 전개와 제조업체들이 다른 감축방안을 사용함에 따라서 그 가능성이 낮아졌다. 그러나 아직도 에너지 집약적인 산업에서 필요하며, 전환단계에서 이산화탄소가 없는 수소를 생산하기 위하여 필요하다.

CCS는 현재까지 상업적 운영이 가능한 수준까지 도달하지 못했고, 기술에 대한 시연도 없었으며, 경제적인 생존 가능성에도 의문이 제기되고 있다. 일부 회원국에서는 규제 장벽에 의해 기술의 진전이 막혀 있고, 일반 대중에게 별로 긍정적으로 받아들여지고 있지 않다. 만일 CCS가 2020년대에 대규모 연구로 눈에 띄는 성과를 거둔다면, CCS를 필요로 하는 분야의 현장에 배치하기 위해서 기술 혁신과 기술 시연의 노력이 필요하다. 또한 CCS는 운송과 저장을 위한 새로운 기반시설이 필요하다. CCS가 가지고 있는 잠재력을 발휘하기 위해서는 각 회원국의 협조와 강력한 정책 수행으로 EU 역내에 기술을 보여줄 수 있는 건물과 상업적 설비를 확보하여야 하며, 일부 회원국들이 가지고 있는 회의적인 견해를 설득할 수 있어야 한다.

결론적으로 기후 중립적인 온실가스의 순배출량이 영을 달성하는 경로는 다양하다. 모든 경로가 쉽지는 않지만 기술적, 경제적, 환경적 그리고 사회적 관점에서 가능하다. 30년 내에 이러한 장기 목표에 도달하기 위해서는 경제의 모든 분야를 망라하는 심각한 사회적, 경제적 변혁이 필요하다. 기후 중립적인 유럽으로의 전환은 경쟁력, 포용력, 사회적 공정함, 다양성 등을 기본원칙으로 적용하면서 진행해야 가능하다. 구체적인 방안은 경쟁력을 갖춘 에너지 가격을 확보하면서 청정에너지로의 전환을 가속화하여야 하며, 재생에너지 생산과 고효율 에너지를 확대하고, 사이버 위협을 감소시키는 데 중점을 두어 에너지 공급의 안전성을 제고하는 것이다.

제3장 EU ETS 기본구조

3.1 EU ETS I부터 EU ETS II까지

3.1.1 EU와 EU ETS

EU ETS는 EU가 입법 권한을 갖고 있는 환경법에 근거해서 설립된 제도이다. 따라서 EU ETS에 관한 각종 의사결정은 회원국에 의해서 결정되는 것이 아니라 EU 차원에서 규정된 절차에 따라 내려진다. EU ETS와 직접적으로 연관된 주요 기구는 EU 의회(European Parliament), EU 집행위원회(European Commission), EU 이사회(European Council) 등이다. 이 중에서 EU 집행위원회는 EU ETS에 규제 조항의 신설 또는 EU ETS Directive에 대한 수정 등 입법제안을 할 수 있는 유일한 기구이다. EU 이사회와 EU 의회는 입법제안에 대해 수정안을 권고할 수 있으며, EU 이사회는 이를 반영하여 입법제안을 수정할 수 있다. 궁극적으로 EU 이사회와 EU 의회가 입법제안을 승인하여야 법률로서 채택이 된다. EU ETS에 대한 대부분의 수정안과 새로운 입법제안은 모두 이와 같은 공동 의사결정과정을 거쳐야 한다.

일반적인 법안에 대한 집행 책임은 개별 회원국에 있지만 EU ETS의 경우 회원국 모두에게 동등하게 적용되는 배출권의 무상할당, 배출 실적의 MRV 등에 대해서 EU 집행부가 집행 권한을 갖고 있다. 이러한 규정들은 서로 회원국 사이에 조화로운 이행을 담보하기 위해서 EU 차원에서 집행된다. EU 집행부는 이러한 규정들을 집행하기 이전에 각 회원국이 파견한 대표로 구성된 'Climate Change Committee'를 통해서 회원국들과 협의한다. EU 집행부는 법안이 제대로 집행되고 있는지를 보장할 책임이 있다. 만일 회원국이 법률을 준수하지 않는 경우 EU 집행부는 법률위반 청문 절차를 진행할 수 있으며, 위반 회원국에 대해서 제재를 부과할 수 있고, 궁극적으로 European Court of Justice에 회부할 수도 있다. European Court of Justice에서 회원국의 법률위반이 확정되는 경우에는 회원국에게 EU 집행부에 의해서 명기된 금액까지 벌금이 부과될 수도 있다.

EU ETS는 기업이 배출하는 탄소에 비용을 부과함으로써 친환경적인 경제 성장과 신규 직업의 창출, 장기적인 관점에서의 유럽 경제의 경쟁력 강화 등에 기여한다. 특히, 에너지 효율화 방안에 대한 투자를 유인하고, 에너지 비용을 축소하며, 에너지 가격 상승에 관련된 위험을 감소시키는 역할을 한다. 신재생에너지 기술에 대한 투자를 촉진시키고, 화석연료에 대한 에너지 수입 의존도를 낮추는 동시에 에너지 안보를 향상시킨다. 또한 EU 경제의 탈탄소화에 대한 EU의 비전을 현실화하는 동시에 저탄소 투자와 청정기술에 대한 장기적으로 안정적인 정책 환경을 제공한다. EU ETS는 NER 300 펀드를 통해서 혁신적인 신재생에너지 기술과 CCS 프로젝트에 대해서 재정적인 지원도 한다. EU ETS에서 조성된 재원은 회원국들의 저탄소 또는 신재생에너지 프로그램에 지원되기도 한다.

반면에 탄소배출에 대한 비용 부과는 오염과 관련된 비용을 증가시키는 기능을 하므로 특정 업종은 온실가스 감축을 위해 비용을 부과하고 있지 않는 경쟁국에 비해 산업 경쟁력에서 영향을 받을지 모른다는 우려가 있다. 이러한 우려를 불식시키기 위해서 탄소누출 위험에 노출된 업종에 대해서는 무상으로 배출권을 할당하는 제도를 시행하고 있다. 이와 같이 EU ETS는 경제 성장에 수반하는 에너지 소비 증가와 온실가스 배출량 증가의 관계를 단절하기 위해서 도움을 주고 있다. 사회에 대한 최소한의 비용으로 저탄소 투자의 촉진을 위해서 EU 집행부는 EU 배출권거래제의 실효성을 향상시키기 위한 각종 정책 제안을 하고 있다.

3.1.2 Cap & Trade Program

ETS는 기후변화의 주요 요인으로 지목되고 있는 온실가스를 감축하기 위해서 고안된 제도로서 오염물질인 온실가스 배출에 가격을 매기는 탄소시장에 기반을 둔 정책이다. 정부가 온실가스를 배출할 수 있는 권리, 즉 배출권(Allowance) 제도를 도입한 후에 이 권리의 수량을 제한적으로 시장에 공급함에 따라 배출권 거래시장이 성립된다. 정부는 국제사회에 공개적으로 천명한 온실가스 감축 목표량을 달성하기 위하여 온실가스를 배출하는 기업들에게 일정 기간 동안 배출할 수 있는 한도를 정해 주고, 이들 기업들에게 배출권을 무상 또는 유상으로 할당한다. 각 기업들은 일정 기간 동안 각자의 실제 배출량에 상응하는 수량만큼 배출권을 정부에 제출하여야 한다. 할당받은 배출권 수량보다 실제 배출량이 적은 기업들은 정부에 제출하고 남은 배출권을 거래시장에서 매각하여 수익을 얻을 수 있는 반면에 할당 받은 배출권 수량보다 실제 배출량이 많은 기업들은 거래시장에서 부족한 수량만큼의 배출권을 매입하여 정부에 제출하여야 한다. 기업은 부족한 배출권을 매입하거나 남는 배출권을 매각하기 위하여 거래시장에 참여하여야 한다. 이와 같이 정부로부터 온실가스 배출허용량을 부여받고 필요에 따라서 배출권 매매에 참여하여야 하는 기업을 '할당대상 업체'라고 부른다. 여기서는 '할당대상 업체' 또는 줄여서 '업체'라는 단어를 사용한다. 하나의 기업이 온실가스를 배출하는 여러 개의 사업장을 갖고 있고, 정부에 의해 각각의 사업장이 개별적으로 규제를 받는 경우에 각각의 사업장은 하나의 업체가 된다.

ETS에서 상대적으로 배출량 감축에 대한 한계비용이 낮은 업체들은 각자의 실제 배출량을 감축하기 위한 경제적 인센티브를 갖게 되며, 반면에 배출량 감축에 대한 한계비용이 높은 업체들은 시장에서 배출권을 매입하는 방식으로 각자에게 부과된 감축의무를 이행할 수 있다. ETS는 배출허용총량(Cap)을 미리 확정하고, 배출권 거래(Trade)를 통해서 온실가스 배출량을 총량적으로 감축하는 것을 목적으로 하는 제도이므로 보통 'Cap & Trade Program'이라고 부른다.

3.1.3 EU ETS의 도입

EU ETS는 대표적인 'Cap and Trade' Program으로 배출허용총량은 전체 EU 온실가스 배출량의 50% 정도를 차지하고 있는 기업과 항공기에서 배출하는 온실가스에 대해서 설정된다. ETS는 EU가 미래의 온실가스 감축목표를 달성하기 위해서 채택한 가장 중요한 정책 수단으로 역내 기업과 항공기에서 배출하는 온실가스 배출실적이 배출허용총량의 범위 안에 머물고, 배출량 감축을 위한 최소비용의 방안이 실행될 수 있도록 배출권 거래를 허용한다.

다수의 국가가 참여하는 EU 체제에서 온실가스를 배출하는 기업에 대해서 탄소세를 부과하는 정책은 온실가스 배출량 감축목표가 달성될 수 있는지를 보장하지 못하며, 모든 국가가 온실가스 배출에 대한 합리적인 가격을 부과하는 협정이 추가로 필요하다. 또한 온실가스를 배출하는 기업에 대해서 탄소세를 과도하게 부과하거나 미흡하게 부과하지 않고 필요한 만큼의 배출량 감축을 가져올 수 있는 합리적인 수준으로 설정하는 것이 현실적으로 매우 어렵다. 이에 비해서 ETS는 기업에게 각자의 배출허용량을 충족하기 위해서 필요한 최소비용의 선택 방안이 무엇인지를 스스로 결정하게 만든다. 이외에도 EU에서 온실가스 감축 방안으로 ETS를 선택한 이유는 이 제도가 갖고 있는 다음과 같은 다양한 장점들 때문이다.

• 감축량에 대한 확실성: ETS는 직접적으로 온실가스 배출량에 대해서 검증 가능한 방식으로 배출허용총량을 설정함에 따라 업체들에 의한 배출량에 대해서 제약을 가한다. 배출허용총량이 적용되는 기간에 대해서는 온실가스 배출 최대량에 대한 확실성이 보장된다. 이러한 점은 환경적인 목표를 달성하기 위해서 EU가 국제적인 목표와 의무를 지지하고 있음에 부합된다.

• 비용 효과성: ETS를 통해서 바람직한 감축목표를 달성하는 데 필요한 배출권 가격이 결정된다. ETS에 수반하는 유연성은 모든 업체가 동일한 배출권 가격을 직면하게 되고, 업종 전반에 걸쳐 가장 비용이 적게 소요되는 부분부터 온실가스 배출량 감축이 이루어진다는 점이다.

• 재정수익: 배출권이 경매로 할당되는 경우 경매수익은 정부의 재원이 된다. 이렇게 조성된 재원의 최소 50%는 EU 또는 회원국에서 기후변화에 대응하기 위해서 채택하는 다양한 정책수단을 재정적으로 지원하기 위해서 사용된다.

• 회원국 재정 부담의 최소화: EU ETS는 EU 배출량의 50% 정도를 차지하는 기업들에게 적용된다. 이것은 회원국들이 교토의정서에 따른 의무 감축량을 충족하기 위해 추가적으로 국제 상쇄배출권을 구매하여야 할 필요성을 감소시킨다.

세계 최초로 도입된 EU ETS는 교토의정서가 발효되기 이전인 2005년 2월에 시작되었다. 1997년에 합의된 교토의정서는 선진국 37개국에 대해서 2008년부터 2012년까지 1단계 의무이행 기간 중에 법적으로 강제성이 있는 온실가스 의무감축목표를 제시하고 있다. 이에 따라 EU는 교토의정서에 따른 의무감축목표를 달성하기 위한 정책 수단으로 EU ETS의 도입을 검토하였다. 2000년 EC는 처음으로 EU ETS의 구조가 그려진 'Greenhouse Gas Emissions Trading within the European Union'이라는 제안서를 제출하였다. 이 제안은 다양한 토론 과정을 거쳐 2003년 'EU ETS Directive'의 채택에 이르게 되었고, 2005년부터 정식으로 EU ETS가 시작되었다. EU ETS I단계는 시범사업 기간으로 2007년까지 지속되었으며, 주요 목표는 의무감축 기간 중에 ETS가 정상적으로 작동할 수 있는지, 그리고 이에 따라 회원국들이 교토의정서에 의한 의무감축량을 달성하는 데 문제가 없는지를 검증하는 데 두어졌다. 또한 거래시장에서 배출권 가격 형성을 검증하고, 배출량에 대한 MRV를 실행하기 위해 필요한 기본 구조를 설계하는 데 초점을 두었다. 당시 신뢰할 만한 배출량 실적자료가 없었기 때문에 배출허용총량은 대체로 추정치에 근거해서 설정되었다. EU ETS I단계에서 'Linking Directive'에 의해서 업체들은 교토의정서에 의한 CDM(Clean Development Mechanism)을 상쇄배출권으로 사용하는 것이 허용되었다.

EU ETS II단계는 2008년부터 2012년까지 시행되었으며, 교토의정서에 의한 의무감축 기간과 중복되었다. 업체들은 JI(Joint Implementation)에 의해서 발행된 ERU(Emission Reduction Unit)를 상쇄배출권으로 사용할 수 있었다. 이에 따라 실질적으로 EU ETS는 CDM과 ERU에 대한 세계에서 가장 거대한 수요처가 되었다. 또한 2012년부터 EU 회원국에 소재하는 공항을 운항하는 항공기가 업체로 포함되었다.

EU ETS III단계는 2012년 도하에서 합의된 교토의정서 2단계의 이행기간과 동일한 2013년부터 2020년까지 진행된다. EU는 교토의정서 2단계에 의한 온실가스 배출량 감축목표를 의무적으로 달성하려는 정책목표를 설정하였으며, EU ETS는 이를 위한 주요한 정책수단이다. EU ETS III단계는 이전 단계에서의 경험을 바탕으로 많은 제도적인 개선이 이루어졌다. 예를 들어 배출허용총량의 결정방식이 각 회원국이 결정하는 국가 배출권 할당계획(NAP; National Allocation Plans)에서 EU가 결정하고 회원국은 국가이행계획(NIM; National Implementation Measure)을 제출하는 방식으로 변경되었다. 배출권의 이월 및 차입에 관한 내용도 EU ETS I단계에서 EU ETS II단계로 넘어갈 때는 허용되지 않았지만, EU ETS II단계에서 EU ETS III단계로 넘어갈 때는 허용되었다. 특히, EU ETS II단계에서 상쇄배출권 CER과 ERU를 일정 한도까지 EUA로 교환하는 것을 허용하여 EU ETS III단계의 배출권 과잉공급 상황을 초래하는 원인이 되기도 하였다.

MRV의 중추적 기능을 수행하는 Registry의 경우 초기에는 각국이 보유한 국가 Registry가 사용되었지만 EU ETS Ⅲ단계부터 Union Registry로 변경되었다. 이에 따라 EU ETS Ⅱ단계까지 서로 다른 국가 Registry에 설정된 배출권 계좌 사이에서 이루어진 모든 거래를 자동적으로 처리하는 데 사용되었던 거래장부는 CITL(Community Independent Transaction Log)에서 EUTL(European Union Transaction Log)로 교체되었다.

3.2 EU ETS III의 기본구조

3.2.1 ETS의 범위

㉠ 참여국가

EU ETS I단계는 EU 회원국 25개국으로 시작하였으며, 2007년 Romania 와 Bulgaria가 EU에 가입함에 따라 27개국으로 확대되었다. EU ETS II단계부 터 EEA(European Economic Area)로 확대되어 Norway, Iceland와 Liechtenstein 이 추가되었으며, EU ETS III단계에는 Croatia가 추가되었다. 2017년 3월 29일 에 영국이 공식적으로 EU에서 탈퇴할 것을 공표함에 따라 절차에 따라 2년간의 기간을 거친 후 2019년 3월 29일부터 효력이 발생하였다. 이에 따라 이 시점부 터 원칙적으로 영국이 EU ETS에서 제외되어야 하지만 영국과 EU와의 협상에 따라 EU ETS III단계가 종료되는 2020년 12월까지 영국이 회원국으로 잔류할 수 있다. EU ETS IV단계에서 영국의 참여 여부는 불확실하다.

㉡ 할당대상 업체 요건

EU ETS I단계부터 화력발전 중심의 전력산업과 대부분의 제조업이 적용 대상으로 포함되었다. 2012년부터 EEA 국가들을 운항하는 항공기도 적용 대상 으로 확대되었다. EU ETS III단계부터 20MW 이상의 열 연소 설비를 갖춘 11,000여개 기업들과 알루미늄, 석유화학 업종에 속하는 기업들이 할당대상 업 체이다.

온실가스 배출규모가 작아서 배출 실적 단위당 관리비용이 상대적으로 많이 소요되는 기업은 제한적으로 EU ETS의 적용을 면제받을 수 있다. 기업 또는 병원 이 연간 25,000톤을 배출하고, 35MW 이하의 열 연소 설비를 갖춘 경우에는 소규 모 배출업자로 지정되어 선택적으로 EU ETS의 범위에서 제외될 수 있다.

㉢ 온실가스의 범위

EU ETS I단계에는 온실가스 중에서 이산화탄소만이 적용 대상이었으며, EU ETS II단계부터 회원국의 판단에 따라 아산화질소(N_2O)가 선택적으로 포함 되었다. EU ETS III단계부터 이산화탄소 이외에도 질산, 아디프산, 글리옥실산, 글리옥살 등 특수한 화학제품의 생산에서 발생하는 아산화질소(N_2O), 알루미늄 의 생산에서 발생하는 과불화탄소(PFC_s)가 온실가스에 포함된다.

3.2.2 배출허용총량

EU가 발행예정인 배출권허용총량은 배출권의 공급규모를 결정한다. 배출권 가격은 시장에서의 수요와 공급에 의해서 결정되므로 배출권 거래의 동기유발이 가능하기 위해서 배출권에 희소성이 있어야 한다. 온실가스 배출 실적에 비해서 배출권에 희소성이 주어질수록 배출권 가격은 높아진다. 따라서 배출허용총량과 이에 따른 배출권 발행의 엄격함이 배출권 가격의 가장 중요한 결정요인이 된다.

배출허용총량은 입법과정을 거쳐 'ETS Directive'에 감축비율로 명기되므로 배출권 거래시장 참여자들은 이미 배출권의 공급규모를 사전에 인지한 상태에서 거래시장에 참여하게 된다. 이 값은 EU ETS 각 단계마다 온실가스 환산 톤으로 전환된다. <그림 3-1>은 EU ETS Ⅲ단계의 연도별 배출허용총량으로 2020년까지 EU의 온실가스 감축목표를 달성하기 위해서 매년 일정량씩 감소하는 배출허용총량을 보여주고 있다. <그림 3-1>에서 막대 그래프의 위 부분은 항공기에 대한 배출허용총량이며, 아래 부분은 일반 업종에 대한 배출허용총량이다. 일반 업종에 대한 배출허용총량은 첫해인 2013년 2,084백만 톤으로 시작하여 이때부터 매년 2010년 배출량의 1.74%, 즉, 38,264,246톤씩 2020년까지 매년 동일하게 축소된다. 이와 같이 매년 동일하게 적용되는 감소비율 1.74%를

그림 3-1   EU ETS Ⅲ단계에서의 배출허용총량

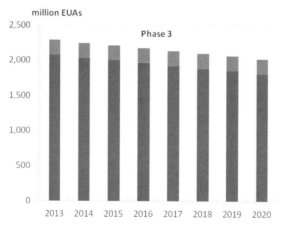

출처: EU ETS Handbook.

선형감축계수(Linear Reduction Factor)라고 한다. 이 선형감축계수는 2005년 배출량 대비 2020년 20% 감축목표를 달성하기 위해서 산출된 수치이다. 이에 따라 EU ETS Ⅲ단계 최종 연도인 2020년의 배출허용총량은 1,816백만 톤으로 EU ETS Ⅲ단계 시작 이전부터 미리 확정되었다. EU ETS Ⅲ단계 기간 동안의 항공기에 대한 배출허용총량은 매년 210백만 톤으로 일정하며, 이 값은 기준 시점인 2004년부터 2006년까지 항공기에서 배출한 온실가스 배출량의 약 95%에 해당한다.

3.2.3 배출권 경매 절차

EU ETS Ⅲ단계에서 무상할당은 EU 회원국에 조화로운 할당규칙을 적용하여 시행된다. 모든 회원국은 자국에 소재하는 모든 할당대상 업체들에 대한 상세한 정보가 포함된 국가이행계획(National Implementation Measures)을 EU 집행부에 제출하여야 한다. 각 회원국은 자료수집과 최종적인 배출권 할당에 대해서 책임을 진다. EU 집행부는 국가이행계획을 승인하거나 필요한 경우 일부 수정을 요구할 수 있으며, 거부할 수 있는 권한을 갖고 있다. 국가이행계획이 개별 업체에게 할당되는 배출권 수량을 정하지만 할당방식은 'EU ETS Directive'에 의해서 규정된다.

배출권 경매는 공개적이고, 투명하며 조화롭고 비차별적인 절차를 확보하기 위해서 경매의 진행방법, 경매시기, 관리방법 등을 규정한 EU의 경매규정에 따라 진행한다. EU는 배출권 경매를 진행하는 공동 거래소(Platform)를 지정하고 있지만 회원국들은 필요에 따라 각자가 별도로 지정한 거래소에서 경매를 진행할 수도 있다. 현재 영국, 독일, 폴란드는 별도로 각자의 거래소를 지정하고 있다. EU에서 지정한 공동 거래소는 독일의 Leipzig에 소재하는 EEX(European Energy Exchange)이다. 독일은 EEX를 자국의 거래소로 지정하였으며, 영국은 London에 소재하는 ICE(Intercontinental Exchange)를 자국의 거래소로 지정하였다. 폴란드는 공식적으로 거래소를 지정하지 않았지만 잠정적으로 EEX를 자국의 거래소로 활용하고 있다. 각국에서 한 번 지정한 거래소의 최대 유효 기간은 5년이며, 공정하고 합당한 경매를 보장하기 위하여 2단계 감독이 이루어진다. 즉, 경매 담당 거래소에 의한 자체적인 시장 감시와 조사가 이루어지고, 거래소가 소재하는 회원국의 금융당국에 의해서 거래소 감독이 이루어진다.

EU ETS Ⅲ단계에서 업체에 대한 무상할당수량은 배출허용총량의 약 43% 정도로 제한된다. 화석연료를 사용하는 발전소는 필요한 모든 배출권을 경매방식으로 할당받아야 한다. 발전소를 제외한 일반 업종에 대한 배출권 경매수량은 순차적으로 증가한다. 이들 업종에 대해서 2013년 배출권의 80%를 무상으로 할당하지만 매년 일정 부분씩 감소하여 2020년에는 배출권의 30%만 무상으로 할당한다.

경매물량이 결정되기 이전에 배출허용총량의 5%를 신규 진입업체에게 무상할당을 목적으로 별도로 관리하고 있다. 이 수량을 NER(New Entrants' Reserve)이라고 한다. NER300은 NER에 유보된 물량 중에서 3억 톤을 신재생에너지 기술개발 또는 CCS(Carbon Capture & Storage) 시범사업에 사용하기 위해서 배출권을 경매로 시장에 매각한 것이다. 만일 신규 진입업체를 위한 배출권이 남는 경우에는 각 회원국에 경매 대상 배출권으로 할당하는 것을 원칙으로 한다.

회원국에 대한 경매 권한은 'EU ETS Directive'에 명기되어 있다. 경매 예정 물량의 88%에 해당하는 경매 권한은 EU ETS Ⅰ단계 실적에 따라 분배하고 있으며, 10%의 경매 권한은 고소득 국가에 비해 저소득 국가가 많이 받는 방식으로 분배하고 있다. 따라서 저소득 국가는 기후변화에 대응하는 기술 개발에 좀 더 많은 재원을 투자할 수 있다. 경매 권한의 마지막 2%는 배출량 감축 목표를 조기에 달성한 9개 회원국에 부여하고 있다.

경매방식은 단일 라운드, 봉합 입찰, 단일 경매가격(Single-round, Sealed bid and Uniform-price) 방식을 적용한다. 경매방식이 간단하므로 모든 할당대상 업체들이 쉽게 참여할 수 있다. 'Single Bidding Window' 동안에 경매 참가자는 건당 배출권 500 또는 1,000의 경매를 회수에 관계없이 제출, 수정, 철회할 수 있다. 각각의 호가(Bid)에는 주어진 가격에 참여자가 매수하고자 하는 배출권의 수량을 기입한다. Bidding Window는 최소 2시간 이상 지속된다. Bidding Window의 마감 이후에는 거래소가 청산가격을 결정하고, 이를 공개하여야 한다. 청산가격은 경매예정물량과 일치하거나 초과하는 수량에서 결정하며, 청산가격보다 높은 수량은 모두 낙찰된다. 청산가격과 동일한 호가의 수량에 대해서는 무작위 선택과정을 거쳐 분배한다. 만일 경매예정물량이 모두 소화되지 않는 경우에는 경매를 취소한다. 이러한 경우는 경매에 참여한 호가물량이 예정물량에 비해서 충분하지 못하거나 청산가격이 경매유보가격 이하로 내려가면 발생한다. 경매유보가격은 경매 종료 이전에 경매 담당 거래소가 비밀리에 결정한 최저 청산가격으로 Bidding Window가 진행 중이거나 마감 시점에 배출권 거래시장의 현재 가격을 참고하여 결정한다. 만일 경매 청산가격으로 시장의 거래 가격보다 현저히 낮은 가격을 허용한다면 배출권 가격을 왜곡하거나 거래시장을 교란할 가능성이 있기 때문이다. 이로 인해 선의의 참가자가 배출권에 대한 공정한 가격을 지불하는 것이 어려워질 수도 있으므로 경매 자체를 취소하는 것이다. 이러한 경우에 경매예정물량은 다음에 예정된 경매에 동일한 규모로 고루 분배한다.

경매규정에 따르면 경매에서 할당하는 배출권을 경매 후 최장 5일 이내에 인도되는 현물이라고 정의하고 있다. 현재 ICE와 EEX는 경매 후 다음 날에 배출권을 인도한다. 경매로 취득한 배출권에 대해서 EU 금융당국은 금융상품으로 간주하지 않고 있지만 경매규정에는 EU 금융당국이 금융상품과 관련한 시장 남용, 자금 세탁, 소비자 보호 등에 대해서 보장해 주는 수준과 거의 동등한 수준의 보장을 확보하고 있다.

일반 업종 배출권과 항공기 배출권에 대한 경매 일정표는 해당 연도의 경매 일정과 Bidding Window, 경매 수량, 기타 각 경매에 대한 상세한 내용 등을 포함하고 있다. 거래소는 시장에 확실성을 보장하기 위해서 EU 집행부의 자문을 거쳐 경매 일정표를 미리 확정하여야 한다. 일단 경매 일정표가 확정된 이후에는 사전에 정한 매우 제한된 상황에서만 수정이 가능하다.

현재 배출권 경매에 참가할 자격은 항공사를 포함한 업체들과 EU 금융시장 법률에 따라 감독을 받는 기관투자가와 금융기관 등과 경매규정에 명기된 규정에 의해 권한을 위임받은 법인 등에게 주어진다. 자격이 있는 법인 또는 개인은 거래소에 배출권 경매 참여 신청서를 제출하여야 한다. 경매규정에 따르면 배출량이 적은 중소기업의 경우에도 경매에 완전하고, 동등하게 참여할 권리가 주어져 있다. 이들 중소기업은 정상적인 절차를 거쳐 경매에 참여하거나 중개인 또는 대리인을 통해서 경매에 참여할 수도 있다.

배출권 경매에 의한 수익은 대부분 회원국에 귀속된다. 회원국은 경매 수익의 최소한 50% 이상을 온실가스 감축과 기후변화를 완화시키고 적응하기 위한 프로그램에 사용하여야 하며, 수익의 사용 용도를 EU 집행부에 통보하여야 할 의무가 있다. 이에 해당하는 프로그램에는 온실가스 저감 프로젝트, 신재생에너지 및 에너지 효율 향상 프로젝트, 개발도상국에서의 산림 황폐화 방지, 조림/재조림 확대 및 기술 이전, 삼림을 이용한 탄소 격리 활동, CCS, 저탄소 수송 확대, 에너지 효율 및 청정기술에 대한 R&D 지원, 중·저소득층에 대한 에너지 효율 향상 재정지원, 배출권거래제 운영비 등이다. 예를 들어 독일의 'Energy and Climate Fund'는 기후변화 완화와 환경보호와 관련된 국내외 프로그램에 대한 재정지원을 제공하는 것을 목적으로 하고 있으며, 배출권 경매 수익을 재원으로 설립되었다. 2012년부터 독일의 모든 배출권 경매 수익은 'Energy and Climate Fund'에 투입되고 있다.

특별한 경우에 경매 수익은 회원국에 귀속되지 않고 별도로 사용될 수도 있다. 예를 들어 NER300(New Entrant Reserve)의 경우 EU 집행부의 주관으로 3억 톤의 배출권에 대한 경매수익을 CCS와 신재생에너지를 공급하는 시범 프로젝트 등에 투입하였다. NER300의 이행과 전반적인 관리 책임은 EU 집행부에 속한다. NER300에 의한 배출권은 유럽투자은행(EIB)에서 경매로 매각하였다. EIB는 프로젝트 사업계획서의 평가에 필요한 전문성을 제공하고, 프로젝트 이행 기간 동안에 펀드 지급과 수익 관리 등의 업무를 수행하고 있다.

3.2.4 배출권 무상할당방식

EU ETS Ⅰ단계와 EU ETS Ⅱ단계에는 업체의 과거 온실가스 배출실적을 바탕으로 배출권을 무상으로 할당하는 Grandfathering 방식을 적용하였다. 이 방법은 업체들이 EU ETS 도입 이전에 시행한 온실가스 배출량 감축 실적을 고려하지 않고, 과거 높은 수준의 배출실적을 갖고 있는 업체들에게 유리한 제도라고 비판 받았다. 따라서 EU ETS Ⅲ단계부터 Benchmark 방식을 무상할당방식으로 사용하고 있다. Benchmark 방식은 배출실적이 높은 업체에 대해서 더 많은 배출권을 무상으로 제공하는 경우는 원칙적으로 발생하지 않는다. Benchmark 방식은 배출권을 업체의 과거 배출실적이 아니라 생산 효율성에 기초해서 배출권을 할당한다. 온실가스 배출 집약도가 높은 업체는 고도로 효율적인 업체에 비해서 생산 규모 대비 무상할당 배출권의 수가 작아지므로 높은 배출실적을 감축하기 위해서 자발적으로 노력하게 된다.

각 업체에게 무상으로 할당되는 배출권의 수는 가능한 범위까지 연관 제품에 대한 온실가스 배출량 Benchmark를 이용한다. 이 Benchmark를 결정하기 위해서 각 업종별로 가장 효율적인 배출실적을 보인 상위 10%의 평균 배출실적을 사용한다. 이와 같은 방식으로 효율적인 업체는 실제 배출실적에 상응하는 배출권을 거의 전량 무상으로 할당받을 수 있다. 비효율적인 업체는 각자의 배출실적을 감축하거나 시장에서 배출권을 구입하는 방식으로 검증의무를 이행하여야 한다. 항공기의 경우에도 동일한 논리를 적용한다. 일반적으로 각 업체에게 무상으로 할당되는 배출권 수량은 다음과 같은 공식을 이용하여 산출한다.

$$배출권\ 할당량 = Benchmark \times 과거\ 활동자료 \times CLEF \times 보정계수$$

· Benchmark

Benchmark는 업종별로 업체의 생산 활동에 적용되는 온실가스 배출 표준 값이다. Benchmark는 각 업종별로 개별 업체가 무상으로 받을 수 있는 배출권의 수량을 결정한다. Benchmark가 배출량 한도를 의미하는 것은 아니며, 배출량 감축 목표를 의미하는 것도 아니다. 동일한 업종에 속하는 모든 업체는 단위 생산 활동량에 대해서 동일한 수량의 배출권을 무상으로 할당받는다. 배출량이 Benchmark보다 적은 효율적인 업체는 자신이 필요한 수량보다 더 많은 배출권을 할당받는다.

Benchmark는 생산량을 기준으로 설정한다. 전체 생산과정에서 배출되는 모든 온실가스가 고려 대상이다. EU ETS Ⅲ단계에 적용되고 있는 Benchmark는 EU에 소재하는 모든 업체의 2007년과 2008년 온실가스 배출실적에 의해 결정하였다. 모든 업체의 배출실적을 업종별로 배출량 순서에 따라서 배열해서 온실가스 효율성을 보여주는 도표를 그리고, 여기에서 평균 상위 10%의 배출실적 효율성을 결정한다. EU ETS Ⅲ단계에는 52개의 제품 Benchmark가 결정되어 있으며, 이것은 업체가 배출하는 배출실적의 75%에 상당한다.

제품 Benchmark를 적용하기 어려운 업체의 배출실적에 대해서는 Fall-Back 방식이 적용한다. Fall-Back 방식은 열 Benchmark, 연료 Benchmark와 공정 배출량 방식을 순차적으로 적용해서 무상할당 수량을 결정하는 것이다. 열 Benchmark는 증기, 온수 또는 다른 측정 가능한 열 생산에 적용한다. 열 Benchmark는 천연가스의 순 칼로리 값에 대한 배출계수와 보일러의 열 전환효율 90%를 전제로 결정한다. 열 Benchmark를 적용하기 어려운 업체에게는 연료 Benchmark가 적용한다. 연료 Benchmark는 천연가스의 순 칼로리 값에 대한 배출계수를 적용하며, 무상할당 수량은 연료 Benchmark와 과거 연료 사용실적, 조정계수 등을 사용하여 산출한다. 위의 두 Benchmark를 적용할 수 없는 이산화탄소 이외의 온실가스를 배출하는 업체의 경우에는 모든 온실가스의 과거 배출실적에 조정계수를 곱한 값의 97%를 기준으로 무상할당 수량을 결정한다.

- 과거 활동자료

과거 활동자료는 생산된 제품의 Benchmark에 상응하는 연간 생산량을 의미한다.

- CLEF(Carbon Leakage Exposure Factor)

탄소 누출 위험에 노출된 업종 목록에 선정된 업종은 100%를 적용하며, 이에 선정되지 않은 업종은 2013년 80%에서 2020년 30%까지 매년 일정하게 감소하는 값을 적용한다.

- 조정계수(Cross-Sectoral Correction Factor)

매년 무상으로 할당되는 배출권 수량이 예정된 무상할당 수량의 한도를 벗어나지 않도록 조정계수를 업종에 따라 적용한다.

무상할당 수량은 기존 업체에 대해서는 배출허용총량의 경우와 같이 EU ETS Ⅲ단계가 시작하기 전에 산출하였으며, 신규 진입업체에 대해서는 진입 시점에 산출하고 있다. 무상할당 수량은 할당대상 업체가 상당한 설비를 증설하거나 설비를 감축하는 경우를 제외하고 EU ETS Ⅲ단계가 끝날 때까지 위의 공식에 따라 일정하게 유지된다.

3.3 EU ETS Ⅲ에서의 Carbon Leakage

3.3.1 양적 기준

EU ETS는 할당대상 업체들이 배출권을 경매로 유상 구입함으로써 야기되는 국제 경쟁력 약화문제를 해결하기 위하여 Carbon Leakage 위험에 노출된 업종에 대해서 배출권을 무상으로 할당하는 제도를 실시하고 있다. 1차 Carbon Leakage List는 2009년도에 발표하였으나 2013년부터 2014년까지 2년간 적용했으며, 2차 Carbon Leakage List는 2015년부터 2020년까지 적용하고 있다. 제조업종에 대한 분류는 EU의 전반적인 경제활동을 통계자료로 수집하고, 발표할 때 이용하는 산업분류표 NACE−4[2])를 사용한다.

Carbon Leakage 위험에 노출된 업종의 선정은 우선 양적 기준(Quantitative Criteria)을 적용하여 대상 업종을 선정하고, 이 기준으로 선정되지 않은 업종을 대상으로 질적 기준(Qualitative Criteria)을 적용하여 추가로 선정하는 방식을 적용하고 있다. 양적 기준은 해당 업종별로 실적 및 추정자료를 사용하여 탄소 비용(Carbon Cost)과 무역집약도(Trade Intensity)를 산출하고, 일정한 기준을 충족하는 업종을 선정한다. 질적 기준은 양적 기준에 근접하거나 업계가 심사를 요청하는 경우에 "Harmonized Qualitative Framework"라고 부르는 일정한 절차를 거쳐서 선정한다. Carbon Leakage List 업종의 선정을 위해서 적용하는 양적 기준은 다음과 같다.

- 탄소비용 5% 이상 + 무역집약도 10% 이상

- 탄소비용 30% 이상

- 무역집약도 30% 이상

이상 세 개의 조건 중에서 어느 하나라도 충족시키면 Carbon Leakage List에 선정된다. 위의 기준에서 탄소 비용은 해당 업종의 부가가치(Gross Value Added) 생산액을 탄소 배출에 따르는 비용으로 인해서 발생하는 직접비와 간접비를 합한 금액으로 나눈 값으로 산출한다. 이를 수식으로 표현하면,

---

2) NACE−4: "Nomenclature des Activites Economiques dans la Communaute Europeenne"의 약자.

$$\text{탄소 비용} = \frac{\text{직접비} + \text{간접비}}{GVA} = \frac{(\text{직접 배출량} \times AF + \text{전기 소비량} \times EF) \times \text{배출권 가격}}{GVA}$$

탄소 비용을 산출하기 위해서 배출권 가격, 경매계수(AF; Auctioning Factor), 배출계수(EF; Emission Factor)의 값을 먼저 결정하여야 한다. EU는 이들 값을 결정하기 위해서 사용하여야 할 자료를 "확보가 가능한 최근 3년간의 자료"로 규정하고 있다. 배출권 가격은 €30를 적용하였다. 백분율로 표시되는 경매계수는 어느 특정 업종이 업종 목록에 선정되지 않는 경우에도 무상으로 할당받는 배출권 수량과 이 업종의 배출량 중에서 무상할당 규정에 부합하는 전체 배출량에 의해서 결정한다. 배출계수는 직전 기간 유럽 평균을 사용한다.

무역 집약도는 해당 업종 제품에 대한 역내 시장에서의 역외 제품의 수입에 따른 경쟁과 역외 시장에서의 역내 제품의 수출에 대한 경쟁의 강도를 모두 측정하는 것이다. 구체적으로 해당 업종의 수출액 및 수입액을 더한 금액을 총생산(Domestic Production) 규모에 역외로부터의 수입액을 합한 금액으로 나눈 값, 즉 아래 식으로 산출한다.

$$\text{무역 집약도} = \frac{\text{수입액} + \text{수출액}}{\text{매출} + \text{수입액}} = \frac{\text{수입액} + \text{수출액}}{\text{국내 총생산} + \text{수입액}}$$

EU는 무역 집약도를 산출하기 위해서 다른 국가들의 기후변화정책을 평가하여 역내 거래와 역외무역을 분류하여야 한다고 규정하고 있다. 구체적으로 배출량 감축을 국제 사회에 확실하게 천명하고 실천하는 국가들과 국제 생산에 있어서 확고한 시장지배력을 갖고 있고, EU에 상응하는 배출에 대한 효율성을 갖춘 국가들에서의 생산은 무역 집약도 계산에 있어서 국내 생산으로 간주한다. 이 규정에 따라 2차 탄소 누출 목록의 선정에서 적용된 역내 범위에는 EU 28개국에 EEA/EFTA 국가들이 포함되었다. 1994년 1월 발효된 EEA(European Economic Area) 조약에 의하면 EEA/EFTA 국가는 아이슬란드, 노르웨이, 리히텐슈타인 등 3개국이다.

3.3.2 질적 기준

질적 기준을 적용하기 위해서는 해당 업종이 양적 기준으로 탄소 비용 최소 3% 이상과 무역 집약도 최소 8% 이상에 위치하여야 한다. 이러한 업종에 대해서 탄소누출의 위험도를 판단하기 위해서 양적 지표가 반영된 "Harmonized Qualitative Framework"를 적용한다. 이는 양적 지표를 사용해서 3단계에 걸쳐 업종을 압축해 가는 방식이다. 1단계는 업종의 배출량 감축 잠재력을 평가하는 것으로 해당 업종이 탄소 비용에 노출된 정도를 평가한다. 2단계는 해당 업종이 속한 시장의 특성에 대해서 평가하는 것으로서 해당 업종이 탄소 비용을 소비자에게 전가할 수 있는 정도를 평가한다. 3단계는 업종의 수익성을 평가하는 것으로 기업이 소비자에게 탄소 비용을 전가하는 것이 불가능함에 따라 생산기지의 이전 등이 이루어질 가능성을 평가한다.

3.3.3 간접 배출비용 보상을 위한 업종 선정기준

'EU ETS Directive'에는 에너지 집약산업이 간접 배출비용인 전력요금의 상승으로 말미암아 피해가 발생한 경우에 국가 보조금 형태로 재정 보상이 가능하도록 규정하고 있다. 보상 수준은 국가별로 최고 금액에 대한 가이드라인을 정하고 시행한다. 국가별 가이드라인의 기준을 충족하는 업종만이 간접 배출비용에 대한 국가 보상금을 청구할 수 있다. 보상 업종은 직접 배출비용에 대한 탄소 누출 목록 업종 선정 작업과 유사한 형태의 양적 기준과 질적 기준에 대한 평가를 통해서 선정하고 있다.

보상 업종을 선정하는 양적 기준은 탄소 비용 대 GVA의 비율로 표시되는 간접 탄소비용 비율이 5% 이상이고, 무역 집약도가 10% 이상인 국가이다. 양적 기준을 충족하지 못하는 업종에 대해서는 질적 기준을 적용한다. 질적 기준에 의한 업종 선정은 EU 집행부에서 시행하며, 다음의 세 개의 기준을 충족하여야 한다.

- 1차 기준: 간접 탄소비용이 GVA의 최소 2.5% 이상
- 2차 기준: 무역 집약도가 25% 이상인 업종으로 간접 탄소비용을 전가할 수 있는 능력이 없음을 입증하는 충분한 증거가 있는 업종
- 3차 기준: 해당 업종에 설정된 연료 및 전력 대체율

EU 집행부는 위의 기준에 따라 2012년 5월 재정 보상을 신청할 수 있는 업종을 발표한 바 있으며, 이미 선정된 업종은 EU ETS Ⅲ단계가 종료될 때까지 유효하다.

3.4 EU ETS와 국제 항공

3.4.1 민간항공의 온실가스 배출 규제

항공기는 이산화탄소를 비롯한 다양한 종류의 오염물질을 배출함으로써 지구 온난화에 적지 않게 부담을 주는 것으로 알려져 있다. IPCC(2007)의 분석자료에 의하면 2005년 기준으로 항공기가 배출하는 오염물질이 기온 상승 원인에 대해 인간이 미친 영향력 중에서 대략 5% 정도를 차지하고 있는 것으로 추정하였다. 항공기가 배출하는 오염물질 중에서도 이산화탄소가 차지하는 비중은 절반 정도인 2%~3%로 추정하였다. EU의 경우 전체 온실가스 배출량 중에서 항공기가 직접 배출하는 온실가스가 차지하는 비중은 약 3% 정도로 추정되고 있다. EU가 다른 수송 수단과는 달리 항공기에 대해서 배출권거래제의 적용을 검토하게 된 배경은 항공기가 배출하는 이산화탄소 배출량이 매우 빠른 속도로 증가하고 있기 때문이다. 즉, 1990년부터 2009년까지 지난 20년 동안 EU에서의 이산화탄소 배출량의 증가율을 보면 전체 온실가스 배출량이 5% 감소한 반면에 항공기에서의 배출량은 80% 정도 증가하였다. 이러한 현상은 전 세계의 항공산업에서 거의 그대로 나타나고 있다. 국제민간항공기구(ICAO; International Civil Aviation Organization)에 추정에 의하면 1990년부터 2006년 사이에 전 세계의 화석연료 사용량은 35% 증가한 반면에 항공기가 배출하는 이산화탄소 배출량은 두 배나 증가한 것으로 나타났다. 항공기에서의 배출량이 급격히 증가하는 이유는 항공 서비스에 대한 수요가 빠른 속도로 증가하기 때문이다. 따라서 이러한 배출량 증가세는 미래에도 지속될 것으로 예상되며, 국제민간항공기구는 연료효율이 매년 2%씩 개선된다고 가정하더라도 2020년까지 전 세계의 항공기에서 배출하는 온실가스는 2005년 대비 70% 정도 증가할 것으로 추정하였다.

EU는 빠른 속도로 증가하는 항공기에서의 온실가스 배출량을 규제하기 위한 다양한 정책들을 수행해 왔다. 대표적인 정책으로는 국제민간항공기구와 함께 신규로 취항하는 항공기의 배출량에 대한 표준을 설정하는 "Clean Sky Joint Technology Initiative"와 항공관제 운영의 현대화를 추진하는 "Single European Sky Air Traffic Management Research" 프로그램 등이 있다. EU는 이러한 항공정책들을 통해서 배출량의 증가 속도를 어느 정도 늦출 수 있을 것으로 보고 있지만 궁극적으로 항공기에서 배출되는 배출량의 감축을 위해서는 전 세계적으로 적용되는 배출량에 대한 규제 장치의 도입이 필요하다고 판단하였다. 이에 따라 EU는 역내에 취항하는 모든 항공사에 대하여 배출권거래제의 범위에 포함시키는 방안을 2008년에 도입하고, 2012년부터 시행하기로 결정하였다. EU가 2012년부터 시행하는 항공기에 대한 온실가스 감축방안 중에서 EU ETS Ⅲ단계에 포함된 내용을 요약하면 다음과 같다.

㉠ EU ETS는 EU에 있는 공항에서 출발하거나 도착하는, 즉 역내에서 역외로, 역외에서 역내로, 역내에서 역내로 운항하는 모든 항공사에 대해서 공통적으로 적용한다. 단, 군용 항공기나 구조용 등 특수 임무를 띤 항공기와 일정 기준 이하의 소형 비행기는 적용 대상에서 제외하고 있다.

㉡ 2013년부터 2020년까지 적용되는 배출허용총량은 2004년부터 2006년까지 항공기의 실제 배출량 평균의 95%인 210.3백만 톤으로 결정하였다. 배출권거래제에 속하는 모든 항공사는 관리 목적상 EU 회원국 중 하나의 나라를 선택하여 관계 당국에 각자의 검증된 배출량을 매년 3월 말까지 보고하고, 4월 말까지 이에 상응하는 수량의 배출권을 제출하여야 한다. 2013년부터 2020년까지 배출허용총량의 82%인 172.5백만 톤은 무상할당방식으로 할당되며, 15%인 31.6백만 톤이 경매로 배정되고, 나머지 3%인 6.3백만 톤은 신규 진입 항공사를 위한 유보물량이다. 각 항공사에 무상으로 할당하는 배출권의 수량은 Benchmark에 운항거리(톤-Km)를 곱한 값으로 결정되며, Benchmark는 0.6422/1000톤-Km를 적용한다. 무상으로 할당되는 수량으로 배출량 의무를 충족할 수 없는 항공사는 경매시장에 참여하여 필요한 수량의 배출권을 확보하거나 또는 배출권거래시장에서 직접 매입하여야 한다. 항공사의 경우 의무이행을 위하여 항공사에만 적용되는 배출권 EUAA와 일반배출권 EUA를 사용할 수 있다. 단, 제조업체들은 의무이행을 위하여 항공사 배출권 EUAA를 사용할 수 없다.

㉢ 만일 항공사가 정해진 시점에 필요한 수량의 배출권을 제출하지 않는 경우에는 초과 배출에 대한 벌금을 부과한다. 벌금은 일반제조업의 경우와 같이 톤당 €100를 적용한다. 만일 항공사가 지속적으로 배출에 대한 의무를 다하지 않는 경우에는 EU에 취항하는 것을 금지하는 것도 가능하다.

3.4.2 'Stop-the-Clock' 정책

EU ETS에 EU에 취항하는 모든 항공사를 포함시키는 것에 대해서 미국과 중국을 비롯한 다수의 역외 국가에서는 반대 의견을 표명하였다. 특히 일부 국가에서는 항공기가 출발지와 목적지가 EU라 하더라도 많은 항공기가 EU가 아닌 국가의 영공을 통과해야 하는데 이에 대해서 EU가 배출비용을 부과하는 것은 주권침해라고 주장하였다. 또한 EU의 영공에서 동일한 거리를 통과하는 경우라도 항공기의 출발지/목적지의 거리가 EU에서 먼 경우에는 더 많은 배출 비용을 부담하도록 설계되어 있는 것이 항공사가 EU 공항을 이용하는 것을 기피하는 탄소누출 문제를 야기할 것이라고 주장하였다.

항공기를 EU ETS에 포함시키는 EU의 조치는 2009년 12월 미국의 주요 항공사들과 ATA(Air Transport of America)에 의해서 EU 최고재판소에 EU의 이러한 규정이 각종 국제협약과 국제 관습법을 위반하고 있다는 제소로 이어졌지만 법원은 2011년 12월 원고의 주장을 기각하고 EU의 규정이 합법적이라고 최종 판정하였다.

EU는 역내에 취항하는 모든 항공사에 대해서 독립적으로 검증된 배출량 보고서를 매년 3월 31일까지 각국의 규제당국에 제출할 것을 요구하였고, 2013년 4월 30일부터 모든 항공사는 전년도 검증된 배출량에 상응하는 배출권을 관계당국에 제출하도록 요구하였다. 그러나 국제민간항공기구에서 항공기 배출량을 자발적으로 규제하려는 움직임이 시작됨에 따라 EU는 'Stop the Clock' 정책을 채택하여 EU와 제3국 사이를 운항하는 항공기에 대해서 2012년 배출량에 대해서 검증의무를 면제해주는 정책을 실시하였다.

이후 2016년 10월 국제민간항공기구는 총회에서 항공업에 대한 국제적인 시장에 기초한 제도로 GMBM(Global Market Based Measure)의 도입을 결의하였다. 이에 따르면, GMBM에 참여하는 항공사는 2020년 이후부터 항공기에서 배출되는 배출량의 증가분을 의무적으로 상쇄하여야 한다. 증가분 배출량의 상쇄는 신재생에너지 분야 등과 같은 다른 경제부문에서 이루어진 감축량에 대한 상쇄배출권을 구매하는 방식으로 이루어진다. 1단계는 2021년부터 2026년까지 진행되며 모든 EU 국가를 비롯한 65개국이 자발적으로 참여한다. 2단계는 2027년부터 2035년까지 진행되며 항공산업이 극히 미미한 소수의 국가를 제외하고 모든 국가가 의무적으로 참여하여야 한다. 이에 따라 2021년부터 2035년까지 2020년 배출량 증가분의 80% 이상이 상쇄배출권으로 감축될 것으로 추정된다. 이와 같이 국제민간항공기구 총회에서 GMBM이 채택됨에 따라 2023년 12월까지 역외 항공사에 대한 EU ETS의 적용은 면제된다. 이와 같이 역외 항공사에 대해서 2023년 말까지 EU ETS의 적용을 면제하는 이유는 위의 국제기구의 합의가 효과적으로 작동하는지를 EU가 평가하기 위해서 필요한 기간이 포함되어 있기 때문이다.

제3국 항공사에 대해 EU ETS의 적용을 면제해주는 'Stop—the—Clock' 정책에 관계없이 EU 역내 공항을 출발지/도착지 & 도착지/출발지로 하는 모든 EU 항공사는 EU ETS의 적용을 받고 있다. EU 역외를 출발지/도착지로 하는 항공사가 제외됨에 따라 항공사에 할당된 배출허용총량도 이에 비례해서 감소되었으며, 무상할당방식 및 경매방식으로 할당하는 배출권 수량도 축소되었다. EU ETS Ⅲ단계 EUAA에 대한 경매는 EEX와 ICE에서 진행하고 있다.

3.5 Union Registry & MRV

3.5.1 Union Registry

Union Registry는 EU 집행부가 직접 관장하는 유일한 Registry로서 EUA와 상쇄배출권에 대한 정확한 회계를 보장하는 전자회계시스템이다. 'EU ETS Directive'는 EU 집행부에 의해서 운영되는 하나의 Registry에 EU ETS의 운영을 집중할 수 있는 근거를 제공하고 있다. 이에 따라 Union Registry는 2012년부터 모든 회원국의 개별국가 Registry를 대체했으며, 각 회원국은 Union Registry 내부에 별도로 관리계좌를 두고 있다. Union Registry의 운영에도 불구하고 업체들과 이들의 계좌를 관리하는 업무와 배출권을 할당하는 업무 등 일부 행정업무는 개별국가에서 처리하고 있다. EU ETS에 참여하는 국가들의 교토의정서 국가 Registry는 Union Registry에 병합되었다. 단, 개별국가의 교토의정서 국가 Registry가 각국의 의무이행에 대한 책임을 맡고 있으며, UNFCCC의 시스템에 연결되어 있다. 현재 모든 국가들이 EU 집행부에 의해서 유지·관리되는 Registry 소프트웨어와 동일한 소프트웨어를 사용하고 있다.

배출권에 대한 주요 거래 형태는 배출권 발행, 무상할당, 경매, 이전, 제출, 삭제 등이다. 모든 업체들의 검증된 배출량과 이에 따른 업체들의 배출권 제출 등은 Union Registry에 기록된다. 단, 배출권에 대한 금융거래는 Union Registry영역 밖에서 이루어지며, 이에 따른 계좌 사이에서 이루어지는 배출권의 소유권 이동만 Union Registry에 기록된다. Union Registry가 관리하는 기록은 다음과 같다.

- EUA와 상쇄배출권을 보유하고 있는 회원국, 기업 및 자연인의 계좌에 대한 기록
- Union Registry에 개설된 회원국, 기업, 자연인 등의 계좌에서 이체되는 EUA와 상쇄배출권의 모든 거래 기록
- 회원국과 개별 업체에게 무상할당 배출권 수량을 표기한 국가할당계획과 국가이행계획에 따라 업체에게 무상으로 할당한 배출권 수량을 기록한 국가할당표 및 항공사별 무상할당 배출권 수량을 기록한 국가항공할당표
- 모든 업체의 검증된 배출량과 의무이행을 위해서 업체가 제출한 배출권 수량

• 연차 배출권과 검증된 온실가스 배출량에 대한 조정, 각 업체가 전년도 검증된 배출량에 상응한 배출권을 제출했는가를 표시해 주는 의무이행 상태

업체는 배출권을 무상으로 할당받거나 또는 배출권 경매에 참여하여 취득하거나, 부족한 경우에는 배출권 거래시장에서 매입하고, 이를 관계당국에 제출하기 위하여 Union Registry에 개별적으로 계좌를 개설하여야 한다. 업체가 아닌 경우라도 EU ETS에서 배출권을 거래하고자 하는 법인 또는 개인은 Union Registry에 계좌를 개설하여야 한다. 법인 또는 개인이 계좌를 개설하기 위해서는 필요한 모든 서류를 취합하고 검증을 책임지고 있는 해당 국가의 담당 부서에 신청서를 제출하여야 한다.

모든 업체의 담당자는 회원국의 국가 배출권 등록부에 각자의 보유계좌(Holding Account)를 개설하여야 한다. 업체의 담당자는 각자의 계좌에 접근해서 보고된 배출량 또는 배출권 거래내역 등 계좌의 기밀 정보를 변경할 수 있다. 업체에 의해서 지정된 검증기관의 담당자는 업체의 보고된 배출량을 검증하기 위해 해당 자료에 대한 제한된 접근 권한을 갖고 있다. 회원국의 담당기관은 사기 등이 발생하지 않도록 모든 자료를 검사할 수 있다. 업체가 매년 의무이행 주기를 완료하면 검증된 배출량과 제출된 배출권 수량이 인터넷을 통해서 공개된다.

업체의 계좌 이외에도 Registry에는 개인 계좌와 거래계좌가 있다. 개인 또는 단체는 Union Registry에 이러한 계좌의 개설을 신청할 수 있다. 모든 계좌 개설 신청서에는 Union Registry가 규정한 종합적인 자료가 첨부되어야 한다. 각종 필요한 자료를 제공하는 것은 모든 계좌 보유자에 대한 보안 검색을 통과하기 위한 절차이다.

배출권을 다른 계좌로 이체하기 위해서는 이체 계좌의 소유자가 Union Registry에 로그인해야 한다. 은행 계좌에서의 이체와 같이 이체를 원하는 계정 소유자는 이체를 원하는 배출권 수량과 상대방에 대한 정보를 입력하여야 한다. 이체 요청서는 실행에 옮겨지기 전에 다시 다른 담당자의 승인을 추가로 받는 절차를 거쳐야 한다. 이렇게 두 명이 승인하는 절차는 계정의 종류 또는 거래에 따라 의무적인 경우도 있다. 일단 이체 요청서가 입력되고, 모든 자동적으로 기술적인 검증이 이루어지면 거래는 자동적으로 실행된다. 대부분의 이체는 안전

상의 이유로 일정 시간이 지난 후에 실행되며, 상대방의 계좌로 해당 배출권의 수량이 이체된다.

3.5.2 EUTL(European Union Transaction Log)과 배출권 제출

EUTL은 Union Registry의 보호자로서의 역할을 수행하며, 계좌에서 발생하는 모든 배출권 이체에 대한 기록을 보유한다. EUTL은 모든 거래가 규정에 부합하고 있는지를 검사하고, 규정에 어긋나는 거래를 거부할 수 있다. 이러한 검증과정은 특정 계좌에서 다른 계좌로의 배출권 이전이 규정에 적합하다는 것을 입증해 준다. 더욱이 EUTL은 Union Registry에 등록되고, 내부에서 계좌 이체되고, 사용되는 CDM 또는 JI에 의해 발행된 모든 상쇄배출권들의 세부 내용에 대해 검사하고 기록한다. 매일 EUTL의 계좌 정보는 시스템의 일관성과 정당성을 확보하기 위하여 조정과정이라 부르는 Union Registry에 기록된 정보와의 비교 대조 과정을 거친다. 어떠한 불일치도 즉각 보고되며, 해당 계좌의 배출권은 사안이 해결이 될 때까지 활용이 중단된다. Union Registry에서 3년 이상 경과된 이체는 EUTL에서 공개된다. EUTL은 개별 참여기업 차원에서 무상할당, 검증된 배출량, 의무준수 상황, 제출된 배출권의 종류 등에 대한 정보를 공개한다.

배출권 발행은 국가별 이행계획(NIMs)에 근거한 국가별 할당계획표에 의해서 이루어진다. 중앙관리자가 Union Registry에 있는 EU 전체 수량 계좌에 입력함으로써 배출권이 발행된다. 중앙관리자는 배출권을 경매방식과 무상할당방식의 용도에 따라 적합한 계좌에 분배하는 기능을 수행한다. 회원국은 배출권을 무상으로 할당하는 책임을 지고 있다.

매년 4월 30일까지 모든 업체는 각자의 전년도 검증된 배출량에 상응하는 배출권을 Union Registry에 제출하여야 한다. 상쇄배출권은 직접적으로 제출 대상이 아니므로 일단 EUA와 교환한 후에 제출하여야 한다. 적기에 배출권을 제출하지 않는 경우에는 €100/tCO_2의 벌금이 부과된다. 그러나 벌금이 부과된 경우에 이를 지불하더라도 배출권 제출 의무가 사라지는 것은 아니다.

업체는 자발적으로 Union Registry에서 배출권을 삭제하고, 영구적으로 의무이행을 위한 제출용도로 사용하지 않을 수 있다. 이렇게 자발적으로 배출권을 삭제하는 것은 온실가스 감축 노력을 증가시킬 것이라는 환경적인 이유에서 행해진다. 즉, EU ETS에서 통용되는 배출권의 수를 축소하는 것은 남은 배출권의 가격을 상승시키는 요인으로 작용할 것이고, 이것은 내부적인 감축방안에 더 많은 동기유발을 일으킬 것이라는 논리이다. 이러한 목적으로 삭제계좌가 Union Registry에 별도로 존재하고 있다.

배출권 이체는 Union Registry 계좌 사이에서 발생한다. 이체 지시는 배출권의 수량과 이체받을 상대방 계좌의 세부 내역이 포함되며, 매도인 계좌에 접근 권한이 있는 자에 의해서 전자적으로 입력된다. 일반적으로 거래소 또는 장외시장에서 거래가 성사되면 배출권의 실질적인 이체가 발생하도록 이체 지시가 Union 배출권 등록부로 전달된다.

EU ETS는 업체가 의무이행을 한 후에도 남아 있는 잉여 배출권에 대해서 단계별 이월을 허용하고 있다. 이에 따라 EU ETS Ⅱ단계에서 업체의 계좌에 남아 있던 배출권은 EU ETS Ⅲ단계에서 사용되었다. 또한 기술적으로 다음 해에 업체에게 할당될 배출권을 차입하여 해당 업체의 금년도 의무이행을 위해서 사용하는 것이 가능하다. 즉, EU ETS 이행주기에 따라서 업체에 대한 배출권의 할당은 매년 2월에 이루어지는 데 비해서 전년도에 발생한 배출량에 대한 배출권 제출은 4월 말에 진행되므로 업체는 금년에 할당된 배출권을 전년도 배출실적에 대한 의무이행을 위해서 사용하는 방식으로 사실상의 배출권 차입이 가능하다. 그러나 업체가 배출권을 차입하는 것은 동일 단계에서만 가능하므로 2020년에 종료되는 EU ETS Ⅲ단계 의무이행을 위해서 2021년에 시작되는 EU ETS Ⅳ단계의 배출권을 미리 사용하는 것은 불가능하다.

3.5.3 MRV 기본 원칙

EU ETS가 신뢰를 확보하기 위해서 MRV는 완전하고, 일관성 있고, 정확하며 투명한 시스템을 갖추어야 한다. 이러한 시스템을 갖추지 못하면 ETS에서의 의무이행은 투명성이 결여되고, 할당대상 업체의 배출량을 결정하고 배출권을 제출받는 일련의 업무를 진행하기가 매우 어려워진다. EU ETS에 참여하는 모든 당사자와 관계당국은 모두 업체가 배출한 1톤의 온실가스가 서류상으로 보고된 1톤의 온실가스와 동일하기를 원한다. 이러한 원칙은 "A tonne must be a tonne!"이라는 표어까지 만들어냈다. 이러한 원칙이 통용되어야만 할당대상 업체들은 각자의 배출량에 상응하는 배출권을 제출하여 의무이행이 이루어지는 것을 확신할 수 있다.

할당대상 업체의 온실가스 배출량에 대한 Monitoring과 Reporting은 3단계부터 EU MRR(Monitoring and Reporting Regulation)에 규정된 절차에 부합하여야 한다. EU MRR은 업체가 각자의 의무를 이행하는 과정에서 반드시 지켜야 하는 다음과 같은 기본원칙에 따라 작성되었다.

• 완전성: 할당대상 업체는 Monitoring Plan에 완전하고, 구체적인 Monitoring 방식을 제시하여야 한다.

• 일관성 및 비교 가능성: Monitoring Plan은 Monitoring 방식이 변경될 경우 정기적으로 수정되어야 하는 보고서이다. 보고 기간에 관계없이 일관성을 유지하기 위해서 임의로 Monitoring 방식을 변경하는 것은 금지된다. 이와 같은 이유로 Monitoring Plan과 중대한 변경은 관계당국의 허가를 받아야 한다.

• 투명성: 온실가스 배출량에 대한 모든 자료의 수집과 계산 등은 투명한 방식으로 이루어져야 한다. 이것은 자료와 자료를 확보하고 사용하는 방식이 투명하게 기록되어야 하고, 관련 자료에 권한을 갖고 있는 제3자가 충분히 접근할 수 있도록 저장·보관되어야 함을 의미한다.

• 정확성: 할당대상 업체는 자료의 정확성에 주의를 기울여야 한다. 즉, 체계적으로나 의도적으로 부정확하지 않아야 된다. 최상으로 달성할 수 있는 정확도를 위해서 업체가 노력하여야 한다는 신의성실 원칙이 적용된다. '최상으로 달성할 수 있는' 구절의 의미는 Monitoring이 기술적으로 가능하여야 하고, 비합리적인 비용이 발생하지 말아야 한다는 것을 뜻한다.

• 방식의 순수성: 할당대상 업체는 보고된 자료의 순수성을 보장하기 위하여 연간 배출량 보고서(AER; Annual Emission Report)에 각자의 승인된 Monitoring Plan에 의한 방식을 적용하여 산출한 배출량을 기입할 수 있다. 연간 배출량 보고서는 독립된 검증기관에 의해서 입증되어야 한다. 자료는 중대한 오류가 포함되지 말아야 한다.

• 지속적인 개선: 할당대상 업체는 각자의 Monitoring 과정에 필요한 적합한 절차를 수립하여야 한다. 상위 집단에 포함될 수 있는 등의 개선 가능성이 있을 경우 업체는 이에 대한 정기보고서를 제출하여야 한다. 이외에도 업체는 검증기관의 권고안에 대해 대응하여야 한다.

3.5.4 MRV 관련 업체의 역할

EU ETS의 MRV 시스템에 직접적으로 관련된 당사자로서 업체, 관계당국, 검증기관, 인증기관 등이 있다. MRV 시스템에서 각각 당사자들의 임무를 요약하면 다음과 같다.

㉠ 할당대상 업체

• Monitoring Plan 및 검증된 연간 배출량 보고서를 준비하고 관계당국에 제출

• 배출량에 대한 Monitoring, 연간 배출량 보고서 준비, 연간 배출량 보고서에 대한 검증 확보

• 필요한 경우 의무이행을 위한 배출권 매입

• 이행주기 종료 시점에 온실가스 배출량에 상응하는 배출권 제출

• Monitoring 방식에 대한 개선 노력 및 필요시 Monitoring Plan의 수정

㉡ 관계당국

• Monitoring 필수조건 및 빈도 수 설정, Monitoring Plan의 승인

• 실사업무 수행

• 연간 배출량 보고서 검사. 검증된 연간 배출량 보고서가 분실되거나 오류가 있는 경우 또는 내용에 당사자 사이에 이의가 발생할 경우에는 연간 배출량 확정

• 제출된 배출권에 대한 개별적인 의무이행 검사

• 국가 실적에 대해서 EU 집행부에 보고

• MRR 요구조건에 근거해서 필요한 경우 Monitoring Plan의 개선 요구

• 의무 불이행의 경우 벌금 부과

㉢ 검증기관

• 고객인 업체에 적합한 업종에 대한 인증 획득 및 유지 관리

• 연간 배출량 보고서에 대한 검증

㉣ 인증기관

• 검증기관에 대한 인증 및 감독

연간 배출량 보고서(Annual Emission Report)

매년 업체는 MRR 규정에 따라 작성된 연간 배출량 보고서를 관계당국에 제출하여야 한다. 연간 배출량 보고서는 해당 연도에 업체가 배출한 온실가스 배출량을 제공하는 핵심 보고서이다. 일반적으로 연간 배출량 보고서는 모든 온실가스 배출과 관련된 정보를 포함하여야 한다. 이러한 정보에는 연료 투입량과 원자재 처리 규모가 포함된 연간 조업 자료, 순 열량 값, 배출계수 등과 같은 계산에 의해 산출된 값, 분석 및 표본 조사 결과 등이 포함된다. 그러나 배출권 할당방식에 연관된 자료는 보고서에 포함되지 않는다. 이러한 수치들은 이미 할당 수량을 결정하는 과정에서 보고된 바 있다. 단, 무상할당 수량의 결정에 영향을 미치는 공장 설비 능력의 중대한 변경 또는 영업의 일부 양도 등은 보고하여야 한다.

연간 배출량 보고서의 정확성은 독립된 검증기관의 검증 과정을 거쳐 확보된다. 검증기관은 연간 배출량 보고서가 Monitoring Plan에 부합하여 작성되었는지 검사한다. 검증기관은 연료 송장, 분석 결과, 측량 장비 등 관련 정보를 검증하여야 한다.

Monitoring Plan

업체는 공장을 가동하기 이전에 당국에 Monitoring Plan을 제출하여야 한다. Monitoring Plan에는 MRR에서 요구하는 최소한의 정보가 포함되어야 한다. 특히,

- 사업체에 대한 설명과 Monitoring 대상이 되는 생산 활동
- 참여기업 내부에서 Monitoring과 보고에 대해 책임이 있는 부서
- 온실가스 배출원과 배출 흐름, 즉 배출 지점, 온실가스 배출의 원인이 되는 자재와 연료에 대한 목록
- Monitoring 방식
- 측정 시스템
- 자료 관리 및 통제 절차

등이 포함되어야 한다. Monitoring Plan은 측정에서 다른 오류가 충분히 배제되었는지에 대한 위험 평가서를 첨부하는 경우도 있다. 관계 당국은 Monitoring Plan을 거부할 수 있으며, 할당대상 업체에게 개선 가능성을 담은 정규 보고서의

제출을 요구할 수 있다.

MRV 의무이행 주기

EU ETS에서 매년 진행되는 의무이행 주기는 다음과 같은 일련의 과정을 걸쳐서 진행된다.

㉠ 업체는 배출권 신청서와 Monitoring Plan을 관계당국에 제출하여야 한다. 관계당국은 Monitoring Plan을 검사하고 승인한다.

㉡ 업체는 승인된 Monitoring Plan에 따라 1년 동안 Monitoring을 수행한다. 만일 Monitoring 방식에 있어서 중대한 변경이 발생할 경우 업체는 관계당국에 새로운 Monitoring Plan을 제출하여 승인받아야 한다.

㉢ 무상으로 할당받는 업체는 관계당국으로부터 그 해에 적용되는 배출권 수량을 2월 28일까지 할당받는다.

㉣ 업체는 검증된 연간 배출량 보고서를 다음 해 3월 31일 이전에 관계당국에 제출하여야 한다. 일부 국가의 경우 2월 28일까지 제출하기도 한다.

㉤ 업체는 전년도 검증된 배출량에 상응하는 수량의 배출권을 4월 30일 이전까지 제출하여야 한다.

㉥ 필요한 경우 업체는 6월 30일 이전에 Monitoring 방식에 대한 개선 보고서를 제출하여야 한다.

3.5.5 검증기관

검증기관은 업체가 검증 보고서가 첨부된 최종 연간 배출량 보고서를 다음 해 3월 31일까지 관계당국에 제출하기 이전에 검증을 완료하여야 한다. 일부 국가에서는 제출 시한이 빠른 경우도 있지만 2월 28일 이후이다. 검증기관은 아래의 사항들에 대해서 검증한다.

• 제출된 연간 배출량 보고서가 완전하고, MRR의 요구사항을 충족하고 있는가?

• 업체가 적합한 온실가스 배출 허가서의 요구사항과 승인된 Monitoring Plan을 준수하고 있는지 검증

• 연간 배출량 보고서에 기재된 자료에 오류가 없는가?

• 업체가 제시한 Monitoring Plan에 대한 개선방안을 지원

검증절차에 있어서 핵심적인 요소는 연간 배출량 보고서에 대한 전략적 분석과 위험 분석이다. 검증 초기에 검증기관은 업체의 모든 관련된 활동에 대한 전략적 분석을 수행함으로써 검증 업무의 성격, 규모와 복잡성 등을 평가한다. 이어서 위험 분석을 통해서 검증기관은 효과적인 검증업무를 수행하기 위한 내재적인 위험과 통제 활동 등을 구별해야 한다. 이들 두 위험 요인에 대한 평가를 기반으로 검증기관은 검증활동의 성격과 시기 및 강도 등을 결정하여야 한다. 이러한 활동을 통해서 대상 업체가 작성한 보고서에 오류가 없다는 것을 합리적으로 보장하는 검증보고서를 발급하는 데 따르는 검증 위험을 허용 가능한 범위까지 낮출 수 있다. 검증기관은 검증 계획을 작성하고, 검증 기간 동안 현장을 방문하여야 한다. 검증 과정이 완료되면 검증기관은 업체에게 검증보고서를 발급한다. 업체는 관계당국에 이 보고서를 제출하여야 한다.

3.6 EU ETS IV의 개혁

3.6.1 배출권 공급과잉과 거래시장의 실패

<그림 3-2>는 배출권 거래시장이 시작한 2006년 1월부터 2016년 9월까지 배출권 가격의 흐름을 보여주고 있다. 일반적으로 업체들이 온실가스 배출로 인하여 추가되는 비용에 부담을 느끼고 새로운 감축기술 등에 투자하여 자발적으로 온실가스를 감축하도록 유인하기 위해서 필요하다고 여겨지는 배출권 가격은 대략 €30 수준을 넘는 것으로 추정하고 있다. 이러한 가격 수준은 화력 발전소에서 석탄 대신 천연가스를 연료로 선택하는 것이 경제적으로 추가적인 비용이 발생하지 않는 전환가격(Switch Price)을 반영하고 있다.

EU ETS I단계에서 EU ETS II단계로 넘어 올 때는 제도적으로 업체들이 보유한 배출권의 차기 이월이 허용되지 않았기 때문에 EU ETS I단계 종료 무렵에 배출권 가격이 폭락하여 거래시장이 붕괴되었다. 배출권 가격이 EU ETS의 본래 목적을 달성하기 위해서 필요한 수준에 머물렀던 때는 EU ETS II단계 초기의 매우 짧은 기간에 불과하다. EU ETS II단계 내내 배출권 가격은 €15를 중심으로 상하로 등락을 거듭하다가 EU ETS III단계가 가까워지면서 하락을 거듭하여 €10 이하로 내려섰다. EU ETS III단계가 시작된 2013년 이후 거의 5년

그림 3-2 EUA 가격(2006. 1.~2016. 9.)

출처: "EU Carbon price falls below €4", Sandbag, 2017. 11. 2.

동안 배출권 가격은 €10를 하회하는 매우 낮은 수준에서 머물렀다. 국제적으로 온실가스 감축에 대한 최대 호재로 평가받는 파리협정의 체결에도 불구하고 협정 이후에 배출권 가격은 오히려 €8 수준에서 추가로 하락하여 더 낮은 수준에서 지지부진한 상황을 보여 주었다. <그림 3-2>에서 나타난 바와 같이 파리협정이 체결된 2015년 12월 이후 배출권 가격은 €4~€8 사이에서 등락을 반복하는 횡보장세를 연출하였다. 이렇게 낮은 수준의 배출권 가격이 상당 기간 동안 지속됨에 따라 EU는 ETS에 대한 제도적인 개선을 모색할 수밖에 없었다.

이와 같이 EU ETS Ⅱ단계 후반부터 상당 기간 지속한 배출권 거래시장의 비정상적인 상황은 근본적으로 배출권 공급이 장기적으로 고정불변이라는 사실에 기인한다. 배출권 수요는 여러 가지 요인에 따라 변화하는 데 비해서 공급은 고정되어 있으므로 일단 특정 요인에 의해서 발생한 배출권 수요 부족현상은 다음 해에도 반복될 가능성이 높고, 이에 따라 장기간에 걸쳐 공급과잉으로 이어질 가능성이 매우 높다. 배출권 거래시장에서 공급이 지속적으로 수요를 초과하는 현상은 필연적으로 배출권 가격을 심각하게 압박하는 요인으로 작용하므로 거래시장의 본연의 기능인 가격 신호의 기능을 크게 약화시키는 결과를 초래한다.

다수의 전문가들은 EU 배출권거래제가 정상적인 역할을 하지 못했음에도 불구하고 EU가 설정한 2020년 온실가스 감축목표를 충분히 달성할 수 있었던 배경은 EU가 채택한 다른 에너지정책 수단이 기대 이상의 효과를 발휘하여 EU ETS의 약점을 보완해 주었을 가능성이 높은 것으로 보고 있다. 그러나 EU는 2030년도에 EU가 달성하고자 하는 온실가스 배출량 감축목표를 비용 효율적인 방법으로 달성하기 위해서는 비정상적인 배출권 거래시장의 정상화가 필수적이라는 점을 인식하고 있다. 배출권 거래시장의 정상화는 궁극적으로 이미 시장에 과잉 공급된 배출권을 어떻게 처리하느냐의 문제와 배출권 과잉 공급을 초래하는 배출허용총량의 조정 문제로 귀결된다.

3.6.2 배출권 공급 과잉과 EU의 임시조치

배출권 거래시장에서 유통되고 있는 잉여 배출권의 수량은 <그림 3-3>에서 보는 바와 같이 EU ETS Ⅲ단계가 시작된 2013년에 22.2억 톤에 달했다. 그러나 2014년부터 2016년까지 Back-loading에 따른 배출권 경매예정수량 9억 톤의 일정조정으로 배출권의 공급이 크게 감소함에 따라 배출권 잉여수량은

2015년에 17.8억 톤, 2016년에 16.9억 톤, 2017년에 16.5억 톤으로 매년 약간씩 감소하는 모습을 보이고 있다.

이렇게 막대한 수량의 배출권이 과잉 공급된 주요 원인으로는 배출허용총량은 고정되어 있는 반면에 EU ETS Ⅱ단계 중에 세계적인 금융위기에 따른 EU 경제의 침체로 업체의 온실가스 배출량이 예측한 수준보다 많이 줄어든 점을 꼽을 수 있다. 이로 인하여 배출권의 수요·공급에서 불균형이 발생한 상황에서 EU가 Linking Directive에 의해서 교토신축성체제에 의한 CER/ERU을 상쇄배출권으로 인정한 것이 불균형을 더욱 심화시키는 결과를 초래하였다. 다수의 업체들은 EU ETS Ⅱ단계 종료시점에 배출권거래시장에서 상대적으로 가격이 높은 EUA 대신에 비교적 저렴한 상쇄배출권을 활용하여 배출권 제출의무를 이행하였다. 따라서 업체가 보유하고 있던 다수의 EUA는 자동적으로 EU ETS Ⅱ단계에서 EU ETS Ⅲ단계로 이월되었다. 이월된 배출권은 약 17.5억 톤으로 사실상 잉여 배출권의 대부분을 차지하고 있다. 아울러 신규 진입업체를 위해서 비축한 배출권 수량 중의 일부를 EU가 NER300 프로그램에 의해서 재원 확보를 목적으로 미리 거래시장에 공급함에 따라 공급 과잉 현상을 심화시켰다.

이와 같이 배출권 잉여수량으로 인하여 배출권 가격이 €10 이하로 하락하고, 거래시장이 정상적인 기능을 상실해 감에 따라 공급수량에 정책적으로 제약을 가해야 한다는 의견이 폭넓게 제시되었다. 물론 사전에 예정된 정책결정에

그림 3-3 배출권 잉여수량(2013년~2017년)

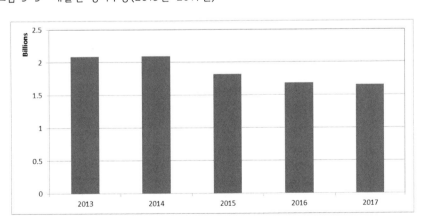

출처: EC, "Report on the Functioning of the European Carbon Market", 2018. 12. 17.

따라서 2013년부터 상쇄배출권을 이용한 업체의 의무이행에 대해서 엄격한 제한이 가해졌으며, 이 조치로 인하여 상쇄배출권에 의한 추가적인 과잉 공급요인은 사라졌다. 그러나 이러한 정책이 이미 거래시장에 존재하고 있는 약 20억 톤에 달하는 배출권 잉여 수량의 의미 있는 축소를 가져올 수는 없었다. EU ETS Ⅲ단계 초기부터 그리스를 비롯한 EU의 일부 국가에서 경제위기가 심화되고, 회원국 전체적으로도 경제침체가 지속됨에 따라 경제성장에 따른 업체들의 온실가스 배출량 증가와 이로 인한 배출권 수요 증가에 기대어 시장의 배출권 잉여 수량을 점진적으로 해소하는 방안은 실질적으로 기대하기 어렵게 되었다. 이에 따라 EU ETS Ⅲ단계 초기에 시행 예정이었던 배출권 경매수량을 대폭 축소하고, 축소된 수량을 후에 배정하는 Back-loading 조치를 시행했다. 즉, EU는 거래시장에서 배출권 잉여수량 문제를 해결하기 위하여 2014년부터 2016년까지 진행될 예정이었던 배출권 경매수량 중의 일부인 9억 톤의 경매를 'Auctioning Regulations'의 수정을 통해서 EU ETS Ⅲ단계가 종료되는 시점으로 일단 연기하는 조치를 취했다. 이러한 조치는 EU ETS Ⅲ단계에서의 전반적인 거래시장 기능 개선을 위해서 배출권 수요·공급의 균형 회복을 목적으로 하고 있다. 물론 EU의 이와 같은 배출권 Back-loading 조치가 EU ETS Ⅲ단계에 공급 예정인 배출권의 수량을 축소하는 것이 아니므로 단기적으로 배출권 잉여 현상의 완화에 도움이 되지만 근본적인 해결책이 될 수 없었다. 단지 배출권 공급 시기를 뒤로 미룸으로써 정책 시행 시점에서의 거래시장에 대한 과잉공급의 압박을 일시적으로 완화시키는 효과 정도를 기대할 수 있었다. 모든 시장 참여자가 일정 기간이 경과하면 예정된 수량이 다시 배출권 거래시장에 공급되리라는 것을 인지하고 있으므로 현실적으로 EU의 Back-loading 정책은 거래시장을 정상화하려는 정책목표를 달성할 수 없었다.

3.6.3 배출허용총량의 축소

EU ETS가 본연의 기능을 상실하고 자력으로 회복하는 것이 거의 불가능하다는 인식이 퍼짐에 따라 근본적으로 EU ETS를 개혁해야 한다는 견해가 제기되었다. 2015년 7월 EU 집행부는 이제까지 제기된 다양한 의견들을 반영하여 2021년부터 2030년까지 진행할 EU ETS Ⅳ단계에 적용할 개혁안을 제시하였다. 이 개혁안을 기본으로 2017년 2월 EU 이사회와 EU 의회는 각각의 개혁안을 제시하였으며, Trilogue라고 하는 EU 3자 간의 협상을 거쳐 2017년 11월 최종합의안을 발표하였으며, 2018년 2월 이 최종합의안에 대한 입법과정이 종료됨에 따라 EU ETS Ⅳ단계가 시작하는 2021년 1월부터 실행에 옮겨진다.

배출권 잉여수량 문제에 대한 개혁안의 핵심은 EU ETS Ⅳ단계 동안 배출허용총량을 축소 조정하는 것과 2019년 1월부터 도입하기로 이미 결정된 Market Stability Reserve의 운영에 대해서 유연성을 부여하는 내용에 있다. 이외에도 이제까지 제기되었던 문제들을 반영하여 탄소누출 위험에 노출된 업종 목록을 선정하는 기준의 변경, 무상할당방식의 개선 등이 개혁안에 포함되었다.

개혁안에 따르면 배출허용총량을 축소하기 위해서 EU ETS Ⅲ단계에서의 선형감축계수 1.74%를 EU ETS Ⅳ단계부터 2.2%로 상향조정할 예정이다. 이것은 EU ETS Ⅲ단계에서 매년 온실가스 배출 감축량이 전년대비 38백만 톤인 것에 비해서 EU ETS Ⅳ단계에는 48백만 톤으로 증가한다는 것을 의미한다. 이를 EU ETS가 적용되는 산업분야만을 놓고 보면 2005년 온실가스 배출량 대비 2030년 배출량은 43%를 감축한다는 것을 의미한다. 새로운 선형감축계수를 적용하면 2030년의 배출허용총량은 <그림 3-4>에서 보여주듯이 영국을 포함하여 1,348백만 톤이 될 것으로 추정하고 있다. 그러나 Brexit에 의해 영국이 EU ETS Ⅳ에 참여하지 않을 것이 거의 확실하므로 구체적으로 2030년 영국을 제외한 배출허용총량이 얼마가 될 것인지를 현재 시점에서 정확하게 추정하기 어렵다. 영국의 탈퇴로 인해서 배출허용총량을 새로 계산하여야 하지만 산정방식이 여러 가지가 있으므로 어느 방식을 적용하느냐에 따라 수량이 조금씩 차이가 날 수 있기 때문이다.

기본적으로 EU의 2030년도 온실가스 감축목표를 그대로 유지한다면 선형감축계수의 상향 조정으로 인한 배출허용총량의 축소를 통해서 기존 배출권 잉여수량을 제거하는 효과는 크지 않다. 그 이유는 Back-loading 조치에 의해서 경매가 유보된 배출권9억 톤의 발행을 취소하는 것이 아니라 일단 발행하는 것으로 결정하였기 때문이다. 또한 EU의 경제가 회복을 한다고 가정하더라도 EU ETS Ⅲ단계 종료까지 업체들의 온실가스 배출량이 비약적으로 증가할 이유가 없으므로 기존 배출권 잉여수량이 EU ETS Ⅲ단계에서 EU ETS Ⅳ단계로 이월될 가능성이 높기 때문이다. 대다수의 전문가들은 만일 별도의 조치가 취해지지 않는다고 가정하면 2021년도의 배출권 잉여수량은 25억 톤을 상회할 것으로 추정하고 있다. 일단 잉여수량이 25억 톤을 상회하는 상황에서 선형감축계수의 조정을 통해서 매년 온실가스 1천만 톤을 추가로 감축한다고 해도 잉여수량의 규모에 비해서 추가 감축량이 너무 적기 때문에 배출허용총량의 축소에 의한 효과는 제한적일 수밖에 없다. 만일 이 정도 배출권 잉여수량이 거래시장에서 지속적으로 유통될 경우에는 배출권 가격의 정상화가 현실적으로 불가능한 것으로 보이므로 상당수 잉여수량을 잠정적으로 거래시장에서 제외시킬 수 있는 추가적인 조치가 불가피하다.

그림 3-4   EU ETS 배출허용총량(2013년~2030년)

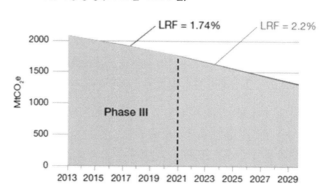

출처: Climate Brief No. 49, I4CE Institute for Climate Economics, 2017. 9.

3.6.4 Market Stability Reserve

EU ETS가 수행하고 있는 가장 중요한 경제적 기능은 온실가스 배출에 대한 시장가격을 결정하는 것이다. 배출권 가격은 다른 재화와 같이 수요와 공급에 의해서 결정된다. 배출권 수요는 순환적인 경기 변동과 구조적인 기술 발전, 당국의 온실가스에 대한 정책 등과 연관되어 끊임없이 변동한다. 정상적인 시장에서는 수요의 변동에 따라 공급이 변하지만 배출권거래시장에서의 공급은 미리 결정된 일정에 따라 규칙적으로 진행되는 경매와 기업의 현재 생산 활동과는 무관하게 Benchmark와 과거 실적에 따라 분배되는 무상할당, 두 가지 요인에 의해서 비탄력적이다. Market Stability Reserve의 도입은 EU ETS가 갖고 있는 제도적인 단점, 즉 공급측면에서의 유연성 결여를 부분적으로 보완하고, 배출권

거래제가 직면한 가장 심각한 문제로 대두한 배출권 잉여 수량을 일정 기간 동안 거래시장에서 제거하여 시장의 가격 발견 기능을 정상화 시키는 것을 목적으로 하고 있다.

또한 Market Stability Reserve가 실시되면 시장에서 배출권 과잉공급은 물론 과소공급도 완화시킬 수 있는 공급 규모를 조절할 수 있게 되므로 상대적으로 배출권 가격의 변동성을 줄이는 역할을 할 것으로 기대된다. 즉, Market Stability Reserve의 도입에 따라 거래시장의 충격에 대한 대비가 가능하다. 시장 충격은 갑작스럽게 기업의 배출량이 증가하는 경우와 반대로 배출량이 감소하는 경우를 들 수 있다. 두 경우 모두 거래시장에 과잉 상태인 배출권을 Market Stability Reserve에 예치하거나 또는 시장에서 부족한 배출권을 Market Stability Reserve에서 방출하는 방식으로 갑작스런 충격에 대비할 수 있다. 시장의 참여자들은 시장의 급변 상황이 발생하는 경우 Market Stability Reserve의 개입을 사전에 예측할 수 있으므로 배출권 가격이 극심한 등락을 보이는 현상은 어느 정도 예방할 수 있는 효과를 거둘 수 있다. 이와 같이 Market Stability Reserve에 의한 배출권 가격의 급등락을 예방하는 효과는 EU 전체적으로 볼 때 장기적인 배출량 감축목표 달성을 위한 비용 효율적인 경로를 밟아가는 데 기여하게 된다.

Back-loading 조치에 의해 경매가 연기된 배출권 9억 톤을 2019년과 2020년 경매수량에 포함하지 않고 Market Stability Reserve에 예치함으로써 2019년 1월부터 Market Stability Reserve가 시작하였다. EU의 ETS Reform 결정에 따라 2019년 1월부터 2019년 8월까지 2018년도 유통배출권 총량의 16%에 해당하는 배출권이 경매에서 제외되어 Market Stability Reserve에 예치되었다. 2020년에는 EU ETS Ⅲ단계 중 신규 진입업체를 위해서 유보된 수량 중 실제 할당하지 않은 배출권과 업체의 폐쇄로 할당하지 않은 배출권을 Market Stability Reserve에 예치한다.

Market Stability Reserve의 주요 내용은 다음과 같다.

• EU 집행부는 다음 해 5월 15일까지 이전 해의 유통배출권총량을 발표하여야 한다. 특정한 해의 유통배출권총량은 2008년 1월 이후부터 발행된 누적 배출허용총량과 해당 연도까지 업체가 사용한 상쇄배출권을 합한 수량에서 검증된 누적 배출량총량과 취소된 배출권총량 및 Market Stability Reserve에 예치된 수량을 차감한 수량으로 정의한다. EU는 첫 번째 유통배출권총량을 2017년

5월 15일에 발표하였으며, Market Stability Reserve에 직접적으로 영향을 준 두 번째 유통배출권총량을 2018년 5월 15일에 발표하였다. 2018년 5월 15일에 발표한 내용에 의하면 배출권의 공급측면에서 2단계에서 이월된 배출권은 17.50억 톤, 2013년 1월부터 2017년 12월까지 경매된 배출권은 37.25억 톤, 동일 기간 동안 NER 프로그램을 비롯하여 무상으로 할당된 배출권이 44.03억 톤, NER 프로그램을 위해 이관된 배출권이 3.00억 톤, 2017년 12월까지 업체가 제출한 상쇄배출권이 4.19억 톤 등이다. 반면에 배출권의 수요측면에서 2013년 1월부터 2017년 12월까지 검증된 배출량은 89.42억 톤이며, 동일 기간 동안에 취소된 배출권의 수량은 극히 미미하다. 따라서 2017년도 유통배출권총량은 16.55억 톤이다.

• 만일 유통배출권 총량이 8.33억 톤 이상인 경우, Market Stability Reserve에 예치된 배출권 수량이 1억 톤 이하인 경우가 아니라면 매년 발표된 유통배출권총량의 12%에 상당하는 배출권은 경매에서 제외하며, 해당하는 해의 9월 1일부터 1년 동안 Market Stability Reserve에 예치한다. 단, Market Stability Reserve가 처음 도입되는 2019년부터 2023년까지 5년 동안 거래시장에 배출권 잉여 수량이 과도하게 많은 것을 감안하여 경매 제외 수량을 24%까지 확대하였다. 따라서 2019년은 1월 1일부터 8월 31일까지 2017년도 유통배출권총량의 16%에 상당하는 2.65억 톤의 배출권을 경매에서 제외하고 Market Stability Reserve에 예치하였다. 이후 2020년은 2019년 9월 1일부터 2020년 8월 31일까지 1년간 2018년도 유통배출권총량의 24%를 경매에서 제외하여 Market Stability Reserve에 예치한다.

• 2023년부터 Market Stability Reserve에 예치된 배출권 수량이 이전 연도 경매수량을 초과하는 경우에는 초과하는 부분에 해당하는 배출권의 발행을 취소한다.

• 특정 연도에 유통배출권총량이 4억 톤 이하이면 1억 톤의 배출권이 Market Stability Reserve에서 예치가 해제되어 경매수량에 더해진다. 이 경우 Market Stability Reserve에 예치된 배출권이 1억 톤 이하이면 배출권 전부가 예치에서 해제된다.

• 특정 연도에 유통배출권총량이 4억 톤 이하가 아니더라도 6개월 연속 배출권가격이 직전 2개년의 평균 가격보다 3배 이상인 경우에는 Market

Stability Reserve에 예치된 1억 톤의 배출권이 예치가 해제되어 경매수량에 더해진다.

• 유통배출권총량의 공표 이후에 경매 일정표는 Market Stability Reserve에 예치되는 배출권 수량과 예치가 해제되는 수량을 반영하여야 한다. 배출권은 Market Stability Reserve에 1년에 걸쳐 예치되거나 또는 예치가 해제된다.

EU 집행부는 Market Stability Reserve의 운영 상황을 점검하는 내용이 포함된 연간 거래시장 보고서를 발행하여야 하며, Market Stability Reserve이 도입된 후 3년 이내에 Market Stability Reserve 기능에 대해서 주기적으로 검토보고서를 발행하여야 한다. Market Stability Reserve 검토보고서의 핵심은 배출권을 Market Stability Reserve에 예치하는 기준과 예치된 배출권을 방출하는 기준이 배출권 수급 불균형을 해소하는 목적을 달성하기 위해서 적합한지를 평가하는 것이다. 검토보고서는 거래시장의 수급균형에 대한 분석과 수급에 영향을 미치는 연관된 모든 요인들에 대한 분석을 포함하여야 하고, 연간 경매수량을 조정하기 위해 사전에 설정된 기준에 대한 분석과 유통배출권 총량에 적용되는 백분율에 대한 분석도 포함하여야 한다. 위의 분석을 통해서 거래시장의 변화에 비추어 기준이 더 이상 적합하지 않은 경우라면 EU 집행부는 이러한 상황을 해결할 수 있는 신속한 대안을 제시하여야 한다.

3.6.5 현대화기금(Modernization Fund)과 혁신기금(Innovation Fund)

EU가 설정한 '2030 Climate and Energy Framework'의 환경목표를 달성하기 위해서 에너지 시스템의 현대화에 대한 상당한 투자는 불가피한 실정이다. 2030년도의 EU 환경목표를 달성하기 위해서 EU 회원국들 중에서도 GDP가 상대적으로 낮은 국가들에서 에너지 시스템을 개선하기 위한 투자가 더 많이 요구되는 실정이다. 이것은 이들 국가의 산업구조가 상대적으로 탄소배출 집약도가 높은 반면에 에너지 효율은 떨어지고, 이를 개선하기 위한 재원은 제한적이기 때문이다. 일반적으로 GDP가 낮은 국가일수록 필요한 투자재원을 조달하는 데 있어서 정치, 경제적으로 많은 장벽에 직면하게 된다. GDP가 낮은 국가들에서 온실가스 배출량을 감축하는 것은 실질적으로 EU 측면에서 비용 효율적으로 온실가스를 감축하는 방안이 된다는 것을 염두에 두어야 한다. 이러한 관점에서

EU ETS 개혁안은 2021년부터 2030년까지 배출권허용총량의 2%에 해당하는 3억 1천만 톤의 배출권을 경매하여 얻어지는 수익으로 에너지 효율을 향상시키고, GDP가 낮은 회원국의 에너지 시스템을 현대화시키는 재원으로 사용하기 위하여 현대화기금(Modernization Fund)을 설립하는 내용을 포함하고 있다. GDP가 낮은 회원국의 기준은 2013년 기준으로 EU 평균의 60%에 미달하는 GDP를 갖고 있는 회원국이다. 현대화기금은 GDP가 낮은 회원국으로 지정된 국가에서 진행되는 프로젝트에 한해서 재원을 공급한다. 현재 GDP가 낮은 회원국으로 분류되는 국가는 모두 10개국으로 불가리아, 체코, 에스토니아, 크로아티아, 라트비아, 리투아니아, 헝가리, 폴란드, 루마니아, 슬로바키아 등이다. 단, 화석연료를 사용하는 할당대상 업체가 현대화기금을 사용하기 위해서는 GDP가 EU 평균의 30%에 미달하는 국가에 소재하여야 하며, 자금은 지역난방 프로젝트에 한해서 사용하여야 한다는 단서조항을 달아 현대화기금이 온실가스 배출량을 확대하는 용도로 사용하지 못하도록 하였다.

EU는 장기적으로 저탄소 경제체제를 구축하기 위하여 시장에 새로운 저탄소기술의 빠른 도입이 필요한 실정이다. 저탄소 경제로의 혁신적인 이전은 EU의 기후목표 달성뿐만 아니라 새로운 경제성장과 일자리 창출에 기여한다. EU 차원에서 재정적인 지원이 필요한 대표적인 저탄소기술로는 전력산업과 일반 제조업에서의 신재생에너지와 CCS가 꼽히고 있다. 이들 저탄소기술에 대해서는 R&D부터 상업화에 이르기까지 매단계마다 지속적인 재정적 지원이 필요한 상황이다. 이에 따라 EU ETS IV단계 동안 4억 톤의 배출권이 저탄소기술의 혁신을 유인하기 위하여 필요한 혁신기금(Innovation Fund)을 조성하기 위해서 사용된다. 아울러 혁신기금이 설립되기 이전에 저탄소기술 혁신을 지원하기 위하여 2021년 이전까지 MSR에서 업체에게 할당되지 않은 5천만 톤의 배출권을 인출하여 기술 혁신을 위해서 활용할 예정이다.

3.6.6 남은 문제들

EU ETS IV단계에 대한 개혁조치로 ETS의 주요한 구조는 완성되었다고 볼 수 있으나 몇 가지 해결되지 않은 과제들이 미루어졌다. 예를 들어 파리협정에 명기된 이행조항에 따라 EU ETS에 대한 재검토가 이루어질 수도 있다. 또한 법률에 따라 EU 집행부는 2023년과 2028년에 각각 세계의 온실가스 배출량에 대한 보고의무가 있다. 이 보고는 ETS에 대한 수정안이나 필요한 온실가스 감축을 달성하기 위해서 필요한 조치나 추가적인 정책들을 포함하여야 한다. 또한 이 법률에 의해서 EU 집행부는 역외의 다른 주요 온실가스 배출국들의 기후변화정책을 검토하여야 한다. 이러한 검토에 의해서 필요한 경우 Carbon Leakage에 대한 수정이 따를 수도 있다.

　법률에 따른 사항이 아니더라도 EU ETS에 영향을 미치는 정상적으로 진행하여야 조치들 중에는 2019년의 Carbon Leakage List의 확정과 2021년과 2026년에 MSR에 대한 재검토 및 2021년~2025년에 적용할 Benchmark와 2026년~2030년에 적용할 Benchmark의 결정 등이 있다.

　이외에도 2019년 3월 Brexit 이후의 영국과 EU ETS 사이의 관계 재정립 문제와 2021년에 예정된 CORSIA의 시범단계가 국제 항공을 계속 EU ETS에서 면제할 수 있을 정도인가를 판정하는 문제, 2023년까지 IMO 또는 EU가 국제 해상운송에 대해서 어떠한 조치를 취할 것인지가 확정되지 않은 중요한 문제이다.

제4장 EUA 거래시장

4.1 EUA 거래소

4.1.1 EUA 발행시장

'EU ETS Directive'는 1톤의 온실가스를 배출할 수 있는 권리를 부여하는 배출권의 도입을 규정하고 있다. 업체들이 매년 배출할 수 있는 배출할당량은 EU에 의해서 설정된 배출허용총량에 의해서 제한된다. 배출허용총량은 매년 전체적으로 발행 가능한 배출권의 수를 결정한다. EU가 정한 배출허용총량의 한도 이내에서 개별 업체는 배출권을 할당받거나 필요한 경우 거래시장에서 배출권을 매입할 수 있다. EU가 업체에게 할당하는 배출권은 EUA(EU Allowance)라고 부르며, EUA 한 단위는 1톤의 이산화탄소 또는 이에 상당하는 다른 온실가스를 배출할 수 있는 권리를 의미한다.

거래시장은 발행시장과 유통시장으로 구분된다. 발행시장은 업체들을 대상으로 EUA 경매가 이루어지는 시장을 의미하며, 유통시장은 경매에 참여하거나 무상으로 할당받은 EUA를 보유한 업체들이 실체적인 거래소에서 규격화된 거래조건에 따라 각자가 보유한 EUA를 매각하거나 또는 의무이행에 필요한 EUA를 매입하는 시장을 의미한다. 온실가스를 배출하는 업체가 아닌 일반투자자들은 발행시장에 참여할 수 없지만 유통시장에서 EUA 거래에 참여할 수 있다. 유통시장은 EU에서 발행한 EUA를 직접 매매하는 현물시장과 EUA를 기초자산으로 하는 선물계약의 형태로 거래하는 선물시장으로 구분된다. EUA는 주식 등과 같은 일반적인 금융상품과는 달리 현물시장의 거래가 활발하지 않은 반면에 선물시장에서 주로 거래가 이루어지고 있다.

EU ETS에서 EUA 경매를 진행하는 발행시장은 회원국이 공동으로 활용하는 공동거래소(Platform)를 선정하거나 또는 각국이 개별적으로 거래소를 선정할 수 있다. 현재 공동 거래소로는 독일의 Leipzig에 소재하는 EEX(European Energy Exchange)가 그 역할을 담당하고 있다. 또한 독일과 폴란드는 개별적으로 EEX를 자국의 거래소로 지정하였다. EEX는 공동 거래소로서의 EUA 경매는 매주 월, 화, 목요일, 독일 지정 거래소로서의 경매는 매주 금요일, 폴란드 지정 거래소로서의 경매는 매월 지정된 수요일에 진행한다. EEX는 EU 공동 거래소로서 전체 경매 수량의 약 58%, 독일 지정 거래소로서 19%, 폴란드 지정 거래소로서 12% 등 경매방식으로 할당하는 배출권 수량의 89%를 처리하고 있다. EEX에서 진행하는 EUA 경매에 참여할 수 있는 자격은 경매규정에 따라 결정된다. EUA 경매에 참여가 가능한 법인은 업체가 자신의 계좌로 참여하는 것이 가능하고, 법규에 의해서 자격이 부여된 투자기관과 신용기관이 고객 또는 자신의 명의로 참여할 수 있다. 이외에도 업체들이 복수로 그룹을 형성하여 하나의 명의로 경매에 참여할 수 있으며, 지정국가에 의해서 자격이 부여된 중개기관이 고객 또는 자신의 명의로 경매에 참여할 수 있다.

아래 <표 4-1>은 EEX에서 진행하는 EUA와 EUAA에 대한 경매에서 적용되는 세부사항을 보여주고 있다.

표 4-1 EEX의 EUA 경매 세부사항

경매 상품	EUA & EUAA
인도 조건	경매 다음날 인도(T+1)
경매 Format	1. Single Round: 1회의 Bidding Window 2. Sealed Bid: 다른 경매 참여자의 호가를 보지 못함 3. Uniform price: 모든 경매 경락인에 대해서 동일한 결제가격 적용
1lot의 크기	배출권 500개
호가 제출 및 철회	1. 호가 제출: Bidding Window 중에는 호가를 제출, 수정하는 것이 허용하되, 권한이 있는 자만이 호가 제시가 가능 2. 각각의 호가 수량은 500 곱하기 정수로 하며, 가격은 유로로 하되 소수 2자리까지 호가 3. 호가 철회: Bidding Window 중에는 가능. 단순히 실수에 의한 호가는 당사자의 요청에 따라 철회가 가능
청산가격의 결정	1. 모든 호가는 가격이 높은 것부터 차례로 분류 2. 높은 호가부터 순차적으로 수량을 더해 내려감 3. 경매 예정 물량과 만나는 지점의 호가가 청산가격으로 결정 4. 동일한 가격을 제시한 수량에 대해서는 무작위로 배정. 따라서 호가 수량 중에 일부분 수량만 배정받는 경우도 발생 가능

출처: EEX Emissions Auction.

4.1.2 EUA 유통시장

유통시장에서 배출권에 대한 금융상품은 EUA 이외에도 EUA 선물, CER 선물, EUA 옵션, CER 옵션 등 다양한 파생상품이 존재하지만 EU ETS Ⅲ단계부터 상쇄배출권의 사용이 엄격하게 제한되면서 관련 상품의 거래가 미미한 상태로 현재 이루어지고 있는 배출권 거래의 대부분은 EUA 선물이 차지하고 있다. EUA 선물을 거래할 수 있는 곳은 ICE를 비롯하여 EEX, Eurex 등 복수의 거래소가 존재하지만 주로 ICE를 중심으로 거래가 활발히 이루어지고 있다.

ICE에서 거래되고 있는 EUA 선물계약은 1계약이 EU에서 규정한 1톤의 온실가스를 배출할 수 있는 권리를 갖고 있다. 거래시장 참여자에 대한 제한은 없으며, 최저거래단위는 1계약, 호가단위는 €0.01로 정해져 있다. 가격 변동폭에 대한 제한은 없으며, 최종결제가격은 매일 최종호가 마감시간 10분 사이에 체결된 거래의 가중평균가격이거나 또는 거래량이 부족한 경우 호가에 의해서 결정된다. 선물거래에 따른 결제이행은 ICE 유럽청산소가 모든 거래의 상대방으로 거래이행을 보증한다. 아울러 일반적인 선물거래에서 적용되는 개시 증거금 및 유지 증거금제도가 여기서도 동일하게 적용된다. 결제방식은 현물 인도로 Union Registry에 개설된 매도인 계좌에서 매수인 계좌로 EUA를 이체하며, 현물 인도는 최종거래일 이후 3일 소요된다.

ICE에서 EUA 선물계약은 3, 6, 9월의 분기물의 경우 최장 만기 2년까지 상장되어 있으며, 12월물의 경우 2025년 만기까지 상장되어 있다. 이외에 항상 근접하는 3개월 계약이 연속하도록 한 계약이 만기가 될 때마다 새로운 결제월을 상장하는 방식을 채택하고 있다. 예를 들어 2019년 2월 중에는 Feb19, Mar19, Apr19 등 3개월 연속으로 선물계약이 거래되고 있으며, 만일 Feb19가 만기가 도래하면 May19 선물계약을 신규로 상장하는 방식이다. 각 선물계약의 만기일은 해당 결제월의 마지막 월요일이다. 단, 월요일이 휴일이거나 마지막 월요일 이후 휴일이 4일 이상인 경우에는 마지막 전주 월요일이 만기일이 된다.

대략 16개의 EUA 선물계약이 ICE에 상장되어 있지만 모든 계약의 거래가 활발하게 이루어지고 있는 것은 아니다. <표 4-2>에 나타난 바와 같이 선물계약의 거래는 12월물을 중심으로 이루어지고 있다. 특히, 배출권 거래시장에서 거래량이 가장 많은 종목은 당해 연도 12월물 선물계약으로 보통 이 계약을 최

표 4-2 End of Day Report(EUA: 2019. 2. 18.)

Contract Month	Daily Price Range				Settlement		Volume	Open Interest
	Open	High	Low	Close	Price	Change		
Mar19	20.13	20.19	19.75	19.75	19.90	−0.41	789	96,667
Dec19	20.50	20.84	19.82	20.03	20.01	−0.41	20,801	476,517
Mar20	20.54	20.54	20.12	20.12	20.13	−0.42	3,025	35,569
Dec20	21.02	21.20	20.25	20.44	20.41	−0.43	3,031	248,747
Dec21	21.08	21.08	20.86	20.98	20.97	−0.42	630	39,894
Total							28,746	944,340

출처: 'End of Day Report', ICE Exchange, 2019. 2. 18.(부분 발췌)

근월물이라 하고, 이 계약의 시장가격을 EUA 선물가격으로 간주한다. 예를 들어 ICE의 2019년 2월 18일 일일보고서를 보면 상장 종목의 수는 모두 16개이지만 당일 거래된 종목은 5개에 불과하고 그중에서 12월물이 3개를 차지하고 있다. 특히 당일 전체 거래량에서 Dec19가 차지하는 비중은 70%를 초과하고 있다.

당일의 Dec19의 종가(Close)는 €20.03로 결제가격 €20.01과 서로 다르다. 이것은 당일 결제가격으로 최종거래가격을 사용하는 것이 아니라 최종 10분간의 거래가격의 가중평균 값을 적용하기 때문이다. <표 4−2>에 표시된 Open Interest는 미결제약정의 수를 의미한다. 미결제약정이란 매수(Long) 또는 매도(Short) 포지션의 어느 한쪽에서 집계한 당일 현재 정리되지 않고 살아 있는 계약을 의미한다. Open Interest의 수도 12월물 중심으로 많음을 알 수 있다.

ICE와 EEX 등 거래소에서 이루어지는 EUA 선물거래는 EU 금융시장에 대한 법규의 규제를 받는다. 또한 EUA 현물거래도 EU 금융시장 규제에 포함된다. 시장 남용에 대한 규제 법안은 모든 거래 참여자에게 적용되며, 시장조작과 내부자 거래는 엄격히 금지된다. 법규로 자금세탁을 금지하고 있으며, 모든 투자자에게 단순하고 투명한 정보가 제공되도록 보장하고 있다. 과거 Union Registry가 배출권 사기 사건의 피해자가 된 적이 있기 때문에 EU 집행부에서는 동일한 사건이 재발되지 않도록 새로운 보안 규정을 적용하고 있다.

4.2 EUA 가격

4.2.1 EUA의 수요와 공급

EU가 할당대상 업체의 온실가스 배출량에 대해서 배출허용총량을 설정함에 따라 온실가스를 배출할 수 있는 권리는 희소성을 갖게 되며, 이에 따라 EUA는 거래가 가능한 상품이 된다. 정부에 의해서 부과된 배출허용총량에 대한 의무이행을 위해서 EUA가 필요한 할당대상 업체들 사이에서 EUA가 거래되고 있다는 사실은 이미 거래시장이 존재한다는 것을 의미한다. 이렇게 'Cap & Trade Program'은 EUA에 대한 공급을 제한하고, 이에 대한 수요를 창출함으로써 거래시장을 만들어낸다. EUA 거래시장은 다른 시장과 같이 수요와 공급에 의해서 가격이 결정된다. EUA 거래시장에서의 공급은 EU가 배출허용총량에 따라 발행한 EUA 수량이며, 수요는 할당대상 업체들의 온실가스 배출량이다. 그러나 수요와 공급이 가격에 따라 반응하는 다른 일반적인 상품시장과는 달리 할당대상 업체들의 EUA 수요는 온실가스 배출량에 따라서 변하지만 EU가 결정한 배출권 공급 수량은 고정되어 있다. 따라서 EUA 가격은 특정 시점에 EUA 수요곡선이 공급수직선을 만나는 점에서 결정된다.

EUA 가격에 영향을 미치는 주요 요인은 배출허용총량과 온실가스 배출량의 차이다. 배출허용총량은 매년 거래시장에 투입되는 EUA 공급 수량을 결정하며, 온실가스 배출량은 EUA 수요 수량을 결정한다. 만일 배출허용총량이 배출량보다 높게 설정되면 EUA 공급량은 수요를 초과하고, 배출권 가격은 영이 된다. 반대로 배출허용총량이 배출량보다 낮게 설정되면 EUA에 대한 수요가 할당대상 업체의 배출량 감축에 대한 동기부여와 함께 발생한다. 이러한 EUA 수요가 EUA 가격을 형성시킨다. 대체로 배출허용총량은 기간이 경과함에 따라 낮아지도록 설계되어 있어서 EUA 공급 수량이 점차적으로 줄어들며, 이에 따라 시장에서 EUA 가격의 상승에 대한 기대감이 형성되기도 한다. 예를 들어, EU가 정한 단계별 배출량 감축규모도 EUA 가격에 영향을 미친다. 감축규모가 커져감에 따라 개별 업체가 1톤의 온실가스 감축하기 위해서 추가로 투입하는 한계감축비용(Marginal Abatement Cost)이 점차 가파른 비용곡선을 따라 움직이게 된다.

대부분 초기의 배출량 감축은 에너지 효율 개선이나 비교적 쉽게 선택할 수 있는 방안인 연료 전환 등과 같이 비용곡선의 하단 부분에서 이루어지지만 더 높은 수준의 감축량은 비용곡선의 상단부에 해당하는 창조적인 감축기술의 개발 또는 신재생에너지의 활용 등과 같은 운영방식 개선 등을 요구하게 된다. 높은 수준의 감축량을 충족시키기 위해서는 장기적인 대규모 자본투자가 필요하게 되므로 EUA 가격이 점차 높은 수준에 도달하여야 한다.

배출허용총량은 매년 일정 비율로 감소하므로 기업들은 배출량 감축목표를 달성하기 위해 점진적으로 배출량을 감축하는 방식으로 적응해 나가야 한다. 매년 일정 수준의 배출권은 무상으로 특정 업종에 제공되는 반면에 나머지는 대부분 경매로 할당된다. 매년 말에 할당대상 업체는 각자가 그 해에 배출한 온실가스 배출 실적에 상응하는 수의 EUA를 제출하여야 한다. 만일 업체가 요건을 충족하기 위해서 필요한 EUA를 확보하지 못한 경우에는 거래시장에서 EUA를 구입하여야 한다. 할당대상 업체는 주기적으로 진행되는 경매에 참여해서 EUA를 구입하거나 시장에서 다른 업체가 매도하는 EUA를 상호 간에 매매를 통해서 구입할 수 있다.

EUA는 전체 공급 규모가 배출허용총량으로 제한되어 있고, 할당대상 업체가 자체적으로 배출량을 감축하는 비용이 다른 업체의 감축비용보다 높은 경우 시장에서 EUA를 매입할 경제적 이유를 갖고 있으므로 경제적 가치를 갖고 있다. 이와 같이 할당대상 업체들 사이에서 EUA가 매매되는 과정을 통해서 경제적으로 온실가스 감축비용을 가장 낮은 수준에서 달성할 수 있다.

EUA 가격에 영향을 미치는 할당대상 업체의 실제 배출량은 각 업종별로 설명을 달리 한다. 예를 들어 전력업종의 경우 배출량은 연료가격, 기후, 전력수요의 장기 추세, 발전 Mix의 구성 등에 의해서 영향을 받는다. 반면에 제조업의 경우 배출량은 원자재 가격, 생산 계획, 경제 전망 등에 의해서 영향을 받는다. Transport 부문의 경우 배출량은 여러 요인에 의해서 영향을 받는 다양한 수송수단으로 구성되어 있다. 단기적으로 자동차 등은 연료가격에 의해 영향을 받겠지만 휘발유의 경우 수요가 대단히 비탄력적이다. 중기적으로 연료의 효율성이 Transport 부문 전반에 영향을 미치게 되고, 장기적으로 도시계획, 사회간접자본시설 등에 의해서 영향을 받게 된다.

현실적으로 EUA 가격을 움직이는 주요한 가격동인(Price Driver) 중의 하나는 EU의 정책에 대한 기대감이다. EUA에 대한 수요가 EU가 배출허용총량을 설정함에 따라 정책적으로 주어진 것이므로 어떠한 정책변경에 대한 신호도

EUA 가격에 영향을 미친다. 예를 들어 상쇄배출권을 배출권으로 인정하는 범위에 대한 EU의 정책변경은 EUA 공급량에 대해서 직접적인 영향을 미친다. 일반적으로 EUA 가격은 업체에게 할당된 배출량 감축목표를 달성하기 위해서 필요한 한계비용을 반영하는 경향이 있으므로 EUA의 장기적인 가격은 정부에 의한 정책결정에 의해서 상당히 영향을 받을 수밖에 없다. 아울러 미래의 감축규모에 대한 투명성은 업체가 EUA를 이월할 것인가 또는 시장에서 매각할 것인가를 결정하는 데 있어서 중요하다. 만일 업체가 미래의 감축 할당량을 달성하기 위하여 미래 시점에서 투자하여야 할 비용이 현재의 배출권 가격보다 비싸다고 판단한다면 업체는 현재 시점에 EUA를 매입하여 미래의 감축 할당량을 충족시키기 위하여 이월하게 된다. 이러한 논리의 반대의 경우에도 그대로 적용된다. 따라서 안정적이고 예측 가능한 장기적인 EU의 정책은 탄소 감축기술의 개발과 대규모 투자 장려에 필수적인 요인이 된다.

아래 <그림 4-1>은 EUA 가격이 정책에 의해서 얼마나 큰 변동성을 보여 줄 수 있는지를 잘 보여주는 사례이다. EUA 가격은 EU ETS Ⅲ단계 시작된 2013년부터 한번도 €10를 돌파하지 못하고 매우 낮은 수준에서 2017년까지 머물렀다. EUA 가격이 €5~€7 수준에서 횡보한 가장 큰 이유는 EU 집행부가 탄력적인 EUA에 대한 수요에 대비해서 비탄력적인 EUA 공급 수량을 조절하는 데 실패했기 때문이다. EU 집행부는 Back-loading이라는 임시 조치를 취했고,

그림 4-1   EUA 선물 최근월물 가격(2018. 1. 2.~2019. 1. 31.)

출처: EUA Futures Data, ICE Futures Europe.

MSR을 도입하기로 했지만 거래시장에서는 이런 조치가 EUA 공급 수량에 별로 영향을 미치지 않을 것으로 판단하였다. 2017년에 EU ETS Ⅳ에서 배출허용한 도를 낮추어 EUA의 수요를 어느 정도 늘리는 개혁안이 입법과정을 거치고 있었으나 2018년 초반까지도 EUA 가격은 매우 낮은 수준에 머물렀다. 그러나 2018년 초반에 MSR에 예치될 예정인 잉여 EUA의 처리에 대한 구체적인 방안이 제시되고, 2018년 2월 입법과정이 완료됨에 따라 거래시장에서는 2020년대 중반부터 시장에서 EUA 공급이 수요를 충족시키기 어려울 것이란 전망이 힘을 얻어갔으며, 이에 따라 EUA 가격은 완연한 상승 추세로 전환하였다. 불과 1년 미만의 짧은 기간에 EUA 가격은 세 배 이상 폭등하였으며, ICE 거래소에서의 배출권 거래량도 이에 상응하여 대폭 증가하였다.

4.2.2 EUA 선물가격과 Convenience Yield

EUA 선물가격은 기초자산인 EUA의 현물가격과 선물가격의 차익거래에 의해서 무위험이익을 제거하는 수준에서 균형가격을 형성한다. 즉, EUA를 현재 시점 t부터 선물계약 만기일 T에 도달할 때까지 보관하기 위하여 금융비용 r 이외에 별도의 보유비용이 발생하지 않는다고 가정하면 EUA 선물가격 $F_t(T)$은 현재 시점의 현물가격 S_t를 사용하여 다음과 같이 표현할 수 있다.

$$F_t(T) = e^{r(T-t)}S_t$$

일반적으로 상품선물의 경우에는 기초자산인 현물을 만기일까지 보관하는 데 따르는 보유비용이 발생하지만 반대로 현물을 보관하는 데 따르는 편의에 의한 이익, 즉 'Convenience Yield'가 발생하는 것으로 알려져 있다. 만일 EUA를 현물로 보유하는 데 상품선물의 경우와 같이 눈에 보이지 않는 편의에 의한 이익이 존재한다면 선물계약은 이와 같은 혜택을 누릴 수 없으므로 이를 EUA 선물가격에서 편의이익 c를 차감하여야 하며 위 식을 다음과 같이 다시 표현할 수 있다.

$$F_t(T) = e^{(r-c)(T-t)}S_t$$

실제로 거래시장에서 EUA 선물가격에 편의이익이 반영되고 있는지를 실증적으로 증명하는 것은 쉽지 않다. 무엇보다도 주식시장과 달리 EUA 현물시장의 유동성이 충분하지 못한 탓에 현실적으로 투자자들이 차익거래를 실행하는 것이 지극히 어렵기 때문이다. 물론 EUA 선물가격이 일반적으로 선물계약에 적용되는 보유비용모형에 의해서 결정되는 것을 증명하기는 어렵지만 거래시장에서 EUA 선물가격은 수요와 공급에 영향을 미치는 여러 가지 요인들에 의해서 직간접적으로 영향을 받고 있다.

4.2.3 EUA 가격과 에너지 가격

EU ETS Ⅱ단계 때의 EUA 가격 결정 요인에 대한 다양한 실증적 연구는 석탄, 천연가스, 석유와 같은 에너지 가격과 GDP, 주가지수, 소비자물가지수 등 거시경제지표 등이 EUA 가격에 직접적인 영향을 미친다고 결론을 내리고 있다. 예를 들어 천연가스에 비해서 상대적으로 낮은 석탄 가격은 발전회사들이 값싼 석탄의 사용을 확대할 것이며, 결과적으로 온실가스 배출량이 증가할 것으로 예측되므로 배출권 가격이 강세로 갈 것이라는 신호가 된다. 경제가 회복기에 들어서면 자연히 에너지의 소비도 증가하므로 경제 상태를 나타내주는 GDP도 EUA 가격에 직접적으로 영향을 미친다. 또한 극단적인 기후 변화도 에너지 소비에 영향을 미쳐 EUA 가격에 간접적으로 영향을 주게 된다. 날씨 중에서 EUA 가격에 직접적인 영향을 미치는 것은 기온으로 알려져 있다. 기온은 에너지 가격에 영향을 미치는 것과 같은 이유로 EUA 가격에 영향을 미치게 된다. 예를 들어 매우 추운 겨울 날씨는 난방에 대한 수요를 증대시키고, 이것은 발전에 대한 수요 증가로 연결된다. 또한 무더운 여름 날씨는 에어컨 사용에 대한 수요를 증가시켜 추가적인 전력생산이 필요하게 된다. 이와 같이 전력에 대한 수요 증가는 배출량의 증대로 이어지고, 이것은 발전회사들에게 EUA 수요를 증가시키는 요인으로 작용하므로 결과적으로 EUA 가격을 상승시키는 요인이 된다.

EUA 가격은 발전회사들의 전력 생산방식의 선택에 관련되어 있으므로 이에 의해서 직접적으로 영향을 받는다. 발전회사들은 전력생산에 따라 필연적으로 이산화탄소를 배출하며, 발전회사들이 선택할 수 있는 정책은 각자의 배출량에 상응하는 EUA를 최소의 비용으로 확보하여 당국에 제출하는 것이다. 일반적으로 발전회사는 전력생산에 필요한 연료가 서로 다른 다양한 종류의 발전소를 보유하고 있으므로 연료 가격, 배출권 가격과 각 연료에 의한 배출량 등을 고려하여 전력생산에 투입할 발전소를 선택하게 된다. 따라서 배출권 가격은 발전소가 사용하는 연료 가격에 의해서 영향을 받게 된다.

4.3 화력발전소의 연료 전환과 EUA 가격

4.3.1 전환가격(Switch Price)

전력생산을 담당하는 화력발전소는 발전에 사용하는 원료에 따라 석탄발전소와 천연가스발전소로 구분된다. EUA 가격은 석탄발전소와 천연가스발전소가 EU의 전체 전력생산에서 차지하는 비중과 밀접한 관계가 있으며, 또한 석탄발전소와 천연가스발전소를 교체해서 사용하는 것이 가능한가에도 연관되어 있다. 예를 들어 발전회사가 석탄발전소와 천연가스발전소를 모두 보유하고 있을 경우에 발전회사에서는 발전비용의 최소화를 위하여 EUA 가격을 감안하여 전력생산을 담당할 발전소 종류의 결정하여야 한다. 발전비용을 낮추기 위해서는 발전회사의 입장에서 EUA 가격과 배출량 감축에 소요되는 비용을 비교하여야 한다. 예를 들어 전력생산에 있어서 천연가스발전소가 석탄발전소보다 더 높은 생산비용이 소요되지만 배출량을 감안할 경우 배출량이 적은 천연가스발전소를 가동하는 것이 석탄발전소를 가동하는 동시에 이에 상응하는 EUA를 매입하는 것보다 적은 비용이 소요될 수도 있다. 이와 같이 발전소에서 사용하는 연료에 따라 온실가스 배출량이 상이하고, 이에 따라 전력생산비용도 달라지므로 화력발전소의 발전원가를 산출하는 경우에는 EUA 가격을 감안하여야 한다.

석탄발전소와 천연가스발전소의 전력생산 단가를 일치시키는 EUA 가격을 임의로 산출할 수 있으며, 이를 '전환가격'(Switch Price)이라고 부른다. 발전소가 온실가스 배출에 따른 탄소비용을 부담하지 않는다고 가정하면 전력생산의 한계비용(MC)은 발전소의 효율성(η)과 연료비용(FC)의 비율로 결정된다. 즉,

$$MC = \frac{FC}{\eta}$$

이때, ETS가 적용되면 각 발전소의 한계비용은 배출비용(EC)과 배출계수(EF)를 포함하여야 한다. 즉,

$$MC = \frac{FC}{\eta} + \frac{EF}{\eta} \times EC$$

천연가스발전소와 석탄발전소의 전환가격은 두 발전소의 한계비용을 일치

시키는 EUA 가격에 의해서 결정된다. 이렇게 전환가격에서의 EUA 가격은 비용 효율적인 발전소를 선택하는 기준이 되며, 각각 발전소의 연료비용, 효율성과 배출계수 등에 의해서 결정된다. 즉,

$$EC_{switch} = \frac{\eta_{coal} \times FC_{ngas} - \eta_{ngas} \times FC_{coal}}{\eta_{ngas} \times EF_{coal} - \eta_{coal} \times EF_{ngas}}$$

거래시장에서의 EUA 가격이 위 식에서 산출된 전환가격보다 낮다면 석탄 발전소를 가동하여 전력을 생산하는 것이 천연가스발전소를 가동하는 것보다 전력 생산비용이 낮아진다.

4.3.2 Climate Spread

석탄발전소와 천연가스발전소의 전력생산단가를 일치 시키는 EUA 가격 즉, 전환가격은 발전회사들이 주로 사용하는 Spread의 개념으로도 설명된다. 전력회사는 석탄발전소의 'Dark Spread'와 천연가스발전소의 'Spark Spread', 그리고 이 두 Spread의 차이에 주의를 기울인다. 'Dark Spread'는 석탄발전소가 한 단위의 전력을 생산하여 판매할 때 전력을 생산하기 위해 지출한 연료비용을 감안한 이론상의 이익을 나타낸다. 'Spark Spread'는 동일한 개념을 천연가스발전소에 적용한 것이다. 만일 전력 생산에 따르는 온실가스 배출에 대해서 별도의 비용이 추가로 발생한다면 이를 감안하여 Spread를 수정하여야 한다.

EUA 가격을 고려한 석탄발전소의 Spread를 'Clean Dark Spread', 천연가스발전소의 Spread를 'Clean Spark Spread'라고 부른다. 'Clean Dark Spread'는 전기요금과 전력생산에 투입된 석탄 가격 사이의 차이를 표시하며, 석탄발전소의 에너지 생산효율과 EUA 가격을 감안한 것이다. 즉,

$$Clean\,Dark\,Spread = 전기요금 - \left(석탄가격 \times \frac{1}{\rho_{coal}} + p_t \times EF_{coal}\right)$$

여기에서 ρ_{coal}은 대표적인 석탄발전소의 열 효율성(Heat Rate)을 표시하며, EU의 경우 일반적으로 0.38을 사용한다. EF_{coal}은 석탄발전소의 탄소배출계수를 나타내며, 실질적으로 아래와 같은 식을 사용해서 구한다.

$$EF_{coal} = 0.094 \frac{tCO_2}{GJ} \times 3.6 \frac{GJ}{MWh} \times \frac{1}{0.38}$$

'Clean Spark Spread'는 전기요금과 전력생산에 투입된 천연가스 가격 사이의 차이를 표시하며, 천연가스발전소의 에너지 생산효율과 EUA 가격을 감안한 것이다. 즉,

$$Clean\,Spark\,Spread = 전기요금 - \left(천연가스가격 \times \frac{1}{\rho_{ngas}} + p_t \times EF_{ngas}\right)$$

여기에서 ρ_{ngas}은 대표적인 천연가스발전소의 열 효율성(Heat Rate)을 표시하며, EU의 경우 일반적으로 0.50을 사용한다. EF_{ngas}은 천연가스발전소의 배출계수를 나타내며, 실질적으로 아래와 같은 식을 사용해서 구한다.

$$EF_{ngas} = 0.056 \frac{tCO_2}{GJ} \times 3.6 \frac{GJ}{MWh} \times \frac{1}{0.50}$$

일반적으로 두 Spread는 서로 다른 값을 갖고 있으며, 대체로 'Clean Dark Spread'의 값이 'Clean Spark Spread'의 값보다 높게 형성된다. 두 Spread의 차이를 'Climate Spread'라고 하며, 두 Spread의 값을 일치시키는 EUA 가격을 '내재 연료 전환가격'(Implied Fuel Switching Price) 또는 '전환가격'(Switch Price)이라고 부른다.

$$Switching\,Price = \frac{Cost_{ngas}/MWHh - Cost_{coal}/MWh}{tCO_{2coal}/MWh - tCO_{2ngas}/MWh}$$

위 식에서 Costngas는 Euro/MWh로 표시되는 천연가스의 순이산화탄소 배출량을 감안한 1MWh 전력에 대한 생산비용을 의미하며, $Cost_{coal}$는 석탄의 순이산화탄소 배출량을 감안한 1MWh 전력에 대한 생산비용을 의미한다. tCO_{2coal}은 석탄발전소의 평균배출계수, tCO_{2ngas}은 천연가스발전소의 평균배출계수를 표시한다. 전환가격은 발전회사가 EUA 가격이 이 수준보다 더 높을 경우에 전력생산을 위해서 석탄발전소에서 천연가스발전소로 전환하는 것이 이익이 되는 가격이며, 이 수준보다 더 낮을 경우에는 천연가스발전소에서 석탄발전소로 전환하는 것이 유리한 가격이다. 이 전환가격은 석탄가격의 변화보다는 천연가스 가격의 변화에 더 민감하게 반응한다.

4.3.3 화력발전소의 연료 전환에 대한 실증 연구

탄소 배출량이 많은 화력발전소를 탄소 배출량이 적은 발전소로 전환하는 방식은 화석연료를 사용하는 화력발전소를 신재생에너지를 활용하는 발전소로 대체하거나 탄소 배출량이 높은 연료를 사용하는 화력발전소를 상대적으로 탄소 배출량이 적은 연료를 사용하는 화력발전소로 전환하는 방식으로 가능하다. 발전 연료를 전환하는 방식에는 석탄발전소에 비해 탄소 배출량이 많고 발전 효율이 낮은 것으로 평가 받고 있는 갈탄발전소를 석탄발전소 또는 천연가스발전소로 전환하거나 또는 석탄발전소를 천연가스발전소로 전환하는 것이 있다. 일부 학자들은[3] EU에서 EUA 가격대에 따른 발전소의 연료 전환이 어느 정도 이루어질 수 있는지를 검토하기 위해서 EU에서 화력발전소의 비중이 높은 주요 7개국의 발전 자료를 분석하였다. 주요 7개국에는 영국, 독일, 폴란드, 이탈리아, 스페인, 체코, 루마니아가 포함되며, 이들 7개국에 소재하는 발전소에서 배출하는 온실가스 배출규모는 EU ETS에 포함된 전체 발전소 배출량의 2/3 정도를 점하고 있다. <그림 4-2>는 EUA 가격에 따른 7개국 화석연료별 발전량을 종합적으로 보여주고 있다. 여기에서 사용한 천연가스 가격과 석탄 가격은 2014년도 하반기 시장가격이다. <그림 4-2>에서 맨 위의 부분은 갈탄(Lignite), 중앙은 석탄(Coal), 아래는 천연가스를 연료로 사용하는 화력발전소를 표시한다. EUA 가격이 €20 이하에서는 천연가스발전소가 차지하는 비중이 10% 미만으로 대단히 미미하다. 배출권 가격이 €20 이상으로 점차 상승하면 갈탄발전소의 비중은 비교적 서서히 감소하지만 석탄발전소의 비중이 급격히 감소하고, 천연가스발전소의 비중이 급격히 증가한다. 갈탄발전소의 비중이 석탄발전소의 비중에 비해 감소 속도가 완만하게 진행되는 이유는 갈탄 가격이 석탄 가격의 50%~80% 수준에서 낮게 형성되기 때문이다. EUA 가격이 상승하여 €60에 도달하면 실질적으로 사용할 수 있는 천연가스발전소를 거의 대부분 사용하는 단계까지 도달하며, 갈탄발전소와 석탄발전소의 비중은 50% 이하로 감소한다. EUA 가격이 이 이상으로 상승하는 경우에 발전소의 연료 전환이 완만하게 이루어지는 이유는 폴란드, 체코 등 몇 개 국가에서의 천연가스발전소의 용량이 충

3) Sator, O., et al.: "What does the European power sector need to decarbonize? The role of the EU ETS&complementary policies Post-2020.", July 2015, Climate Strategies.

그림 4-2   EU 주요 7개국의 배출권가격별 발전 Mix의 변화

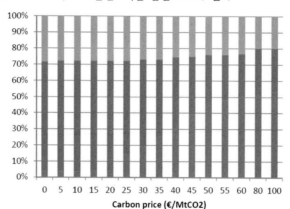

출처: "What does the European power sector need to decarbonize? The role of the EU ETS & complementary policies Post-2020." July 2015, Climate Strategies.

분하지 않으므로 석탄발전소를 추가로 전환할 여력이 부족하기 때문이다. 결론적으로 EU ETS가 EU에 소재하는 화력발전소들의 연료 전환을 활발하게 유인하기 위해서는 최소한 EUA 가격이 €30~€50 수준에서 형성되어야 한다는 것을 보여주고 있다.

위의 분석은 주로 현존하는 설비능력을 바탕으로 연료 전환의 잠재 능력에 대한 평가이다. 구체적으로 개별 국가에서의 화력발전소의 연료 전환에 대한 분석[4]은 독일의 화력발전소를 대상으로 하고 있다. EU 회원국 중에서 EUA 가격 수준에 따라 화력발전소의 연료 전환이 발생할 가능성이 가장 높은 국가는 독일이다. 2018년 현재 독일은 화력발전소 설비능력으로 갈탄발전소 21.2GW, 석탄발전소 25.1GW, 천연가스발전소 29.6GW, 석유발전소 4.4GW를 보유하고 있다. 독일에서 화력발전소의 열효율은 노후화된 비효율적인 갈탄발전소가 34%,

표 4-3   상품가격 추정치

	2019년 말	2020년 말	2021년 말
갈탄(€/t)	12.0	12.0	12.0
석탄($/t): ARA Coal	80.0	76.6	74.3
천연가스(€/MWh): TTF Gas	18.1	17.0	16.6
EUA 가격(€/t)	20.0	25.0	30.0

4) "Carbon Clampdown, Closing the Gap to a Paris−Compliant EU ETS", Carbon Tracker, April, 2018.

평균적인 석탄발전소가 36%, 평균적인 천연가스발전소가 50%를 보이고 있다. 아래 <표 4-3>은 2018년도 상품 선도가격에 내재된 갈탄과 석탄 및 천연가스의 미래가격으로 Bloomberg에서 추정한 값이다. EUA 가격은 연료 전환의 발생을 추정하기 위해서 각 해의 연말을 기준으로 임의로 책정한 값이다.

아래 <그림 4-3>은 위의 상품가격 추정치를 활용하여 각 화력발전소의 단기 한계비용곡선(Short-run Marginal Cost Curve)을 추정한 것이다. 그림에서 보여주듯이 열효율 50%의 천연가스발전소는 EUA 가격 €20 수준에서 열효율 36%의 석탄발전소를 대체할 수 있다. 즉, 2019년 말에 EUA 가격이 €20 수준이라면 독일에서 석탄발전소에서 천연가스발전소로 연료 전환이 이루어진다. 만일 EUA 가격이 €25~€30 수준까지 상승한다면 연료 전환은 무리 없이 진행될 것으로 볼 수 있다. 그러나 EUA 가격이 €30 수준에 도달한다고 하더라도 열효율 34%의 노후화된 갈탄발전소를 대체할 수 없다. 이를 대체하기 위해서는 EUA 가격이 €35 수준에 도달하여야 한다. 더욱이 1990년대 EU에 전반적으로 건설된 대부분 천연가스발전소의 열효율이 평균 50%에 크게 미달하는 45% 정도임을 감안하면 갈탄에서 천연가스로 연료 전환이 이루어지기 위해서는 상당히 높은 수준의 EUA 가격이 필요하다. 만일 열효율 45%의 천연가스발전소가 열효율 36%의 석탄발전소를 대체하기 위해서는 EUA 가격이 €30~€35 수준에 도달하여야 하며, 열효율 45%의 천연가스발전소가 열효율 34%의 갈탄발전소를 대체

그림 4-3 독일의 연료 전환 EUA 가격

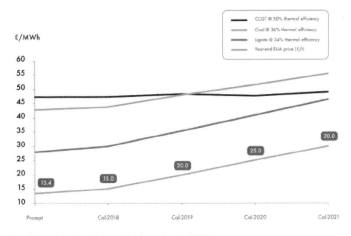

출처: "Carbon Clampdown", Carbon Tracker, April, 2018

하기 위해서는 EUA 가격이 최소한 €40 이상이 되어야 가능하다. 반면에 열효율 58%의 최신 천연가스발전소인 경우라면 EUA 가격이 €15 수준에서도 석탄발전소를 대체할 수 있으며, EUA 가격이 €30 수준에 도달하면 갈탄발전소를 대체할 수 있다.

전체적으로 화력발전소의 연료 전환 문제는 두 개의 핵심 요소 즉, 석탄, 갈탄, 천연가스 등 상품가격과 해당 발전소의 열효율에 의해서 결정된다. 아울러 높은 EUA 가격에 상응해서 실제로 가동이 가능한 여분의 천연가스발전소의 발전 설비능력과 EU 내에서 천연가스발전소의 소재지 문제 등이 영향을 미친다. 다시 말해, 화력발전소의 연료 전환이 이루어지고 온실가스 배출량을 감축하는 것은 주어진 전력시장에서 저탄소 발전이 가능한 발전소를 어느 정도 추가로 확보할 수 있느냐에 달려 있다. 결국 갈탄발전소와 석탄발전소를 대체할 수 있는 대규모 천연가스발전소를 확보하고 있는 독일의 경우에는 EUA 가격이 필요한 수준까지 도달한다면 화력발전소의 연료 전환이 발생할 수 있지만 네덜란드의 천연가스발전소가 폴란드의 석탄발전소를 대체하는 것은 EUA 가격이 아무리 적정한 수준에 도달한다고 해도 실제적으로 어렵다.

EU ETS의 개혁에 따라 2018년부터 EUA 가격이 추세적으로 상승 전환함에 따라 2019년부터 EU ETS Ⅳ단계의 초기인 2023년까지 EU의 주요 국가에서 화력발전소의 연료 전환이 아래 <표 4-4>에서 보여 주는 것과 같이 활발하게 이루어질 것으로 예상된다. 아울러 이러한 석탄발전소의 천연가스발전소로의 연료 전환에 따라 온실가스 배출량도 상당히 큰 폭으로 감소하게 된다. 즉, 순수하게 화력발전소의 연료 전환에 의해서 2019년에는 약 60백만 톤, 2020년부터

표 4-4 EU 주요 국가의 2023년까지 화력발전소 연료 전환 추정치

	석탄발전소 설비능력 (GW)	석탄발전소 평균열효율	가스발전소 설비능력 (GW)	가스발전소 평균열효율	EUA 가격 €40에 연료 전환
독일	25.1	37.0%	29.5	44.0%	46 TWh
이탈리아	9.0	38.3%	25.0	46.4%	25 TWh
스페인	9.5	38.5%	24.9	55.6%	42 TWh
네덜란드	4.6	41.1%	18.4	50.3	4 TWh

출처: "Carbon Countdown", Carbon Tracker, 2018. 8.

2022년까지는 매년 약 90백만 톤, 2023년에는 70백만 톤의 온실가스 배출량이 감축할 것으로 추정하였다. 그러나 2024년 이후에는 재생에너지의 생산원가의 하락과 에너지 저장기술의 확대 등이 에너지 시장에 심각한 영향을 미칠 것으로 보이고, 또한 독일에서 갈탄발전소 및 석탄발전소가 퇴출정책에 따라 2020년대 중반에 사라질 것으로 보이는 등 화력발전소 대부분의 연료 전환이 2020년대 초반에 이루어질 것으로 보기 때문에 추가적인 연료 전환이 발생할지는 불투명하다.

4.3.4 저탄소 발전기술과 EUA 가격

경제학적 관점에서 보면 ETS에 의해서 업체의 배출허용총량이 설정되고 기업의 실제 배출량이 배출허용총량을 초과하게 되면 EUA 가격이 상승한다. EUA 가격의 상승은 기업의 배출량 감축을 위한 투자를 유발시켜 배출량이 배출허용총량의 범위 내로 감소할 때까지 지속된다. 더욱이 EUA 가격이 상승함에 따라 기업은 가장 비용이 적게 소요되는 배출량 감축 방안부터 실행하게 되므로 자연적으로 최소 비용으로 배출량 감축이라는 환경 목표를 달성하는 효과를 거두게 된다. 따라서 저탄소 발전기술이 가장 비용 효율적인 선택 방안이 되는 순간부터 EUA 거래시장에 의해서 이러한 기술에 대한 투자가 촉진된다. 이와 같은 경제학적 논리는 에너지 시장에서 비가격적인 장벽 등 다른 외부효과가 존재하지 않다고 가정하면 당연한 것으로 받아들여지고 있다. 이러한 관점을 확장해서 보면 신재생에너지와 저탄소 발전기술에 대한 투자에 대해서 배출권거래제가 정상적인 역할을 할 경우에는 EU에 의한 별도의 지원정책이 필요하지 않다는 것을 의미하기도 한다.

그러나 현실에서는 전력산업의 저탄소화 정책에 대한 성공과 비용을 결정하는 다수의 중요한 요인들이 존재한다. 원자력발전, 육상 및 해상 풍력발전, 태양광발전 등 대부분의 저탄소 발전기술의 중요한 특징은 전통적인 발전기술에 비해 상대적으로 매우 높은 자본비용 구조를 갖고 있다는 점이다. 일반적으로 투자의 자본비용이 높아질수록 투자의 회수기간은 길어진다. 더욱이 대부분 자본 집약적인 프로젝트의 경우에는 외부자본의 비중이 높음에 따라 부채비율이 상당히 높은 수준에 도달한다. 이러한 자본구조 말미암아 미래에 가격 변동이 발생하는 경우에는 프로젝트에 투입된 자기자본이 쉽게 사라질 수 있는 위험에 처하기 쉽다. 결과적으로 프로젝트에 금융을 제공하는 입장에서는 중·장기적인 가격변동에 대한 확실한 보호 장치를 요구한다. 전통적인 석탄 또는 천연가스발전소의 경우에는 이러한 정도까지 요구받지 않는다. 예를 들어 풍력과 태양광발전의 경우 자본비용이 전체 에너지 비용의 80% 정도에 육박하는 반면에 전통적인 화력발전소의 경우에는 자본비용이 차지하는 비중이 전체 에너지 비용의 30% 정도에 지나지 않는다. 더욱이 화력발전소의 경우에는 가격변동에 따른 자연적인 헤지가 가능하다. 전력시장이 자유화된 경우에는 전력요금은 한계 발전소의 운전비용에 의해서 결정된다. 따라서 한계 발전소의 운전비용의 변동은 비용으로 소비자에게 전가되므로 비용 변동에 대한 자연적인 헤지기능이 작동하는 것이 일반적이다. 반면에 원자력발전소 또는 신재생에너지의 경우에는 운전비용이 거의 존재하지 않으므로 이들 발전소는 운전기간 내내 한계 발전소에 해당하지 않는다. 따라서 전력요금의 결정에 아무런 직접적인 영향을 미치지 않게 된다. 결과적으로 이들 발전소의 수익은 화석연료의 가격 변동에 크게 영향을 받게 되므로 투자의 위험이 증가한다.

저탄소 발전소와 전통적인 화력발전소의 전력가격에 대한 민감도의 차이는 저탄소 발전소가 장기적인 수익의 흐름에 대해 헤지할 필요성이 있음을 보여준다. 그러나 점차 저탄소 발전소에서 생산하는 전력의 비중이 높아짐에 따라 대부분 전력시장에서 대규모 전력 수요에 대해서 장기적인 기간 동안 헤지하는 것은 불가능하다. 자본집약적인 투자에 있어서 가격 위험을 헤지할 수 없다는 것은 투자자가 투자에 매우 신중하게 접근할 수밖에 없다는 것을 의미한다. 달리 표현하면, 투자자는 주어진 투자를 실행하기 위해서 가격 불확실성과 관련된 위험을 보호하기 위해서 더 높은 기대 수익률을 요구하게 될 것이다. 이것은 투자자가 투자를 실행하기 위해서는 더 높은 전력요금을 요구하게 될 것이라는 점과 직결된다. 이렇게 저탄소 발전기술에 대한 투자가 확실히 이루어지도록 만들기 위해서는 이들 기술에 대한 실질적인 비용이 증가할 것이고, 소비자가 지불하여야 할 전력요금도 증가할 것이다.

저탄소 기술의 자본비용에 대한 높은 민감도는 EUA 가격이 이들 기술을 가격 경쟁력을 갖출 수 있도록 만드는 데 활용될 수 있다는 것을 의미한다. 특히 상이한 전력요금, 즉 상이한 EUA 가격은 저탄소 발전기술이 상이한 자본비용에서도 수익성을 갖출 수 있도록 만드는 데 필요하다는 것을 의미한다. 저탄소 발전기술에 대한 투자비용에서 가장 높은 비중을 차지하고 있는 것은 자본비용이다. 따라서 시장 상황이 자본비용을 최소화하지 못한다면 소비자와 여타 산업은 훨씬 높은 EUA 가격을 지불하여야 투자자가 투자를 실행에 옮기게 될 것이다. 이러한 상황에서 EUA 가격은 저탄소 발전기술의 투자 유치를 위한 다른 수단을 사용하는 것에 비해 훨씬 더 높은 가격을 요구할 것이므로 ETS가 기후목표를 달성하기 위한 최소비용에 의한 배출량 감축 수단이 될 수 없음을 의미한다. 특히 해상 풍력 등과 같이 더 많은 비용이 필요한 프로젝트의 경우에는 EUA 가격의 영향력은 더욱 커진다.

　　결론적으로 ETS 자체만으로 전력산업에서 저탄소발전기술에 대한 최소비용 투자로 이끄는 것은 어렵다. EUA 거래시장도 자본비용을 최저로 유지하도록 지원해서 투자자에게 가격 위험을 감소시켜 주는 보완적인 정책이 없다면 비용 효율적인 수단이 될 수 없다. 보완적인 정책을 통해서 이러한 투자가 발생할 수 있도록 유인하는 EUA 가격과 전력 가격은 상당히 낮아질 수 있으며, 소비자에 대한 기후정책의 비용 효율성을 향상시킬 수 있다.

4.4 EU ETS Ⅳ에서의 EUA 수급 전망

4.4.1 EU ETS Ⅳ단계 초기의 EUA 수급

EU ETS Ⅲ단계 들어서면서 EUA 과잉공급에 따른 거래시장 기능의 상실로 인하여 EUA 가격에 대한 거시경제변수와 에너지 가격의 영향력은 실질적으로 거의 사라졌고, EU의 정책 결정과 이에 따른 시장의 심리적인 요인 등이 EUA 가격을 움직이는 주요한 요인이 되었다. EU ETS Ⅲ단계 종반 무렵인 2017년 말까지 EUA 가격이 €10 이하에서 오르내리는 지루한 장세가 지속되었다. 그러나 2018년 2월에 EU ETS Reform 법안이 입법화 과정을 완료함에 따라 EUA 가격도 이를 반영하여 빠른 속도로 상승하기 시작했다. 2018년 1월 2일 €7.81에서 시작한 EUA Dec18 선물가격이 불과 1년도 지나지 않은 2018년 9월 10일 €25.23에 도달하였다. 이러한 EUA 가격의 급격한 상승의 배경에는 ETS 개혁에 의해서 향후 수년 이내에 Market Stability Reserve 운영이 EUA의 공급을 극적으로 감소시킬 것이라는 전망이 깔려 있다. 이에 따라 거래시장에서는 EU ETS Ⅳ단계에서 EUA 가격은 업체들에게 비용 측면에서 상당한 부담으로 작용할 수 있는 €20 수준보다 상당히 높은 수준을 유지할 것이라는 데 대체로 동의하고 있다. 따라서 EU ETS Ⅳ단계에서의 EUA 가격을 합리적으로 추정하기 위해서는 Market Stability Reserve의 운영이 어떻게 EUA 공급 수량에 영향을 미치게 될 것인지를 정확히 분석하여야 한다.

아래 <표 4-5>는 온실가스 연구기관인 Carbon Tracker가 EU ETS Ⅲ

표 4-5 EU ETS Ⅳ단계에서의 EUA 수급 전망

	2020년	2021년	2022년	2023년	2024년
배출허용총량(백만 톤)	1,816	1,768	1,720	1,671	1,623
경매수량	630	736	775	847	959
무상할당수량	700	760	695	674	653
신규진입업체 유보	15	15	15	15	15
EUA 발행량	1,345	1,512	1,485	1,536	1,627
추정 배출량	1,680	1,700	1,710	1,684	1,642
연간 EUA 수급	-320	-188	-225	-148	-15
누적 EUA 수급	1,057	869	644	496	481

출처: "Carbon Clampdown", Carbon Tracker, April, 2018.

단계 중 남은 기간과 ETS Ⅳ단계 전체 기간 동안 EUA 수급을 추정한 것 중에서 일부분을 발췌한 것으로 EU ETS Ⅲ단계가 종료되는 2020년부터 Market Stability Reserve의 예치된 배출권의 상당수가 발행 취소되는 상황이 발생할 것으로 보이는 2024년까지 EUA의 수급을 연도별로 추정한 것이다. EUA 공급측면에서 EU ETS Ⅳ단계에서의 배출허용총량은 선형감축계수 2.2%를 적용하여 산출하였다. 경매수량과 무상할당수량은 이미 ETS 개혁안에 따라 거의 확정적인 수량이다. EU ETS Ⅳ단계에 도입될 예정인 Modernization Fund 310백만 톤은 매년 동일한 수량으로 10년 동안, Innovation Fund 400백만 톤은 2021년부터 2025년까지 매년 동일한 수량으로 EUA 경매가 이루어질 것으로 예상하였다. 또한 EU ETS Ⅳ단계에서 신규 진입업체를 위해 유보할 필요가 있는 EUA 수량은 매년 15백만 톤 수준으로 보았다. 이와 같이 EUA 공급 측면에서의 수치는 어느 정도 확정적인 반면에 수요 측면에서의 수치는 2017년 실제 배출량을 기준으로 추정한 값이다. 추정 배출량은 2020년부터 2022년까지 독일에서의 원자력발전소의 폐쇄정책에 따라 약간의 증가가 있을 것으로 추정하지만 2023년 이후에는 본격적으로 감소할 것으로 추정하였다.

　개혁안에 따르면 Market Stability Reserve가 처음 도입되는 2019년부터 2023년까지 5년 동안 거래시장에 배출권 잉여 수량이 과도하게 많은 것을 감안하여 전년도 유통배출권총량에서 24%를 경매에서 제외하도록 하고 있다. 이에 따라 2019년은 1월 1일부터 8월 31일까지 2017년도 유통배출권총량 16.55억 톤의 16%에 상당하는 2.65억 톤의 EUA를 경매에서 제외하고 Market Stability Reserve에 예치한다. 이후 2020년은 2019년 9월 1일부터 2020년 8월 31일까지 1년간 2018년도 유통배출권총량의 24%를 경매에서 제외하여 Market Stability Reserve에 예치할 예정이다. 2023년부터 Market Stability Reserve에 예치된 EUA 수량이 이전 연도 경매수량을 초과하는 경우에는 초과하는 부분에 해당하

표 4-6 MSR에 예치된 EUA 수량의 추정치

	2019년	2020년	2021년	2022년	2023년	2024년
MSR 유입수량	416	393	305	239	139	0
Back-load/유보	900	858	–	–	–	–
당해 MSR 변동	1,316	1,251	290	224	124	-2,372
MSR 누적수량	1,316	2,567	1,857	3,080	3,204	832

는 EUA의 발행을 취소하도록 하고 있다. Market Stability Reserve가 도입되는 2019년에 Back-loading 정책에 의해서 기존에 발행이 유보되었던 900백만 톤의 EUA가 Market Stability Reserve로 예치될 것이며, 이어서 ETS Ⅲ단계가 종료되는 2020년 말에 그동안 신규 진입업체를 위해 유보해 두었던 369백만 톤과 업체의 폐쇄 등으로 남은 539백만 톤 중에서 Innovation Fund로 경매될 50백만 톤을 제외한 858백만 톤이 Market Stability Reserve에 예치된다. 이상과 같은 EUA 공급과 수요에 대한 추정을 근거로 Market Stability Reserve에 예치된 수량을 산출해 보면 2019년에 13억 톤 수준에서 시작해서 2023년에 32억 톤 수준의 정점에 도달할 때까지 지속적으로 증가할 것으로 보인다. 이에 따라 2024년에는 2023년부터 Market Stability Reserve에 예치된 배출권 수량이 이전 연도 경매수량을 초과하는 경우에는 초과하는 부분에 해당하는 배출권의 발행을 취소한다는 규정에 따라서 약 2,372백만 톤의 배출권이 취소될 것으로 보인다. 2024년에 상당수 EUA의 발행이 취소된 후에는 Market Stability Reserve에는 2023년도 경매 추정량 847백만 톤에서 신규 진입업체를 위한 15백만 톤을 제외한 832백만 톤이 남을 것으로 보인다. 물론 2024년 이후에는 Market Stability Reserve에 예치된 수량이 매년 수천만 톤 정도 감소할 것으로 예측하지만 여러 가지 변수가 많아 정확한 수치를 제시하기는 어렵다.

<표 4-6>에서 2019년부터 2023년까지 연간 EUA 수급을 보면 매년 공급이 부족함을 알 수 있다. 특히 EUA의 공급 부족 현상은 2019년과 2020년에 강하게 나타날 것으로 보인다. 이러한 현상은 거래시장에서 EUA 가격을 상당히 높은 수준으로 견인하는 역할을 할 것으로 보인다. 특히 구조적으로 과잉 할당이 이루어지고 있는 철강, 시멘트 등과 같은 일부 업종에서는 Market Stability Reserve의 기능이 작동함에 따라 할당 받을 EUA를 시장에 매도하지 않고 각자의 의무이행을 위해서 지속적으로 보유할 가능성이 높다.

4.4.2 EU ETS Ⅳ단계에서의 항공사에 대한 EUAA의 수급

2012년부터 항공사가 EU ETS에 편입된 이래로 EU ETS Ⅲ단계 동안에 항공사에 대한 배출권 EUAA는 항공사의 배출량에 비해서 항상 공급이 부족한 상황을 보여주었다. 아울러 ETS에 포함된 다른 업종과는 달리 항공사는 이 기간 동안 지속적으로 배출량이 증가해 왔다. EU의 추정에 따르면 항공사의 배출량은 EU 전체 배출량의 3% 정도에 지나지 않지만 별다른 조치를 취하지 않을 경우 2050년까지 4배 정도 증가할 것으로 보고 있다. 따라서 항공사의 배출량은 EU ETS Ⅳ단계에서도 지속적으로 증가할 것으로 보이므로 항공사의 배출권 수급문제는 일반 업종에 대한 배출권 수급 문제에도 크게 영향을 미칠 수 있다.

　항공사에 대한 배출권 할당방식은 일반 업종과는 제도적으로 여러 면에서 상이하다. 항공사에 대한 배출허용총량은 EU ETS Ⅲ단계 동안은 매년 동일하게 2004년 항공사 배출량의 95% 수준으로 고정되어 있다. 항공사에 대한 배출권 할당방식은 일반 업종과는 달리 배출권의 85%를 무상으로 할당하고, 15%는 경매를 통해서 할당하며 나머지 3%는 신규 진입업체를 위해서 유보하는 물량이다. 이러한 항공사에 대한 배출허용총량과 할당방식은 EU ETS Ⅳ단계에서도 큰 변화 없이 지속될 것으로 보인다. 항공사의 배출량이 과거의 증가세를 고려하여 매년 2백만 톤 정도 증가할 것으로 추정하면 2021년부터 항공사에 대한 배출권 공급 부족 수량은 33백만 톤에서 2024년에는 39백만 톤에 달할 것으로 보인다. 항공사들이 자체적으로 온실가스 배출량을 감축할 수 있는 수단은 매우 제한적이기 때문에 항공사들은 배출권 공급 부족 수량만큼 시장에서 EUA를 매입하여 의무를 이행하여야 한다.

　이렇게 EU ETS Ⅳ단계의 초기에 일반 업종의 배출권이 심각한 공급 부족 현상을 보일 가능성이 높은 상황에서 항공사 부문에서도 적지 않은 공급 부족 수량을 더할 것으로 보인다. 2019년부터 2023년까지 5년간을 예측하면 일반 업종에서 연평균 254백만 톤의 배출권 공급 부족현상이 있고, 이에 항공사에서 연평균 33백만 톤의 공급 부족 수량이 발생하여 전체적으로 연평균 287백만 톤의 공급 부족이 있을 것으로 보인다.

4.5 배출권 가격에 제한을 설정하는 방안

4.5.1 배출권 가격제한제도의 장점

배출권 가격의 범위에 일정한 제한을 두는 방법은 배출권 가격이 사전에 정해진 수준에 도달하는 경우 배출권 공급 수량을 조절하는 방식으로 이루어진다. 만일 배출권 가격 수준에 맞추어 배출권 공급 수량을 조절할 수 있다면 배출권 거래시장은 가격에 공급이 반응하는 일반적인 시장과 동일한 기능을 수행하게 될 것이다. 배출권 가격의 하한선은 배출권 경매에서 경매호가의 최저가격을 설정함으로써 가능하다. 이러한 최저가격은 미리 결정된 비율로 경매 회수가 진행됨에 따라 상승할 수도 있다. 배출권 거래시장에서 배출권 시장가격은 경매시장에서 정해진 최저가격을 하회할 수도 있다. 그러나 정상적인 상황에서 경매의 최저가격이 시간이 지남에 따라 상승하고 있으므로 배출권 시장가격이 최저가격을 밑도는 현상은 오래 지속될 수 없다. 그러나 경매에서 매각되지 않은 잉여 배출권이 계속 누적되는 상황이라면 잉여 배출권의 발행취소가 매우 중요하다.

배출권 가격의 상한선은 배출권 시장가격이 일정 수준에 도달하여 Market Stability Reserve 등과 같은 안정화 장치에서 유보 물량이 추가적으로 배출권 거래시장에 방출되는 경우에 설정될 수 있다. 추가로 방출되는 배출권 수량은 환경 목적상 수량이 매우 제한된다. 따라서 배출권 가격이 일시적으로 상한선을 돌파하는 경우도 발생할 수 있다. ETS에서는 배출권 가격의 하한선과 상한선 중의 하나를 설정하거나 또는 둘 다 설정하는 것도 가능하다. 배출권 가격의 상한선과 하한선이 동시에 설정되어 있는 경우를 Price Corridor라고 부른다. 배출권 가격에 대한 기준은 연속으로 단계적인 배출권 공급이 이루어져 더 많은 배출권이 시장에 방출될 수 있도록 여러 개를 복수로 선정할 수 있다.

배출권 가격을 제한하는 시스템을 실행하기 위해서 고려해야 할 요소에는 배출권 가격 상한선과 하한선의 수준, 상·하한선 가격을 조정하기 위해서 필요한 기간, 경매시장에서 매각하지 못하고 남은 배출권의 처리 문제, 일정한 기간이 경과한 후에도 Market Stability Reserve에 남아 있는 배출권의 처리 문제, 배출권의 이월과 차입에 대한 제약의 유무 등이다. 위의 각각의 요소들은 ETS에 대하여 매우 중요한 영향을 미친다. 특히 배출권 가격에 상·하한선을 설정하는 시스템을 도입하는 것이 환경에 대한 도움이 될 수 있도록 하여야 한다. 따라서 배출권 이월에 대한 제약과 배출권 발행 취소 등에 대한 적절한 조항을 포함하여 전반적으로 배출권의 공급수량에 제한을 가해 배출권의 가치를 보장할 수 있도록 시스템을 설계하는 것이 중요하다.

ETS에서 일반적으로 가격제한제도(Price Containment Mechanism)라고 부르는 배출권 가격의 범위를 제한하는 제도의 장점은 상당한 기간 동안 폭넓게 연구되어 왔다. 다수의 연구 결과에 의하면 온실가스 감축비용과 기후변화에 따른 손실비용에 불확실성이 존재하는 상황에서 상·하한선 형태로 배출권 가격에 제한을 두고 배출권 공급 수량에 제약을 가하는 것이 ETS의 비용 효율성과 건전성을 증가시킨다는 것을 보여주고 있다. 이러한 연구 결과는 ETS에 배출권 가격 하한선을 도입하자고 주장하는 일부 EU 회원국에서 주목하고 있는 점이다. 예를 들어 만일 배출허용총량이 어떤 특정한 수준의 온실가스 배출량을 전제로 설정되어 있고 실제로 업체들의 배출량이 이러한 기대 수준을 크게 벗어나지 않는다고 가정하면 배출권 가격은 매우 낮은 수준까지 하락할 수 있다. 이러한 현상이 EU ETS Ⅲ단계에서 발생했고, 배출권의 차기 이월이 없었다면 한층 더 심하게 나타날 수도 있었다. 이러한 현상은 아직 배출하지 않고 남아 있는 너무 많은 배출량에 대해서 만일 배출권의 공급수량을 감축한다면 충분히 줄일 수도 있는 환경적인 손해를 야기할 수 있을 정도의 매우 미약한 가격 시그널을 보내게 된다. 마찬가지로 만일 탄소세가 너무 낮은 수준으로 부과되는 경우라면 환경적인 손해를 초래하지 않을 정도로 온실가스 배출량을 억제하는 데 성공하지 못할 수도 있다. 배출권의 가격이 너무 낮아 발생할 수 있는 과도한 환경적인 손해를 예방하기 위해서 배출권 가격에 하한선을 두는 동시에 어떤 경우라도 사전에 정한 수준을 초과할 수 없는 배출허용총량을 결정하는 것은 배출허용총량이나 탄소세가 단독으로 달성하기 어려운 온실가스 감축에 있어서 건전하고 효율적인 시스템을 제공한다.

가격제한제도는 배출권 가격이 장기적인 목표와 같은 방향으로 가는 데 도움을 준다. 예를 들어 가격제한을 통해서 현재 시점에서 온실가스 감축비용이 낮은 부문에서의 감축을 촉진하고, 이후에 새로운 기술 개발을 전개하는 역할을 한다. 아울러 가격제한제도는 투자자들에게 투명성과 확실성을 제고하는 장점이 있으며, 결과적으로 효율적인 장기 탈이산화탄소 경로에 맞는 투자 재원을 확보하는 데 도움을 준다. 가격의 범위, 특히 배출권 가격의 하한선은 사전에 결정되어 한 단계 동안 적용될 수 있다. 이러한 점은 투자자에게 온실가스 감축의 가치에 대한 부가적인 확실성을 제공한다. 여기에서 언급한 가격제한제도의 형태는 사전에 가격에 대한 규칙이 정해지므로 시장에 대한 자의적인 간섭이라고 볼 수 없다. 가격제한제도는 전적으로 적절한 배출허용총량을 설정하는 것과 일치한다. 만일 배출허용총량이 적절하고, 주위 상황이 기대하는 그대로 실현된다면 배출권 가격은 상한선과 하한선 사이에서 움직이게 될 것이다. 일반적으로 배출권 가격의 상한선과 하한선의 차이는 폭넓게 설정된다. 가격제한제도가 필요한 이유는 배출허용총량이 적절하게 설정되지 않은 경우가 발생하기 때문이다. 배출권 가격 하한선은 환경적 손해를 적절히 반영하거나 파리협정의 목표를 달성하기 위해서 적합하다고 생각하는 수준의 배출권 가격을 보장하기 위함이 아니다. 대신에 가격제한제도는 배출권에 대한 수요가 예상 밖으로 너무 낮을 때 배출허용총량이 할 수 있는 것보다 더 효율적인 온실가스 감축 시그널을 줄 수 있도록 배출권 가격을 일정한 범위 안에 머무를 수 있게 만드는 수단이다.

4.5.2 가격제한제도의 사례-California Cap & Trade Program

California는 2017년 기준으로 세계에서 6번째 해당하는 경제규모를 갖고 있으며, 2012년 4.6억 톤의 온실가스를 배출하여 미국에서 두 번째로 많이 배출하는 주로 기록되었다. California의 온실가스 배출원에서 수송부문이 36.5%로 가장 높은 비중을 차지하고 있으며, 발전부문 20.7%와 제조업부문 19.4%가 그 뒤를 따르고 있다. California 주의 온실가스 배출규모를 감축하기 위하여 Assembly Bill 32(AB 32)로 알려진 Global Warming Solution Act가 2006년에 발효되었다. AB 32에 따르면 California Air Resource Board(ARB)는 2020년까지 1990년 수준으로 온실가스 배출규모를 감축하기 위해서 필요한 배출권거래제를 포함한 규제방안을 설정하도록 명시하고 있다. 이 법안에 포함된 내용 중에는 2020년까지 비용 효율적인 온실가스 감축방안을 달성하기 위해 매 5년마다 갱신되는 기후변화대응계획(Climate Change Scoping Plan)을 개발하도록 규정하고 있다. ARB가 2008년에 발표한 첫 번째 기후변화대응계획에는 California의 온실가스 배출량 감축목표를 제시하고 이를 달성하기 위한 다양한 유인정책과 직접 규제방안, 배출권거래제, 기타 정책 등을 포함하고 있다. 이에 따라 ARB는 2011년 10월에 배출권거래제를 처음 입안하여 발표하였으며, 그 해 12

월에 모든 입법절차를 완료하였다.

California Cap & Trade Program에서 1차 이행기간은 2013년부터 2014년 까지로 주로 발전회사를 비롯한 온실가스 배출규모가 1년에 25,000톤 이상인 대규모 제조업체를 중심으로 적용되었다. 2015년 1월부터 시작한 2차 이행기간 에서 화석연료를 사용하는 수송수단과 천연가스 소매업 등을 범위에 추가함에 따라 업체의 수가 크게 증가하였다. 이에 따라 대략 California 온실가스 배출량 의 85% 정도가 배출권거래제의 적용을 받고 있으며, 법률이 규정한 2020년도 온실가스 감축목표의 29.5%에 해당하는 23백만 톤의 감축이 배출권거래제를 통 해서 달성할 것으로 추정하고 있다. 3차 이행기간은 2018년부터 2020년까지 적 용한다. 2017년 7월 California 주 정부는 배출권거래제를 2030년까지 연장하여 운영할 예정이라고 발표했다. 4차 이행기간에 해당하는 이 기간 중의 세부적인 실행계획은 아직 확정되지 않은 상태이다. 온실가스의 범위는 6개 종류의 온실가스 이 외에도 삼불화질소(NF3) 및 기타 불화가스를 포함한다. 2019년 현재 California Cap & Trade Program의 적용을 받고 있는 업체의 수는 약 450개 정도이다.

업체는 각 이행기간 중에 직전연도의 배출량 전체에 상응하는 배출권을 제 출하는 것이 아니라 직전연도의 배출량에 최소 30%에 해당하는 배출권을 제출 하여야 한다. 다만 각 업체는 이행기간이 종료된 다음 해, 예를 들어 2018년에 는 2차 이행기간 중에 직전 연도까지 제출한 배출권의 수량을 초과하는 각자의 배출량에 대해 이에 상응하는 수량의 배출권을 제출하여야 한다. 만일 이행기간 이 종료된 다음 해에 각자의 배출량에 상응하는 배출권을 제출하지 않을 경우에 는 부족한 수량에 대해 네 배에 해당하는 수량의 배출권을 몰수한다. 이와 같이 이행기간 도중에 부분적으로 배출권을 제출하는 방식은 업체들에게 각자의 배 출권을 어떻게 활용할 것인지 또는 어떤 방식으로 각자의 의무를 이행할 것인지 에 관한 정책적인 유연성을 부여한다.

ARB가 3차 이행기간 2018년부터 2020년까지 각 업체에게 할당하는 배출 허용총량은 <표 4-7>에 나타난 바와 같다. 기본적으로 매년 전년도 배출허 용총량의 약 3%에 해당하는 12백만 톤 정도가 감소하도록 설계되었다.

업체에게 무상으로 할당되는 배출권 이외에 전체 배출허용총량의 4%에 해당 하는 배출권을 APCR(Allowance Price Containment Reserve)에 유보하며, 약 10%는 향후 이행기간에 배출권을 경매로 매각하기 위해서 경매보유계좌에 이체한다. 그리고 매년 0.25%에 해당하는 배출권은 자발적 신재생에너지 전력 Reserve로 이체한다.

수송부문에 속한 업체는 필요한 모든 배출권을 경매에 참여하여 매입하여야 하지만 제조업 지원을 위해서 제조업부문에 속한 업체에게는 무상으로 배출권을 할당한다. 제조업부문에 속한 업체는 기업이 속한 업종의 경제적 누출 위험 정도에 따라 High Leakage, Medium Leakage, Low Leakage로 분류되고, 이에 따라 무상 배출권 수량이 달라진다. High Leakage 업종에는 석유 및 천연가스 채굴, 제지, 화학, 시멘트, 철강 등을 포함하고, Medium Leakage 업종에는 정유, 음식료 제조업 등을 포함한다. Low Leakage 업종에는 제약과 항공기 제작 등의 업종이 있다. 1차 이행기간과 2차 이행기간 중에는 제조업에 할당된 배출권의 약 90% 정도가 무상으로 할당되었다. 그러나 3차 이행기간부터 Medium Leakage 업종에는 배출권의 75%, Low Leakage 업종은 배출권의 50%가 무상으로 할당한다.

무상할당 수량은 생산량 또는 에너지 소비량에 따른 Benchmark에 의해서 산출한다. 생산량 방식은 2년 전 생산량을 기준으로 배출계수와 당해 연도의 제조업 지원계수, 배출허용총량 조정계수를 곱한 값으로 무상할당 수량을 결정한다. 기본적으로 무상할당 수량이 배출허용총량을 초과하지 않도록 조정계수를 적용한다. 에너지 소비량방식은 에너지와 증기 소비실적에 배출계수를 곱한 값에서 외부에서 사용한 전력 사용량을 제외한 후 이를 당해 연도의 제조업 지원계수, 배출허용총량 조정계수를 곱한 값으로 무상할당 수량을 결정한다.

배출권 경매는 3개월마다 진행한다. 경매 수량에는 전년도에 매각되지 않은 배출권 수량이 포함될 수도 있다. 경매방식은 Single-round, Sealed-bid 방식으로 경매청산가격은 Uniform Price을 채택하고 있다. 경매는 현 이행주기 배출권을 매각하는 경매와 다음 이행주기 배출권을 매각하는 Advanced Auction이 있으며, 두 경매 모두 경매에서 매입 가능한 수량으로 경매물량의

표 4-7 California 배출권거래제의 배출허용총량

이행기간	연도	배출허용총량
3차	2018년	358.3백만 톤
	2019년	346.3백만 톤
	2020년	334.2백만 톤

25% 한도 제한 규정을 적용한다. Advanced Auction에서 매각하는 배출권은 2015년부터 2020년까지 배출허용총량의 10%를 보유하고 있는 AHA(Auction Holding Account)에서 인출한다. AHA에서 보유하고 있는 배출권의 1/4은 당해 연도 이후 3년 연속으로 사용될 미래용 배출권으로 제공한다.

California Cap & Trade Program은 배출권 가격 통제를 위해서 경매가격에 대한 하한가 제도와 배출권 가격 제한 Reserve를 두고 있다. 경매가격에 대한 하한가는 연도별로 달리하고 있으며, 2012년에 $10로 설정된 이래 매년 5%에 소비자물가지수를 더한 값으로 인상하는 구조이다. 배출권 가격 제한 Reserve(APCR; Allowance Price Containment Reserve)는 매년 경매할 때마다 경매 수량의 일부를 별도로 할당받아 보유한다. 만일 배출권 가격이 사전에 정해진 수준인 Trigger Price에 도달하면 보유 중인 배출권을 매각한다. 경매에 나오지 않고 Reserve에 예치된 배출권 수량은 1차 이행기간은 경매수량의 1%, 2차 이행기간은 4%, 3차 이행기간은 7%로 정해져 있다. APCR에 예치된 배출권은 동일한 수량의 세 묶음으로 나눠지고, 각각 서로 다른 Trigger Price가 적용된다. 예를 들어 2013년의 경우 Trigger Price는 $40, $45, $50로 배출권가격이 이 가격에 도달할 때마다 각각 하나씩 배출권 묶음이 매각될 예정이었다. Trigger Price는 2014년부터 2013년 가격에 매년 5% 인상과 소비자물가지수를 반영한 가격으로 정해진다. 그러나 <그림 4-4>에서 보여주듯이 최근까지 배출권 시장가격이 Trigger Price에 도달하지 않았기 때문에 ACPR에서 매각된 배출권은

그림 4-4 California 배출권 경매가격과 가격 하한선

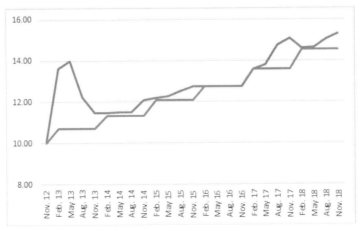

없다. 그러나 장차 미래에 ACPR에 예치된 배출권이 모두 소진될 경우에 대비해서 ARB는 추가적인 배출권의 확보가 가능하도록 2015년부터 새로운 규정을 적용하고 있다. 즉, 미래 배출권의 경우 경매수량의 10%를 Reserve로 이체하여 매년 한 번씩 가장 높은 Trigger Price에 매각하거나 또는 매년 남아 있는 배출권의 10%를 APCR 배출권 매각 때 포함시키는 방안이다.

제5장 EU ETS와 기업경쟁력

5.1 Carbon Leakage 문제

5.1.1 탄소비용

온실가스 중에서 이산화탄소가 차지하는 비중이 절대적이므로 EU ETS로 인한 기업의 부담을 탄소비용이라고 한다. 특정 업종에 대한 탄소누출의 영향을 분석하는 데 있어서 사용하는 탄소비용은 각 업종이 직면한 추정 최대비용으로서 직접비와 간접비로 구성된다. 개념적으로 직접 탄소비용은 기업이 온실가스를 직접 배출하는 배출량에 관련된 비용으로서 배출권 무상할당으로 보상되지 않는 부분을 의미하며, 간접 탄소비용은 기업이 생산 활동에서 사용하는 전력요금 상승에 따른 간접적인 비용증가를 의미한다. 간접 탄소비용은 EU ETS의 경우와 같이 모든 발전소가 필요한 배출권을 경매로 유상 매입하고 이를 전력 생산비용으로 간주하여 전력요금에 전가하기 때문에 발생한다. 이론적으로 할당대상 업체가 직면한 탄소비용에는 배출권 무상할당으로 인해서 기업이 얻게 되는 탄소비용의 절감 부분을 포함하여야 한다. 배출권 무상할당이 없다는 가정에서 산출하는 탄소비용은 사회 전체의 실질적인 비용인 동시에 배출량을 제로의 수준으로 감축하기 위해서 필요한 전체적인 재무적 동기부여에 해당하는 기회비용의 의미를 포함하고 있다. ETS에서 할당대상 업체는 각자의 배출량에 상응하는 배출권을 당국에 의무이행을 위해서 제출하여야 한다. 만일 업체가 무상으로 할당받은 배출권이 배출량보다 많으면 기업의 입장에서 아무런 직접 탄소비용도 발생하지 않으므로 제품가격을 인상할 큰 이유가 없다. 만일 할당대상 업체가 무상으로 할당받은 배출권보다 많은 온실가스를 배출한다면 일부 직접 탄소비용을 지불하여야 한다. 기업이 일부 직접 탄소비용을 부담하는 경우에도 무상할당이 없는 경우보다 탄소비용이 적게 소요되므로 제품가격 인상 요인은 크지 않으며, 제품가격을 완만하게 인상하거나 아예 인상하지 않음으로써 시장 점유율을 유지할 수도 있다. 그러나 현실적으로 다수의 할당대상 업체들은 무상으로 할당받은 배출권을 포함해서 배출권의 가치를 하나의 기회비용으로 간주한다. 즉, 탄소비용은 기업이 배출권을 매도함으로써 얻게 될 수익에 대한 기회를 상실하는 것으로 간주한다. 이러한 업체들은 기회비용을 제조원가에 충분히 반영할 것이고, 이에 따라서 제품가격은 인상된다.

할당대상 업체들이 탄소비용을 반영하여 제품가격을 인상하는 상황에서 당국으로부터 무상으로 할당받은 배출권을 시장에 매도하여 부당이익을 취하는 행태를 우발적 이익을 의미하는 'Windfall Profits'이라 하여 사회적으로 논쟁의 대상이다. 특히, 제도적으로 당국이 할당대상 업체에게 배출권을 할당하는 시점이 업체의 실제 배출량을 확정한 이후가 아니라 배출이 시작되는 시점이다. 따라서 최소한 할당대상 업체는 미리 할당받은 배출권을 시장에 매도한 이후 다음 연도에 받을 배출권을 활용하여 당해 연도 배출량에 대한 의무를 이행하는 것이 현실적으로 가능하므로 할당대상 업체가 제도적으로 부당이득을 거둘 가능성이 있는 것은 확실하다. 실제로 2010년대 초반에 유럽의 금융위기로 인하여 많은 기업들이 재무적으로 곤란을 겪을 때 EU ETS에 속한 할당대상 업체들이 미리 할당받은 배출권을 매도하여 운영자금 확보의 수단으로 활용한 바 있으며, 이 또한 당시에 사회적으로 상당한 논쟁의 대상이 되었다.

물론 ETS에 속한 모든 할당대상 업체들이 탄소비용을 기회비용으로 간주하고, 이를 소비자에게 전가하고 있다고 보기 어렵다. 대부분 기업들은 경제적 논리로 이익의 최대화를 위해서 각자의 비용을 가능한 범위까지 소비자에게 전가하고자 한다. 이로 인해서 비용전가의 정도는 업종별로 다르게 나타난다. 비용전가를 통해서 만회할 수 있는 것보다 탄소비용이 많은 업종은 수익성이 악화되거나 시장 점유율이 감소한다. 그러므로 생산기지와 이에 따른 온실가스가 역외로 이전될 가능성이 존재한다. 이것은 Carbon Leakage가 탄소비용으로 인해서 제조원가가 상당히 증가하거나 또는 탄소비용의 상당 부분을 소비자에게 전가할 수 없는 업종에서 발생할 것으로 추정할 수 있다는 것을 뜻한다. 이러한 조건이 충족되지 않은 업종에서 이루어지는 생산기지의 이전은 Carbon Leakage에 의한 이전이라고 볼 수 없으며, 이러한 업종에서는 EU ETS가 도입되지 않은 경우라도 생산기지 이전이 발생할 수도 있다.

5.1.2 Carbon Leakage의 정의

EU ETS가 도입된 이래 세계 각국의 온실가스 규제보다 앞서 나가는 EU의 일방적인 온실가스 규제에 따르는 부작용으로 역내 에너지 집약 업종들의 대외 경쟁력 약화가 주요 관심사의 하나로 부상하였다. EU ETS가 궁극적으로 제조업의 역외 재배치를 촉진하는 결과를 초래하고, 이에 따라 경제성장과 고용에 부정적인 영향을 미칠 것이라는 의견이 많았다. 역내에서 역외로 생산기지의 이전은 결과적으로 제품생산에 수반하는 온실가스의 이전을 초래하므로 EU에서 온실가스가 누출된다는 의미로 Carbon Leakage라는 용어를 사용하였다. 즉, 'EU ETS Directive(EC, 2009)'에 따르면, "다른 선진국 또는 다른 주요 온실가스 배출주체들이 이러한 국제협약을 참여하지 않는다면 이는 기업이 온실가스 배출에 상응하는 제약이 없는 제3세계의 온실가스 배출량의 증가로 이어질 수 있고 (Carbon Leakage), 동시에 국제 경쟁에 직면한 역내의 에너지 집약 산업이 불리한 상황에 처할 수 있다. 이것은 환경 보전과 EU에 의한 정책효과를 손상할 수 있다."라고 표현하고 있다. EU에서 공식적으로 사용한 Carbon Leakage의 정의는 다음과 같다. "Carbon leakage refers to the situation that occurs if, for reasons of costs related to climate policies, business in certain industry sectors or subsectors were to transfer production to other countries with less stringent emission constraints. This could lead to an increase in their total emissions globally, mitigating the effectiveness of the EU's emission mitigation policies while reducing the economic output of energy intensive EU companies due to a loss in market share."(Commission Notice, Preliminary Carbon Leakage List 2021-2030). 일부 학자[5])의 경우에는 Carbon Leakage가 발생하는 경로에 따라 생산 누출, 투자 누출, 화석연료가격 누출 등으로 분류한다. 생산 누출은 온실가스 배출에 대한 규제가 심한 국가에서 생산되는 제품이 상대적으로 규제가 약한 국가에서 생산되는 제품에 대해 가격 경쟁력을 상실하여 시장 점유율이 하락하는 것으로 주로 동일한 업종에서 발생한다. 이에 비해 투자 누출은 온실가스 배출량 감축의무 부과에 따른 기업의 자본수익률 저하로 인해

---

5) J. Reinaud, "Issues behind Competitiveness and Carbon Leakage: Focus on Heavy Industry", IEA Information Paper, 2008.

서 기업이 장기적으로 규제가 강한 국가에서 규제가 약한 국가로 자본투자를 이전하는 것이다. 화석연료 시장을 통한 누출은 주요 선진국에서 온실가스 배출에 대해서 상당한 비용을 부과하면 기업들이 석탄 등과 같은 화석연료에 대한 수요를 줄이게 되고, 이에 따라 화석연료의 가격이 하락하면 오히려 온실가스 규제가 없는 지역에서 이에 대한 수요가 증가하여 전체적으로 온실가스 배출량이 늘어나는 것이다.

Carbon Leakage가 발생하는 이유는 국제적으로 기후변화에 대한 정책이 국가마다 비대칭적으로 시행되고 있기 때문이다. 국가별로 온실가스 감축을 위한 정책에서 비대칭이 발생한 원인으로 UNFCCC에서 제시한 CBDR(Common But Differentiated Responsibilities)의 개념을 꼽는다. 이 개념에 따라 교토의정서에서 세계 각국이 부속서 B에 속한 국가들과 이에 속하지 않은 국가들로 분류되었으며, 당시 선진국들이 감축비용이 저렴한 개발도상국에서 획득한 상쇄배출권을 통해서 지구상의 온실가스 배출량 감축을 선도할 수 있다고 보았다. 이에 따라 선진국으로 구성된 EU는 탄소비용을 부과하는 ETS를 도입하여 대부분 업종이 적용대상이 된 반면에 다수의 개발도상국과 미국 등 일부 선진국에서는 자국 산업에 대해서 탄소비용을 면제하고 있다.

2016년 파리협정이 발효됨에 따라 온실가스 배출에 대한 각국 정부의 규제는 점차 세계적으로 일반적인 공통의 정책으로 자리를 잡을 것으로 예상한다. 그러나 대부분의 국가들이 파리협정의 목표 연도로 2030년을 설정하고 있고, 목표 이행에 대한 법적 구속력이 강하다고 보기 어려워 앞으로도 상당기간 동안 온실가스 규제 정책에 수반하는 가장 중요한 문제 중의 하나로 Carbon Leakage가 거론될 것으로 보인다.

5.1.3 Carbon Leakage와 경쟁력 문제

Carbon Leakage는 정치적 관점에서 유럽의 기후변화 정책이 온실가스 배출에 대해서 규제가 없는 국가에 비해서 상대적으로 생산 비용을 높임으로써 기업 경쟁력을 약화시킨 하나의 증거로 자주 거론된다. 여기에서 Carbon Leakage가 발생하는 상황은 인류를 위해서 엄격한 기후변화 정책을 시행하는 나라가 그렇게 하지 않은 나라에 비해서 오히려 피해를 입는다는 점에서 근본적으로 불공정한 것으로 간주한다. 따라서 Carbon Leakage의 위험과 경쟁력 상실의 두려

움은 국가들로 하여금 좀 더 엄격한 기후변화 정책을 시행할 수 없게 만드는 요인으로 작용한다. 극단적으로 표현하면, 각국은 자국의 기업 경쟁력을 높이고 새로운 투자를 유치하기 위해서 기존에 시행하고 있는 환경기준조차도 더 낮추기를 원한다고 해석한다. 만일 어느 한 나라가 환경기준을 낮춘다면 다른 국가도 이에 대응하여 더욱 환경기준을 낮추고, 이런 상황이 되풀이 되어 결국 환경기준이 무의미해지는 상황이 도래할 가능성도 배제할 수 없다는 주장이다.

이와 같은 주장에 대해서 다수의 문제점을 지적할 수 있다. 우선 경쟁력이라는 용어가 갖고 있는 의미가 불명확한 상황에서 유럽의 기후변화 정책이 누구의 경쟁력에 영향을 미치는가 하는 문제이다. Krugman은 경쟁력이란 용어는 기업에 적용할 때는 의미를 가질 수 있지만 국가 경쟁력이란 망상에 지나지 않는다고 지적한 바 있다. 잘못된 경쟁력이란 용어를 국가 경제에 적용하면 결국 국제 무역은 Zero-sum 게임이란 논리로 종착된다고 주장하였다. 이러한 면이 기업 사이의 경쟁에 있어서 일부 사실이 될 수도 있지만 국가 사이의 무역은 사실상 Positive-sum에 해당하므로 이에 사용할 수 없는 용어로 보았다. 또한 Krugman에 의하면 경쟁력을 국가 차원에서 측정하려는 시도는 결국 무역수지를 경제적 성공의 척도로 잘못 사용하게 된다는 것이다. 그러나 사실상 무역수지는 경제의 강점이나 약점 또는 국민의 복지에 대해서 어떠한 유추해석도 불가능한 수치이며, 막대한 지속적인 무역수지 적자가 경제 실패도 아니고 반대로 무역수지 흑자도 경제 성공의 지표도 아니라는 것이다. 아울러 정의도 모호한 경쟁력에 중점을 두는 것은 더욱 중요한 과제인 생산성 등에 대해서 등한시할 가능성이 있어서 위험한 일이라고 평가하였다.

유럽의 경쟁력을 유럽에 소재하는 기업의 경쟁력이라고 표현을 바꾸어도 상황은 별로 나아지지 않는다. 이 경우 유럽의 어느 기업을 지칭하느냐의 문제에 직면하기 때문이다. 대부분의 대기업들이 국제화된 상황이므로 기업의 본사와 공장의 소재지가 동일한 국가에 위치한다고 보기 어렵기 때문이다. 따라서 유럽의 기후변화 정책이 유럽의 경쟁력이나 유럽 기업의 경쟁력에 영향을 미쳤다라고 주장하는 것은 모호한 정의에 근거한 잘못된 주장에 지나지 않는다. 구체적으로 유럽의 기후변화 정책에 따라 특정한 생산 공정이 해외에 비교하여 고비용 구조이므로 이러한 제품의 생산 거점으로서 EU의 선택 가능성이 위협받고 있다고 주장하여여 한다.

다음은 환경 규제가 실제로 생산 공정이 규제받는 기업의 경쟁력에 어떻게 영향을 미치는가 하는 문제이다. Carbon Leakage 논쟁에서의 기본 가정은 환경 규제가 탄소비용을 지출하거나 규제를 준수하기 위해서 추가로 투자비용을 지출하도록 하여 국내 생산비용을 증가시킨다는 것이다. 해외의 경쟁 기업은 이와 같은 비용에 직면하고 있지 않으므로 환경규제는 국내에서 생산된 제품의 경쟁력을 감소시킨다는 것이다. 그러나 이러한 가정에 대하여 이를 부정하는 다양한 논리도 있다. 예를 들어 정교하게 수립된 환경규제는 기술 혁신을 유도하여 기업의 경쟁력을 향상시킨다는 주장도 있다. 정상적인 상황에서 기업은 정보의 비대칭성과 같은 시장의 불완전성으로 인하여 생산 공정을 효율적으로 구성하는 데 있어서 곤란을 겪는다. 그러나 정교하게 만들어진 환경규제는 규제를 준수하기 위해서 기업이 경영에 관한 관행을 바꾸는 계기로 작용하며, 이러한 과정에서 기업은 혁신을 통해 효율성을 높이고 궁극적으로 경쟁력을 향상시키게 된다는 논리이다. 이 논리는 Michael Porter(1991)에 의해서 제시되었기 때문에 'Porter Hypothesis'라고 부른다. 유사한 논리로 환경규제가 기업으로 하여금 First-mover의 혜택을 누리게 한다고 주장한다. 즉, 환경 규제는 국내 기업으로 하여금 기후 친화적인 기술혁신에 대한 노력을 경주할 것을 요구하므로 이들 기업이 이 분야에서 Knowhow를 선점하게 된다. 만일 다른 국가에서 나중에 환경 규제를 도입할 경우 국내 기업이 먼저 개발한 Knowhow는 다른 나라의 경쟁 기업에 대하여 기술적인 비교 우위를 차지하게 되므로 국내 기업이 새로 형성되는 시장에 대해서 선점하는 효과를 누리게 된다는 주장이다.

구체적으로 EU ETS에 관해서 보면 EU ETS가 할당대상 업체에 대해서 순수한 부담이 되었는지 또는 전체적으로 이익으로 작용했는지 의문의 여지가 있다. EU ETS에 속하는 것이 기업에 부담이 되는 측면은 분명 존재한다. 대표적으로 MRV에 관한 관리비용과 Registry에 계좌를 개설하고 관리하는 비용, 배출권의 매매에 따른 비용 등이 존재한다. 반대로 EU ETS에 의해서 할당대상 업체들이 상당한 이익을 보았다는 증거도 명백히 존재한다. 대표적으로 배출권의 과잉 무상할당을 꼽을 수 있으며, 탄소비용의 소비자에 전가함으로써 발생하는 Windfall Profits도 무시할 수 없는 수준이다.

EU ETS가 도입된 이래로 이 제도가 기업의 경쟁력과 Carbon Leakage에 미치는 영향과 배출권 무상할당의 필요성 등에 대해서 다양한 실증분석이 이루어졌다. 대부분 분석결과는 EU 제조업의 세계시장 점유율 하락과 탄소비용 사이에는 통계적으로 유의할 만한 상관관계가 존재한다는 증거가 없다고 결론 내리고 있다. 유럽 이외의 지역에서 산업생산 능력이 증가하는 현상은 유럽이 세계시장에서 점차 점유율을 상실해 가고 있다는 표시이며, 이러한 현상은 개발도상국에서의 수요가 빠른 속도로 증가하고 있는 현실에 비추어 당연한 현상이다. 다시 말해 개발도상국의 산업생산 능력의 점유율이 상승하는 현상은 상당 부분 수요측면에서 발생하는 현상이다. 유럽은 인구성장이 정체되고 경제성장도 나타나지 않는 성숙단계에 들어선 반면에 개발도상국들은 빠른 속도로 성장하고 있으므로 개발도상국들이 새로운 산업을 유치하기 위한 훨씬 더 좋은 경제 환경을 조성할 수 있다. 또한 낮은 에너지 비용과 낮은 환경규제 관련 비용 등은 이러한 개발도상국들의 발전을 지지해 주는 역할을 한다.

소비가 다른 지역으로 이전하는 현상은 시장 점유율이 변하는 가장 큰 이유 중의 하나이다. 대부분 기업들은 소비시장의 접근성을 투자 이전의 주요 요인으로 꼽고 있다. 만일 특정지역에서 소비가 증가하면 요소비용과 수송비를 고려하겠지만 투자가 해당 지역으로 몰릴 가능성이 크다. 따라서 투자 이전의 추세에 대한 핵심적인 요인들과 탄소비용의 연관성 문제를 다루는 것은 좀 더 깊이 있는 포괄적이고 장기적인 접근이 필요하다. 특히 기업의 투자결정이 과거 가격 또는 현재 가격에 의존하는 것이 아니라 주로 미래의 기대가격에 의해서 결정되므로 과거의 추세를 기반으로 하는 투자행태의 설명에는 한계가 있다.

5.2 Carbon Leakage의 경로

5.2.1 생산 누출(Production Leakage)

생산 누출은 두 개의 국가 사이에 기후변화의 정책에서 강도의 차이가 있을 때 엄격한 정책을 시행하는 어느 한 국가에서의 생산비용이 다른 나라보다 높아져서 결과적으로 생산 수준이 하락할 경우 발생한다. 이는 문제가 되는 상품의 수출 규모를 축소하거나 수입 규모를 확대하는 결과를 초래하며, 국내 시장이나 해외 시장에서 점유율이 하락하는 결과를 가져온다. 다른 경로와의 중요한 차이점으로서 생산 누출은 국내·외적으로 기존 생산 설비가 고정된 상태에서 발생하므로 국내 생산설비의 가동률은 낮아지고, 해외 설비의 가동률은 높아진다. 따라서 생산 누출은 생산 설비 규모의 조정이 발생하기 이전까지 단기에서 중기적으로 발생할 가능성이 높다.

온실가스 집약적인 생산과정에 투입되는 원자재에 대한 지리적 제약과 다수의 온실가스 집약적인 상품과 관련된 수송비용으로 인해서 두 지점에서 온실가스 배출량을 제외하고 동일한 시장에서 정확히 동일한 제품의 생산은 이론상으로나 가능하다. 그러나 EU에서의 생산량의 저하와 이에 따른 고용의 감소가 탄소비용이 적은 지점으로 생산이 대체되었기 때문이라는 논리가 Carbon Leakage에 대한 전형적인 논거가 되고 있다. 제3국으로의 생산, 고용, 기업 이익 등을 이전시킬 수 있는 정책은 그 자체적으로 논란을 불러오기 쉬운 상황에서 생산 누출은 EU ETS에 관련된 정책 당국과 산업계의 논쟁 주제에서 특히 정치적으로 변동성이 높은 노동 시장 문제가 복잡하게 얽혀져 버렸다.

그러나 하나의 명백한 논리는 서로 달리 위치한 두 지점 사이에서 잠재적인 생산 수준의 재조정은 이를 가능하게 하는 생산 설비 규모에 달려 있다는 점이다. 이상적으로 모든 생산 설비는 위치에 관계없이 설비 규모의 최적 수준에서 가동된다. 설비 규모의 변경이 없는 단기적으로 생산 수준의 유의미한 변화는 유휴 설비가 존재하는 곳에서 발생할 수 있다. 즉, 다시 말하면 시장에서 설비 과잉이 많으면 많을수록 서로 다른 설비 사이에서 생산량의 이전에 대한 유연성이 높아진다. 모든 기존 설비가 완전 가동 상태인 호황기에는 탄소비용에 관계없이 생산 누출이 발생할 수 있는 여지가 좁아진다고 할 수 있다.

국내 생산 설비를 내국인이 소유하고 있고, 해외 생산 설비를 외국인이 소유하고 있다고 가정하면 규제에 따른 국내 생산 수준의 하락에서 오는 결과 중의 하나는 국내 생산자의 시장 점유율의 상실이다. 단기적으로 EU에 소재하는 기업이 온실가스 규제가 상대적으로 약해서 탄소비용이 낮은 해외 생산자에게 시장 점유율을 빼앗기는 현상이 나타난다. 문제가 되는 상품의 국제 시장이 어느 상황이냐 따라서 시장 점유율의 하락은 EU의 역내 시장뿐만 아니라 수출 시장에서도 느껴질 수 있다. 원칙적으로 수출 시장은 제3국이 자동적으로 포함된다. 예를 들어 EU 회원국이 철강을 미국에 수출하는 경우 중국으로부터의 경쟁이 더욱 심해진 것을 느낄 수 있는 것이다. 이는 국내 생산자의 시장 점유율의 상실을 평가할 때 연관된 시장을 어떻게 구분하느냐의 중대한 문제를 제기한다. 예를 들어 철강업종과 시멘트업종의 경우 과거 20년 동안 중국에서 내부적인 수요 증가로 인하여 엄청난 속도로 생산 설비를 확장해 왔다. 중국의 폭발적인 수요 증가는 대부분 중국 기업들의 생산 설비 확충에 의해서 충족되어 왔다. 이로 인하여 EU의 철강업종과 시멘트업종이 세계 시장에서 차지하는 비중은 매년 축소되어 왔다. 철강업종의 경우 2000년대 초반에 EU의 점유율이 25% 수준이었으나 2010년대 초반에는 11% 정도로 하락하였다. 만일 EU에 소재하는 기업이 세계 시장에서의 점유율을 일정하게 유지하였다면 중국으로 인한 세계 시장의 확대에 의해서 상당한 혜택을 보았을 것이라고 가정할 수 있다.

또 다른 개념상의 문제점은 철강, 화학, 정유 등 온실가스 집약적인 업종에서의 생산량의 대부분이 전 세계에 생산 설비를 갖추고 있으며, EU에는 본사 또는 지주회사만을 두고 있는 다국적 기업이 차지하고 있다는 사실이다. 이러한 사실은 만일 생산 누출이 발생한다고 하더라도 동일한 기업이 소유하고 있는 다른 거점에서의 생산 설비 사이에서 발생한다는 것이다. 따라서 이들 다국적 기업이 소유하는 어느 한 법인의 시장 점유율 하락이 필연적으로 Carbon Leakage의 증거라고 보기는 어렵다는 것이다. 마찬가지로 만일 유럽에서 생산 수준의 하락으로 나타나는 Carbon Leakage가 진짜로 발생한다고 하더라도 단순히 동일한 지주회사가 생산 거점을 유럽에서 제3국으로 이전하는 경우라면 지주회사의 시장 점유율에는 아무런 변화가 발생하지 않는다는 것이다.

5.2.2 투자 누출(Investment Leakage)

투자 누출은 기업이 온실가스 배출에 대해서 규제가 심한 지역에 공장 설비에 대한 투자가 상대적으로 감소하는 반면에 규제가 덜한 지역일수록 공장 설비에 대한 더 많은 투자가 이루어지는 현상을 의미한다. 생산 누출과 비교하여 투자 누출은 장기적으로 발생하는 현상이다. 국내 생산의 고비용 구조, 경쟁력 감소, 시장 점유율의 하락, 최적 가동률을 밑도는 공장 가동률 등 생산 누출을 야기하는 원인들은 실질적으로 국내 투자에 대한 수익성 저하를 초래하고, 궁극적으로 국내에 투자하는 것은 점차 장점이 사라져 간다. 장기적으로 더 많은 투자자금이 해외로 향하게 될 것이며, 국내 설비 규모는 점차 작아지고, 해외 설비 규모는 커지게 된다. 동일한 논리로 투자 누출은 해외 기업이 EU에 투자하는 대신에 다른 지역을 선택하는 경우 제3국에 의한 해외 직접투자 규모의 감소 형태로 발생한다.

그러나 공장의 전체 공정을 새로운 설비로 다른 지역에 세우는 공장 이전은 Carbon Leakage에서 쉽게 발생할 수 없는 극단적인 예시의 하나일 뿐이다. 왜냐하면 서비스 업종과는 달리 알루미늄 공장, 제철 공장, 석유화학 공장 등은 짧은 기간 내에, 적은 자금으로 쉽게 지을 수 있는 성격이 아니기 때문이다. 대부분의 경우 이러한 공장들은 상당한 사회 기반시설이 이미 잘 갖추어진 곳에 세울 수 있으며, 기업이 새로운 입지를 선정할 때는 해당 제품의 세계적인 원자재 공급망과 배급망 등을 사전에 고려하기 때문이다.

최소한 초기 단계에는 투자 누출을 감지하는 것은 매우 어렵다. 기업은 유럽에 소재하는 온실가스 집약적인 설비에서 탄소비용으로 인해서 신규로 투자하는 것이 수익성을 확보하기 어렵다고 판단하는 경우에는 설비에 대한 유지 보수나 성능 향상 등에 추가 투자를 꺼리게 될 것이다. 좀 더 극단적인 투자 누출의 경우는 유럽이 온실가스에 대한 규제가 없는 지역에 비해서 완전히 경쟁력을 상실하는 것이다. 온실가스 집약적인 생산 활동은 대체로 기대수익에 대비하여 막대한 기반시설에 대한 투자를 필요로 하므로 투자 누출은 해당되는 자산의 가치에 규모에 따라 등급이 주어진다.

투자 누출은 경제 발전에 있어서 투자가 차지하는 중요성으로 인하여 정치적으로 높은 관심을 끌게 된다. 우선, 투자는 고용과 밀접하게 관련이 있으므로 해외 투자는 사실상 국내의 고용의 악화를 의미한다. 다음에 투자는 미래의 수익의 흐름을 창출하므로 미래의 복지, 세수 등은 투자에 달려 있다. 마지막으로 투자 누출은 상황이 호전되면 원상회복이 가능한 생산 누출과는 달리 일단 발생하면 원래의 상태로 되돌리는 것이 불가능하다.

현실에서 개별 기업은 공장을 이전하거나 생산 설비를 확장 또는 축소하는 결정을 내리기 위해서 무수히 많은 요소들의 긍정적, 부정적 영향을 검토한다. 예를 들어 기업 제품에 대한 시장 접근성, 새로운 시장의 성장성, 해외의 세제 혜택, 관세 및 무역 장벽, 환위험, 숙련된 노동력의 가용 여부, 임금 수준, 자본에 대한 접근 난이도, 원자재 수급에 관련된 사항, 전력 등 기반 시설에 관련된 사항 등이 모두 고려의 대상이다. 위에서 열거한 요인들의 다양성에 비추어 볼 때 과연 탄소비용 하나의 요인이 기업의 의사결정에 미치는 영향력을 실증적으로 검증하는 것은 매우 어렵다.

특히 투자 누출에서 어려운 점은 유럽의 경제가 이미 구조적으로 저탄소 경제로 변화하고 있는 과정에 있는 상황에서 이를 탄소 누출과 분리하는 것이다. EU는 이미 장기적으로 온실가스 배출량을 극적으로 감축할 의향이 있음을 누차 천명하여 왔다. 현재 기업이 사용하고 있는 대부분의 기술은 EU가 천명한 목표에 비추어 온실가스 집약적인 기술에 해당한다. 그러나 온실가스 집약적인 업종에 속한 공장들의 경제적 기대수명은 최소한 수십 년에 달한다. 이러한 사실은 온실가스 집약적인 설비에 대한 현재 시점에서의 투자는 결국 EU가 상당 기간 온실가스 배출량을 감축할 수 없는 상황에 처하는 위험성을 내포하고 있다는 것을 의미한다. 이는 EU로 하여금 탈탄소화 목표를 놓치거나 또는 구형 설비를 갖고 있는 역내 기업을 해외로 내보낼 것인가 하는 정책적인 진퇴양난에 빠지게 할 것이다. 그러나 어느 지역에 관계없이 온실가스 집약적인 투자를 억제하는 것이 장기적인 측면에서 기후 정책의 성공으로 볼 수 있을 것이다. 동시에 역내에서 온실가스 집약적인 투자를 축소하는 것이 단순히 해외에 온실가스 집약적인 공장에 투자하기 위한 것이라면 결코 바람직한 결과라고 보기 어렵다. 만일 온실가스 집약적인 상품에 대한 수요가 고정적이고, 시장을 통해서 반드시 수요를 충족하여야 한다고 가정하면 이는 Zero-sum 게임의 성격을 갖게 된다. 즉, 온실가스 집약적인 투자는 필연적으로 일어날 것이고, 일방적인 역내의 기후 정책이 역내 투자를 꺼리게 만든다면 동일한 규모의 투자가 해외에서 이루어질 것이고, 이는 일방적인 기후정책이 고용의 손실, 미래 수익의 손실로 이어진다는 것을 의미한다.

따라서 투자 누출에 대해서는 서로 상반된 견해가 대립하고 있다. 하나는 온실가스 집약적인 투자는 사회 기반시설의 탈탄소화를 위해서 축소하는 것이 좋다는 견해이며, 다른 하나는 어쨌든 온실가스 집약적인 투자가 다른 곳에서 이루어지므로 지구 전체적으로 환경에는 아무런 이득도 없으며 국내 경제는 잃어버린 수익과 고용에 직면하므로 이러한 행동이 자기 파괴적이라는 주장이다. 두 주장 중에서 어느 것이 더 확신을 주는지는 실증적 분석에 의해서 정보를 얻을 수 있지만 해결할 수 없는 판단의 문제이다. 물론 파리협정에 의해서 투자 누출이 자기 파괴적이라는 주장은 많은 부분에서 설득력을 잃어버렸지만 각국이 제시한 NDC가 전체적으로 볼 때 지구의 기후 변화를 억제하기에 충분한 수준에서 미흡할 뿐만 아니라 이의 이행에 대한 강제력이 부족하다는 평가가 있으므로 단정적으로 결론을 내릴 수 없다. 그리고 현재의 에너지 및 기후 정책이 새로운 투자에 대해서 온실가스 배출에 대해 아무런 제약을 가하지 않는다고 하더라도 기업의 입장에서 신설된 공장의 경제적 수명이 끝날 때까지 현재의 정책 기조가 지속되리라는 것을 확신할 수 없다.

5.2.3 화석연료 시장을 통한 누출

화석연료 시장을 통한 누출은 주요 선진국에서 온실가스 배출에 대해서 상당한 비용을 부과하면 기업들이 석탄 등과 같은 화석연료에 대한 수요를 줄이게 되고, 이에 따라 화석연료의 가격이 하락하면 오히려 온실가스 규제가 없는 지역에서 이에 대한 수요가 증가하여 전체적으로 온실가스 배출량이 늘어나는 것이다. 특정 국가에서 기업이 배출하는 온실가스에 대해 비용을 부과하면 이는 기업의 에너지 비용 상승으로 이어지고, 이로 인해 기업의 국제 경쟁력이 약화된다는 주장은 과거부터 꾸준히 제기되었다. 예를 들어 일부에서 주장하는 'Pollution Haven Hypothesis'에 따르면 국가 사이의 불공정한 환경정책이 오염집약산업의 분포에 영향을 미친다고 본다. 에너지 집약적인 상품을 생산하는 기업은 자국의 높은 에너지 비용에 대응해서 상대적으로 에너지 집약도가 낮은 상품을 생산하게 되며, 이에 따라 수출규모의 축소가 불가피하고 궁극적으로 에너지 비용이 낮은 국가로 생산기지를 부분적으로 이전하는 결과를 초래할 가능성이 있다고 본다. 즉, 에너지 집약적인 산업은 규모의 경제를 통해서 경쟁우위의 확보가 가능한 환경규제가 없는 지역에 재배치될 것이라고 주장한다. 그러나 에너지 비용은 수입규모와 생산기지의 이전을 결정하는 다양한 변수 중의 하나에 지나지 않는다. 일반적으로 생산기지의 이전에는 노동비용, 기반시설, 고객과의 접근성 등 다양한 요인들이 영향을 미친다. 따라서 상대적인 에너지 비용의 차이가 국제무역과 기업의 경쟁력에 미치는 영향은 불분명하다.

그러나 이러한 논리를 실제 화석연료 시장에 적용하기 위해서는 시장의 기능과 시장 참여자에 대한 많은 가정이 필요하다. 국제 석유시장의 경우 EU의 수요가 감소하면 국제 유가가 하락하고, 이것이 다른 국가들의 석유 수요를 증가시키며, 이로 인한 Carbon Leakage가 생산 누출 또는 투자 누출 효과보다 크다는 실증분석도 있다. 그러나 이 경우 국제 석유시장은 완전경쟁시장이어야 하고, 산유국은 모두 Price Taker의 입장이어야 한다. 그러나 국제 석유시장은 완전경쟁시장이 아니며, 산유국은 Price Taker도 아니다. 실제로 산유국의 다수는 OPEC 회원국으로 국제 유가 결정에 지대한 영향력을 행사한다. 예를 들어 EU가 기후변화정책으로 석유 사용량을 줄이면 OPEC은 생산량을 줄여 석유가격을 일정 수준으로 유지하거나 오히려 석유가격의 인상을 유도할 수도 있다. 이로 인해서 원자재 시장을 통한 누출은 오히려 줄어드는 것이 가능하다.

EU의 기후변화정책에 대한 산유국들의 대응방안을 반대로 보는 해석도 가능하다. 석유 소비국들의 정책에 의해서 석유 수요가 극적으로 감소할 것으로 예상하면 산유국들은 수익의 규모를 유지하기 위해서 석유 생산을 가속화하여 석유시장의 점유율을 지키기에 나설 것으로 본다. 기후변화정책 효과로 인해 오히려 국제적으로 석유의 소비는 증가하고 탄소 배출량은 늘어날 것이라는 보는 논리가 'Green Paradox'이다. 이 논리에 의하면 동일한 지역 내에서도 시간상의 차이 때문에 누출이 발생할 수 있다. 즉, 기업이 미래에 탄소비용이 현재에 비해서 증가할 것으로 예상하는 경우 현재의 온실가스 배출량을 늘리려 할 것이기 때문이다. 원자재 시장을 통한 Carbon Leakage는 논리적으로 정연하고 직관적이지만 현실적으로 타당성을 지니기 위해서는 많은 가정에 의존하여야 한다. 'Green Paradox'에 대한 대부분의 실증분석은 원자재 채굴비용이 고정되어 있으며, 채굴규모에는 제한이 없고, 재생에너지와 같은 완전한 대체재가 존재한다는 가정에서 논리를 전개하였다. 이러한 가정이 좀 더 현실에 가깝게 수정하면 'Green Paradox'가 발생할 가능성과 영향력은 크게 감소한다.

5.2.4 간접 Carbon Leakage

배출권 거래시장이 정상적으로 작동하면 배출권 가격은 온실가스를 직접 배출하는 업체에게만 부담이 되는 것이 아니라 간접적으로 전력요금, 난방요금, 철강, 시멘트 가격 등의 인상을 통해서 모든 제품의 가격에 영향을 미치게 된다. 이러한 제품가격의 연쇄반응은 가치 사슬을 통해서 온실가스 감축의 필요성을 모든 분야로 전달하므로 배출권 시장의 완전한 효율성을 달성하기 위해서 필요한 요소이다.

이론적으로 직접 탄소비용과 간접 탄소비용이 존재한다는 것은 간접 탄소비용에 의한 누출이 발생할 수도 있음을 의미한다. 만일 탄소비용에 의해서 전력요금이 인상되면 전력의 사용량이 많은 알루미늄 등과 같은 업종에서는 생산 또는 투자에 이를 감안하여 의사결정을 내리게 된다. 배출권 거래시장 등 실무 분야에서는 이러한 현상을 간접 Carbon Leakage라는 용어를 사용하여 설명한다. 엄밀히 표현하면 이러한 현상은 누출이라고 보는 것보다는 배출권 가격에 의해 간접적으로 전달된 시그널로 보는 것이 정확하며, Carbon Leakage에서 기업의 의사결정에 미치는 탄소비용에 의한 영향의 강도로서 생산 누출과 투자 누출이 화석연료 시장에 의한 누출보다 직접적이라고 보는 것이 타당하다.

5.3 EU ETS Ⅳ에서의 Carbon Leakage

5.3.1 이전 Carbon Leakage List 선정기준의 문제점

할당대상 업체들에게 배출권을 무상으로 할당하는 이유는 기후변화에 대한 국제협약이 체결되어 주요 국가들이 이에 상응하는 온실가스 감축정책을 전반적으로 실시하게 될 때까지 배출권 무상할당이 업체들의 경쟁력 약화로 인한 불이익을 보완해주는 정책수단이기 때문이다. 할당대상 업체들이 직면한 Carbon Leakage에 대한 위험은 EU가 주창해온 환경정책의 기본인 오염의 원인을 제공한쪽에서 모든 오염처리비용을 부담한다는 원칙과 환경보호에 관련된 모든 비용은 기업의 생산비용에 포함한다는 원칙에서 벗어나는 것에 대한 정당성을 부여하고 있다. Carbon Leakage에 의해서 EU의 환경정책 목표를 약화시키는 세계적인 온실가스 배출량의 증가가 초래될 수 있으므로 배출권의 무상할당은 이러한 위험에 대처하기 위한 임시적인 정책수단으로 도입되었다.

그러나 <그림 5-1>에서 보여 주는 바와 같이 EU ETS에서 발전업종을 제외한 일반 기업에서 배출하는 온실가스 배출량의 97%는 Carbon Leakage List에 선정된 업종에서 발생하고 있으며, Carbon Leakage List에 포함되지 않은 업종에서 배출하는 배출량은 3%에 불과한 실정이다. 특히, Carbon Leakage List에 오른 150여 개의 업종 중에서도 극소수의 일부 업종에서의 온실가스 배

그림 5-1　EU ETS 업종별 온실가스 배출량 비중

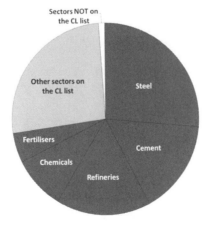

출처: Impact Assessment, Commission Staff Working Document, 2015.

출량이 절대적으로 높은 비중을 차지하고 있다. 구체적으로 철강 업종, 시멘트 업종, 정유 업종, 화학제품 업종과 비료 업종 등 온실가스 배출량 상위 5개 업종이 일반 기업 배출량의 70%를 넘어서고 있다.

　이러한 현상은 온실가스를 배출하는 대부분 업종이 실질적으로 Carbon Leakage List에 포함되어서 무차별적으로 동일한 기준에 따라 무상으로 배출권을 할당받고 있음을 보여주고 있는 것이다. 이와 같은 비정상적인 현상은 대부분 업종이 Carbon Leakage List에 선정될 수 있도록 무역집약도 선정기준을 지나치게 낮게 설정해서 발생하는 현상이다. 실제로 2차 Carbon Leakage List 업종 중에서 양적 기준에 의해 선정된 147개 업종 중에서 무역 집약도 30% 기준에 의해 선정된 업종의 수가 117개로 전체의 79%를 차지하고 있다. 무상으로 할당이 가능한 배출권 수량은 고정되어 있는 반면에 지나치게 많은 업종이 Carbon Leakage List에 선정됨에 따라 이들 업종에 무상으로 할당되는 배출권 수량을 무차별적으로 동일한 비율로 삭감해야만 이미 정해진 배출허용총량을 유지할 수 있는 상황이 초래되었다.

　무상으로 할당할 수 있는 배출권 수량은 매년 배출허용총량이 일정 비율로 감소함에 따라 점차 축소되고 있다. 이미 EU ETS Ⅲ단계부터 매년 할당대상 업체들에게 무상으로 할당하여야 할 배출권의 수량이 배출허용총량에 따라 무상할당 몫으로 배정된 배출권 수량을 초과했으며, 이에 따라 불가피하게 전 업종에 걸쳐서 동일한 조정계수가 적용되어 무상할당 배출권 수량을 조정하고 있다. 조정계수는 2013년의 6%를 시작으로 매년 상승하여 2020년에는 18%에 도달한다. 조정계수는 어느 업종이 어느 정도 수준의 배출권을 무상으로 할당받을 지를 결정하는 것이 아니라 배출허용총량을 준수하기 위한 수단이다. 조정계수는 업종별로 갖고 있는 특수성을 차별적으로 반영하지 못하는 결점을 갖고 있다. 예를 들어 탄소비용의 고객에 대한 전가 또는 업종별로 탄소누출 위험에 노출된 정도, 업종별로 장기적으로 탈탄소화할 수 있는 능력 등을 구분하지 않고 있다. 따라서 업계에서는 조정계수의 적용에 대해서 비판적인 시각을 갖고 있다. 대부분 업종에서 조정계수가 EU ETS에 있어서 가장 높은 정도의 불가측성을 보여주고 있다고 비판하고 있다.

5.3.2 EU ETS Ⅳ단계에서의 배출권 무상할당

EU ETS Ⅳ단계에서 무상으로 할당되는 배출권의 수량은 혁신기금에 배정된 4억 톤을 포함하여 배출허용총량의 43%로 정해져 있다. 따라서 ETS Ⅲ단계의 66억 톤에 비해서 약간 줄어든 63억 톤이 전 기간에 걸쳐 무상으로 할당될 예정이다. 전체 산업의 온실가스 배출량 추정치에 따르면 이 기간의 배출권의 부족분은 18억 톤에 달할 것으로 추정된다. 다만 신규 진입업체를 위한 보유분 4억 톤이 이 기간 중에 모두 발행된다고 가정하면 부족분은 14억 톤으로 추정된다.

배출권을 업체에게 무상으로 할당하는 방식은 이전 ETS Ⅲ단계와 동일한 방식으로 Benchmark에 의한 할당이 계속 적용된다. 다만 적용기간은 전반부 2021년부터 2025년까지와 후반부 2026년부터 2030년까지 두 기간으로 구분한다. 전반부는 2013년부터 2017년까지 업체들의 생산 실적을 근거로 할당이 이루어지고, 후반부는 2018년부터 2022년까지 업체들의 생산 실적을 근거로 할당이 이루어진다. 만일 각 기간 중에 업체의 생산량이 비약적으로 증가하는 경우에는 생산 실적을 일정한 기준에 따라 조정하여 할당을 실시한다.

Benchmark 값은 기술의 진보를 반영하고, 할당대상 업체들에게 'Windfall Profits'을 부여하지 않도록 기간 중에 2회에 걸쳐 최신 값으로 수정한다. 첫 번째 수정된 값은 전반부에 적용되고, 두 번째 수정된 값은 후반부에 적용된다. Benchmark 값은 2007년과 2008년을 기준으로 설정된 값에서 매년 1%씩 하향 조정하여 전반부는 2023년을 기준 시점으로 간주하여 15%를 하향 조정하고, 후반부는 2028년을 기준 시점으로 간주하여 20%를 하향 조정한다. 단, Benchmark 값이 현실적으로 0.5% 이상의 괴리를 보이는 경우에는 0.5% 이내에서 상향 또는 하향 조정할 수 있다. 이와 같이 향후에 Benchmark 값을 하향 조정한다는 것은 각 업종에 걸쳐서 무차별적으로 모든 업체들에게 무상으로 할당되는 배출권의 수량을 삭감한다는 것을 의미한다. 즉, Benchmark 값을 하향 조정하는 것은 전반기에는 조정계수 85%, 후반기에는 조정계수 80%를 적용하여 업체들에게 무상으로 할당하는 배출권의 수량을 전반적으로 삭감하는 것과 동일한 효과를 거둘 수 있다.

EU ETS Ⅳ단계에서 모든 업종은 Carbon Leakage 위험에 노출된 업종과 그렇지 않은 업종으로 구분하여, Carbon Leakage 위험에 노출된 업종에 속하

는 업체에게는 동일 업종의 Benchmark 수준에 해당하는 배출권을 무상으로 할
당하고, 그렇지 않은 업종에 속하는 업체에게는 동일 업종의 Benchmark 수준
의 30%에 해당하는 배출권을 무상으로 할당한다.

5.3.3 EU ETS IV단계에서의 Carbon Leakage List 선정기준

㉠ 1차 양적 평가

Carbon Leakage 위험에 대한 노출 정도를 결정하기 위하여 EU ETS에 속
한 모든 업종은 다음 2단계 평가과정을 거친다. 1차 평가단계는 NACE–4 수준
의 업종에 대해서 진행되는 양적 평가 단계로 Carbon Leakage 지표가 0.2 이상
인 경우에 심각한 Carbon Leakage 위험에 노출된 업종으로 분류한다. 2차 평가
단계는 일정한 기준을 통과한 제한된 수의 업종에 대해서 진행하며, 특별히 정
해진 기준에 따른 질적 평가에 의해서, PRODCOM–8 수준의 업종에 대해서는
양적 평가에 의해서 평가한다.

1차 양적 평가단계는 EC에서 발행한 경제활동 통계분류표에 의해서 진행된
다. EU ETS의 모든 할당대상 업체가 Section B(Mining and Quarrying)와 Section
C(Manufacturing)에 속하므로 두 Section이 평가된다. 출발점으로 NACE–4 수준이
적용된다. Carbon Leakage 지표는 대상 업종의 제3국에 대한 무역 집약도(Trade
Intensity)와 배출량 집약도(Emission Intensity)를 곱한 값이다. Carbon Leakage
지표가 0.2 이상인 업종은 심각한 Carbon Leakage 위험에 노출된 업종으로 분
류한다. 제3국에 대한 무역 집약도는 제3국에 대한 전체 수출·입 규모와 EEA 시
장 규모의 비율로 산정된다. EEA 시장 규모는 제3국으로부터의 전체 수입 규모
에 연간 회전율(Turnover)을 더한 값이다.

$$\text{Carbon Leakage Indicator (CLI)} = \textit{Trade Intensity (TI)} \times \textit{Emission Intensity (EI)}$$

$$TI = \frac{Imports + Exports}{Turnover + Imports}$$

$$EI = \textit{Direct Emission Intensity (DEI)} + \textit{Indirect Emission Intensity (IEI)}$$

배출량 집약도는 $kgCO_2$/GVA으로 대상 업종의 직접 및 간접 배출량의 합계

를 GVA(Gross Value Added)로 나눈 값이다. 대상 업종의 직접 배출량은 EUTL
에 기록된 할당대상 업체들에 대한 온실가스 배출량 자료를 활용하여 산정한다.
대상 업종의 간접 배출량을 산정하기 위해서 필요한 전력 사용량은 각 회원국에
서 제공한 자료를 활용한다. 전력 사용량은 전력 배출계수를 활용하여 간접 배
출량으로 전환된다. 전력 배출계수는 2015년을 기준연도로 산정되었으며, 그 값
은 $376 g CO_2/kWh$이다.

$$EI = \textit{Direct Emission Intensity (DEI)} + \textit{Indirect Emission Intensity (IEI)}$$

$$DEI = \frac{\textit{Direct Emissions}}{\textit{GVA entire sector}_{\textit{Direct Emissions}}} \qquad IEI = \frac{\textit{Indirect Emissions (IE)}}{\textit{GVA entire sector}_{\textit{Indirect Emissions}}}$$

ⓛ 2차 양적 및 질적 평가

2차 평가단계는 1차 평가단계에서 기준에 미달하여 탈락한 업종을 대상으
로 실시한다. Carbon Leakage 지표가 0.15에서 0.2 사이에 존재하는 업종은 감
축 잠재력, 시장의 특성, 수익성 등에 대한 증거를 제시하면 2차 질적 평가를 요
청할 수 있다. 이 기준에 속하는 업종은 전자부품 제조업을 비롯하여 10개 업종
이다.

배출량 집약도가 1.5 이상인 업종 또는 하위 업종은 PRODCOM-6 또는 8
수준에서 질적 평가 또는 양적 평가를 요청할 수 있다. 이 기준에 부합하는 업
종은 Mining of lignite을 포함하여 2개 업종이다. 무상 할당 수량이 정유
Benchmark에 의해서 산정되는 업종은 양적 평가와 질적 평가의 대상이 될 수
있지만 이 기준에 의한 업종은 1차 평가단계에서 Carbon Leakage List에 선정
되었으므로 추가되는 업종은 없다.

마지막으로 Carbon Leakage List에 PRODCOM-6 또는 8로 올랐던 업종
또는 하위 업종도 양적 평가를 지원할 수 있다. 이 기준에 해당하는 업종과 하
위 업종은 모두 16개이다. PRODCOM-6에 9개 업종과 PRODCOM-8에 7개 업
종이 있다.

<그림 5-2>에서 1차 평가단계에서 선정기준은 청색선 오른 쪽의 QT에
해당한다. QL이 2차 질적 평가 대상 업종이며, 중간선이 배출량 집약도 1.5를

그림 5-2   EU ETS Ⅳ단계에서의 Carbon Leakage List 선정기준

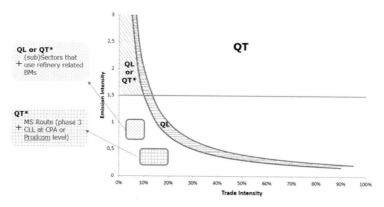

출처: "CLL second-level assessments", DG CLIMA.B2, 2018. 5. 16.

표시한다. 왼쪽 하단 부분에 2차 평가를 지원할 수 있는 이전 Carbon Leakage List에 올랐던 업종과 정유 Benchmark 사용 업종이 있다.

1차 평가단계에서 양적 기준을 충족한 업종은 모두 44개 업종으로 2021년부터 2030년까지 Carbon Leakage List에 오를 예정이며, 구체적인 명단은 아래 <표 5-1>과 같다. 2단계 평가까지 포함하여 최종적으로 Carbon Leakage List에 오를 업종의 수는 EU ETS Ⅲ단계에 비해 1/3 수준인 50여 개로 크게 감소할 것으로 보인다. 그러나 업종의 수가 대폭 감소하는 만큼 온실가스 배출량의 감소폭은 크지 않을 것으로 추정된다. 일반 기업이 배출하는 온실가스 배출량에서 이전 양적 기준에 따른 List 업종이 차지하는 배출량 비중이 97%에 달했지만 새로운 기준을 적용할 경우에도 List 업종의 배출량은 93% 정도로 이를 것으로 추정되어 업종의 수가 감소하는 것에 비해서 온실가스 배출량의 변화는 미미한 수준이다.

표 5-1   EU ETS IV단계 1차 평가에 의한 Carbon Leakage List

NACE	Sector	NACE	Sector
0510	Mining of hard coal	0610	Extraction of crude petroleum
0710	Mining of iron ores	0729	Mining of non-ferrous metal ores
0891	Mining of chemical and fertilizer minerals	0899	Other mining and quarrying n.e.c.
1041	M. of oils and fats	1062	M. of starches and starch products
1081	M. of sugar	1106	M. of malt
1310	Preparation and spinning of textile fibers	1395	M. of non-wovens and articles
1411	M. of leather clothes	1621	M. of veener sheets and wood based panels
1711	M. of pulp	1712	M. of paper and paperboard
1910	M. of coke oven products	1920	M. of refined petroleum products
2011	M. of industrial gases	2012	M. of dyes and pigments
2013	M. of other inorganic basic chemicals	2014	M. of organic basic chemicals
2015	M. of fertilizer and nitrogen compounds	2016	M. of plastic in primary forms
2017	M. of synthetic rubber in primary forms	2060	M. of man-made fibers
2311	M. of flat glass	2313	M. of hollow glass
2314	M. of glass fibers	2319	Manufacture and processing of other glass, including technical glassware
2320	M. of refractory products	2331	M. of ceramic tiles and flags
2351	M. of cement	2352	M. of lime and plaster
2399	M. of other non-metallic mineral products n.e.c.	2410	M. of basic iron and steel of ferro-alloys
2420	M. of tubes, pipes, hollow profiles and related fittings of steel	2431	Cold drawing of bars
2442	Aluminium production	2443	Lead, zinc and tin production
2444	Copper production	2445	Other non-ferrous metal production
2446	Processing nuclear fuel	2451	Casting of iron

5.4 Carbon Leakage에 대한 실증분석

5.4.1 직접 탄소비용과 간접 탄소비용의 증거

기업이 Carbon Leakage 위험에 노출되는 것은 경매를 통해 구입하거나 거래시장을 통해 매입하여야 하는 배출권의 비용에 밀접히 관련되어 있다. 이러한 EU ETS에 속한 제조업체의 직접 탄소비용을 평가하기 위해서 무상으로 할당받는 배출권에서 의무이행을 위해 당국에 제출한 배출권을 차감한 순 포지션이 하나의 핵심적인 지표가 된다. 제조업 전체적으로 볼 때 2017년까지 누적 잉여 배출권은 680백만 톤에 달한다. 누적 잉여 배출권 수량의 정점은 2013년으로 785백만 톤에 달했다.

전체 제조업 온실가스 배출량의 2/3를 차지하고 있는 철강, 시멘트와 정유업종의 누적 배출권 포지션을 보면 우선 철강업종의 경우 EU ETS Ⅱ단계에서 경제위기로 인하여 공장의 가동시간이 현저히 감소하였음에도 불구하고 배출권 무상할당 수량은 변하지 않아서 상당한 배출권이 남았다. 그 결과 EU ETS Ⅲ단계에서 경제의 회복으로 인하여 무상 배출권이 약간 부족하지만 이를 충분히 보충하고도 남았다. 2017년에 철강업종의 누적 잉여 배출권은 약 200백만 톤에 달하고 있으며, 이 정도 잉여 수량은 철강업종의 위기가 발생했던 2009년에 철강업종 온실가스 배출량의 75%에 달하는 수치이다. 정유업종의 경우 EU ETS Ⅱ단계에서 쌓아둔 잉여 배출권이 EU ETS Ⅲ단계에서 지속적으로 소진되어 2015년 전후하여 누적 배출권이 Negative로 전환하였으며, 2017년까지 상당량 Negative 포지션을 보이고 있다. 반면에 시멘트업종의 경우에는 철강업종과 달리 EU ETS Ⅱ단계에서 상당한 잉여 배출권을 쌓아 둔 데 이어 EU ETS Ⅲ단계에서도 배출권 잉여 현상이 지속되어 2017년에 270백만 톤의 누적 잉여 배출권을 보유하고 있다. 이와 같이 전체 제조업을 대상으로 분석하면 2017년을 기준으로 석유화학제품업종과 제지업종에서 상당한 누적 잉여 배출권을 보유하고 있으며, 세라믹업종도 EU ETS Ⅲ단계에서의 부족 현상에도 불구하고 아직 누적 잉여 배출권을 보유하고 있다.

결론적으로 EU ETS로 인한 제조업의 직접 탄소비용은 대부분의 업종에서 아예 존재하지 않거나 거의 무시해도 될 수준이며, 여러 업종에서는 탄소비용이 아니라 오히려 이익이 발생하고 있는 상황이다. 물론 공장 설비를 확대한 업체에게는 이러한 획일적인 분석이 그대로 적용되는 것은 아니다.

EU ETS와 연관된 또 다른 비용은 간접 탄소비용으로 전력회사가 지불한 탄소비용을 전기요금을 통해서 고객에게 전가하기 때문에 발생하는 비용이다. 간접 탄소비용은 크게 주목을 끄는 비용은 아니지만 에너지 집약적인 업종에서는 상당한 압박으로 작용할 수도 있다. 간접 탄소비용은 발전소가 소비자에게 전가한 비용의 정도를 우선 추정하여야 하므로 비용을 추정하는 것이 매우 어렵다. 그러나 일부 전력 소요가 높은 업종에서 특히 배출권의 가격이 상승할 경우에 간접 탄소비용이 높을 것은 자명하다. 직접 탄소비용과는 달리 간접 탄소비용에 대해서 EU 공통으로 적용되는 보상방식은 없으며 부분적인 보상방식만이 일부 회원국에서 시행되고 있다. EU에 정한 State Aid Guideline에서 회원국이 할 수 있는 최대 보상비율은 2015~2016년의 경우 간접 탄소비용의 85%, 2017~2018년은 80%, 2019~2020년은 75%로 정하고 있다. 간접 탄소비용을 보상하는 회원국들은 50%를 적용하는 핀란드만 제외하고 모두 이 비율까지 보상하고 있다.

간접 탄소비용을 보상하는 회원국에서 제공한 자료를 기초로 작성한 <표 5-2>에서 보면 그리스를 제외하고 나머지 회원국은 모두 간접 투자비용을 보상하기 위하여 경매 수익의 25%를 초과하여 사용하고 있다. EU ETS Ⅳ단계에서는 사용한도가 25%로 설정될 예정이다. 회원국들은 2017년까지 간접 탄소비용에 대한 보상자료를 공개할 의무가 없었으므로 나머지 회원국에 대한 자료는 포함하지 않았다.

요약하면, EU 전체적으로 적용하고 있는 간접 탄소비용에 대한 보상체계는 존재하지 않으나 일부 회원국이 자발적으로 배출권 경매 수익을 사용하여 이를 시행하고 있는 것이 현실이다. 이에 따라 할당대상 업체는 소재하는 국가에

표 5-2 간접 탄소비용 보상규모(2016년)

회원국	보상한 간접 탄소비용	배출권 경매 수익	사용한 경매 수익의 비중
프랑스	140,339,667	234,683,755	59.80%
독일	288,723,308	850,000,000	33.97%
네덜란드	45,000,000	142,610,000	31.55%
핀란드	36,300,000	71,220,000	50.97%
그리스	3,845,242	148,050,000	2.60%

따라 서로 다른 탄소비용에 직면하고 있다고 볼 수 있다. 간접 탄소비용을 보상하고 있는 1/3의 회원국 중에서도 실제 비용은 모두 보상되고 있는 것은 아니라 매년 보상비율이 낮아지고 있어서 이로 인한 Carbon Leakage에 노출될 위험이 없다고 평가하기 어렵다.

　　EU ETS로 인한 Carbon Leakage에 대해서 종합적으로 진행된 실증분석 연구는 없으며, 극소수의 논문들이 공장 이전 문제를 다루고 있다. 예를 들어 다국적 기업들에 대한 설문조사는 EU ETS가 다국적 기업의 에너지 집약적인 공장 이전에 영향을 주었다는 어떠한 증거도 발견하지 못했다. 또한 독일 다국적 기업의 해외 직접투자 자료를 활용하여 투자 누출에 대한 실증분석을 시도한 연구는 EU ETS가 독일의 해외 직접투자에 기여했다는 증거를 발견하지 못했다. 일부 연구자들은 경영자들에 대한 설문조사를 진행한 결과 공장 이전에 대한 위험이 제한적이고, 현행 EU ETS 제도 자체가 위험에 비해서 과도하게 보상하고 있다는 점을 지적하였다. 또한 특정 업종에서의 무역 거래를 조사한 연구는 알루미늄업종에서 Carbon Leakage가 없었다는 것을 보여 주었고, 다른 연구는 시멘트업종과 철강업종에서도 Carbon Leakage가 없었다는 결론을 내리고 있다.

　　이와 같이 대부분의 연구결과가 Carbon Leakage의 영향에 대해서 아예 없거나 있었다고 하더라도 무시할 수 있는 미미한 수준이라고 결론을 내리는 이유는 자명하다. EU ETS에서 일반 제조업의 온실가스 배출량의 97% 정도를 차지하는 업종들이 Carbon Leakage List에 선정되어 있어서 매년 무상으로 배출권을 할당받으므로 기업이 실제로 부담한 직접 탄소비용은 없었기 때문이다. 일부에서는 매년 조정계수의 영향으로 기업의 배출량에 비해 할당받은 배출권의 수량이 부족하다고 주장하는 업체도 있지만 에너지 집약적인 대부분의 업종에 배출권이 장기간에 걸쳐 과다하게 할당된 것은 사실이며, 일부 기업이 할당받은 배출권이 부족하다고 하더라도 2013년부터 2017년까지 배출권의 가격이 €10 이하에 머물렀기 때문에 사실상 기업의 의사결정에 영향을 줄 수 있는 직접 탄소비용은 없었다고 보는 것이 합리적이다. 물론 2018년 하반기부터 배출권 가격이 €20를 상향 돌파했으므로 그 이후에는 직접 탄소비용이 중요한 요인이 될 수도 있다. 아울러 Carbon Leakage List 선정기준이 2021년부터 변경되어 상당수 업종이 무상할당 대상에서 탈락할 예정이라 이후에는 Carbon Leakage의 영향이 다르게 나타날 가능성도 존재한다.

5.4.2 유럽의 철강업종과 Carbon Leakage

에너지 집약적인 업종에서 제조원가 측면에서 기업의 경쟁력에 영향을 미치는 요인으로 탄소 집약도, 에너지 집약도, 대외 무역 경쟁 노출도, 시장의 구조, 다른 업종 또는 소비자에게 비용을 전가할 수 있는 정도 등을 꼽을 수 있다. EU에서 철강업종은 Carbon Leakage 위험에 노출된 대표적인 업종으로 보고 있다. 2000년대 들어 유럽의 철강업종은 아시아 지역의 생산설비 증가로 인해서 구조적인 변화를 겪고 있다. 유럽의 철강 생산은 최근 10년 동안 거의 절반 수준으로 감소하였으며, 중국에 이어 세계 2위의 철강 생산지역으로 세계 시장의 11% 정도를 유지하고 있다. 유럽의 철강업종이 국제 경쟁력에 대해서 직면한 문제점은 원자재와 중간 자재의 확보, 수송비 등에 직접적인 관련이 있지만 이외에도 중국의 철강 생산설비 확대와 Shale 가스 생산 증가에 의해서 에너지 비용의 감소로 경쟁력을 강화한 미국의 철강업종, 유럽 시장에 진출하기 위한 러시아, 우크라이나, 터키 등의 철강 생산설비 확대, 자국 철강 산업을 보호하려는 경향을 보이는 브라질, 인도 등이 관련되어 있다.

EU에서 철강업종의 Carbon Leakage에 의한 역외 생산설비 재배치의 증거로 상대적인 투자규모의 감소를 지적한다. 철강 생산설비의 재배치가 일어나는 주된 이유로 세계 철강수요의 변화와 원자재 및 에너지 비용 등이 거론된다. 에너지와 원자재 가격은 철강 생산에서 가장 중요한 비용요소로 간주된다. 온실가스와 에너지와 관련된 기업의 비용구조에 대하여 철강업종을 포함한 EU의 에너지 집약적인 업종에서 주장하는 바는 EU의 기후변화 정책에서 유발된 높은 에너지 비용이 역외 국가로 철강의 생산설비를 이전하게 만드는 주된 이유라는 것이다. EU에서 높은 에너지 비용을 유발하는 기후변화 정책으로 인하여 기업은 미래의 에너지 비용이 증가할 것을 염려하여 역내에서 투자하는 것을 중단하고, 여타 세계의 다른 지역으로 투자를 옮겨간다는 주장이다. 이러한 주장은 Carbon Leakage 경로에서 생산설비를 재배치하는 투자 누출과 일치한다. 그러나 철강업종의 원가구조를 감안할 때 기후변화 정책과 관련된 비용이 생산설비 재배치의 주된 이유로 보는 것은 비합리적이다. 수송비용, 노동생산성, 환율의 변동성, 정치적 안정성 등이 더 중요한 요인으로 지적되고 있다. 실증적 분석에 의하면 EU의 철강업종에서 생산설비 재배치가 발생하는 실제 이유는 역내와 역외 사이의 에너지 가격의 차이, 역내의 온실가스 배출에 대한 제약 등을 포함하지만 원자재와 소비시장에 대한 근접성, 공장부지의 가격, 장기 투자에 우호적인 환경, 지리적 위치 등도 중요한 요소들이다.

　대체로 철강업체들이 기후변화정책에 의한 경쟁력 약화문제와 관련하여 제기하는 두 개의 핵심 논리는 제한적인 비용 전가 능력과 온실가스 감축에 대한 기술적 한계이다. 철강업체들이 비용 전가 능력이 제한적이라고 주장하는 이유는 고급 철강제품의 경우 비용 전가가 상대적으로 용이하지만 범용제품의 경우에는 업종 하위부문의 수요가 가격 탄력적이라는 것이다. 그러나 이러한 철강업체들의 주장은 기업이 온실가스 감축이라는 사회적 환경목표보다는 자사의 이익을 최대화하는 것이 중요하고, 또한 온실가스 감축 한계비용을 과대 추정하려는 전략의 일환이거나 기업의 전략적 행위와 선택의 하나로 정보 비대칭을 포함하는 정치적 이슈로 보인다. 만일 EU의 정책적 지원에 의해서 온실가스 감축에 대한 기술적 한계 문제를 해결한다면 온실가스 배출량의 감소로 탄소비용의 감소를 가져올 것이고, 전반적인 에너지 비용이 낮아질 것이므로 제한적인 비용 전가 능력에 대한 문제의 중요성은 많이 축소될 것으로 보인다.

　일부에서는 유럽 철강업종의 경쟁력 약화문제가 수요와 공급에서 발생한다고 지적하기도 한다. 철강업종의 경쟁력이 문제가 된 것은 EU의 금융위기로 인하여 수요가 25% 정도 급감함에 따라 자연적으로 설비 과잉 문제로 전체가 고통을 겪고 있다는 것이다. 이러한 역내의 설비 과잉으로 경쟁이 격화된 상황에서 역외에서 오는 수입품은 추가적으로 문제를 악화시켰다고 보는 것이다. 중국과 인도가 철강의 생산설비 능력을 대폭 확장함에 따라서 이미 많은 생산설비를 폐쇄하고 생산량을 줄인 유럽 철강업종에 과도한 압력을 가하고 있다는 것이다. 이러한 과잉 설비에 대한 해결책으로 고부가가치 제품으로의 품종 전환과 효율적인 철강의 사용 등이 제시되었다.

　요약하면, EU에서의 철강업종의 Carbon Leakage 위험과 경쟁력 약화문제는 두 가지 측면을 가지고 있다. 한편으로 철강업계는 EU에서의 높은 에너지 비용이 업종의 경쟁력에 영향을 미치고 유럽의 탈제조업화의 핵심적인 요인이라고 주장하는 반면에 철강업종이 EU의 기후변화 정책에 영향을 받았는지 실증적으로 유의미한 증거가 없고, 경쟁력에 대한 탄소비용의 영향이 크게 과장되어 있다고 본다. 실질적으로 EU ETS에서 철강업종은 배출권의 과다 무상할당으로 크게 혜택을 본 업종이다. 아울러 철강업종은 탄소비용에 따른 전력요금 인상분에 대해서도 충분한 간접적인 보상을 받았을 뿐만 아니라 무상으로 할당받은 배출권을 탄소비용으로 간주하여 이를 소비자의 제품가격에 상당부분 전가한 증거도 있는 것으로 나타났다.

EU 철강업종의 취약점으로 범용제품의 생산에서 부가가치가 높은 제품으로의 전환이 늦어지고 있는 점을 지적하는 견해도 있다. 철강업종은 자체 업종뿐만 아니라 여타 관련 업종까지도 저탄소 경제로 유인하는 데 필수적인 혁신을 유도할 수 있는 업종이다. 미래에 High-tech 철강제품에 대한 수요는 새로운 형태의 시장에서 지속적으로 증가할 것으로 기대된다. 기술혁신에 의해 생산된 철강제품에 대한 잠재시장으로는 풍력 터빈 같은 재생 에너지 설비, 건물의 에너지 효율, 새로운 경량 철강제품을 통한 에너지 효율, 전기자동차 제작에 필요한 철강 등이 거론된다. 따라서 철강업종을 하나의 별도의 업종으로 취급할 것이 아니라 광범위한 가치사슬의 일부로 인식하는 것이 중요하다.

과감한 에너지 및 기후변화 정책은 철강업종이 고부가가치 특수제품 분야로 이동할 수 있는 기회를 제공한다. 이러한 변신이 EU 철강업종이 세계 철강시장에서 경쟁력을 개선하고, 치열한 가격 경쟁에서 벗어나게 될 기회로 간주된다. 이러한 관점에서 전반적인 경제 상황과 제조업 하위부문의 건전성이 철강업종의 생존가능성에 영향을 미치므로 EU는 국제적으로 경쟁 가능하고, 여타 제조업 분야에서 필수적인 차세대 철강제품을 개발하는 경쟁력 있고, 지속가능한 철강업종을 정책목표로 설정하고 있다. EU의 강력한 전략 중의 하나는 중국과 인도로부터 수입되는 저부가가치 철강제품들에 대해서 역외 국가들과 가격경쟁에 나서는 대신에 고부가가치의 고급 철강제품을 만들어서 가치창조에 집중하고, 여기에 지원을 집중하는 것이다. 지식의 전파와 기술혁신은 시장에서 새로운 기회를 추구하고, 가치창조와 제품개발에서 EU 철강업종이 우위를 확보하도록 만드는 필수적인 요소이다. 종합하면, 지속가능성과 제품주기에 대한 분석과 연계된 수량이 아닌 가치에 대한 새로운 사고가 철강업종에서 강조되어야 한다.

5.4.3 철강업종의 탄소비용과 무역 집약도

철강업종은 EU ETS에 속한 제조업 중에서 시멘트업종 다음으로 많은 온실가스 배출량을 기록하고 있으며, Carbon Leakage List에 선정된 업종 중에서 가

표 5-3 철강업종의 탄소비용과 무역 집약도

Code	제품	탄소비용	무역집약도	CCL 포함 여부
24.10	Manufacture of basic iron and steel and of ferro-alloys	22.2%	25.1%	○
24.20	Manufacture of tubes, pipes, hollow profiles and related fittings of steel	1.6%	48.5%	○

장 에너지 집약적인 산업으로 전력 소비량이 많은 업종이다. EU ETS에서 철강업종은 제품에 따라 NACE Rev.2 Code가 두 개로 분류되며, 2차 Carbon Leakage List 선정 작업에 있어서의 탄소비용과 무역 집약도는 아래 <표 5-3>에 주어졌다. <표 5-3>에 나타난 바와 같이 철강업종 2개 모두 Carbon Leakage List에 선정되는 정량적 기준을 충족하고 있다.

기후변화정책에 의해서 발생하는 기업의 추가비용을 분석하는 경우에 직접 탄소비용과 간접탄소비용은 구분하여야 한다. 직접 탄소비용은 할당대상 업체들에 대한 의무이행을 부과하는 EU ETS에서 직접 기인하므로 외형적으로 확연히 나타난다. 즉, 할당대상 업체들이 의무이행을 위해 거래시장에서 직접 매입하는 배출권 수량과 가격이나 또는 자체적인 온실가스 감축비용 등의 형태로 나타난다. 철강업종은 각 업체의 배출량에 상응하는 충분한 배출권을 무상으로 할당받았고, 2017년까지 EU ETS에서 배출권 가격이 매우 낮은 수준에 지속적으로 머물러 있었기 때문에 대부분의 업체들이 직접 탄소비용을 부담할 필요가 없었다. 철강업종의 간접 탄소비용은 EU ETS에서 발전소에게 온실가스 배출에 대한 의무이행을 위하여 배출권을 경매에서 유상으로 매입하도록 강제하는 동시에 발전소에 대한 재생에너지 정책과 에너지 효율 정책 등이 있기 때문에 발생한다. 철강업종은 전력의 소모가 큰 업종에 속하므로 전력과 천연가스에 대한 의존도가 타 업종에 비해 높은 편이다. 철강업체들이 지불한 전력요금을 분석해 보면 에너지 부분이 상당한 부분을 차지하고 있지만 최종 금액에서 차지하는 다양한 세금과 분담금의 비중도 결코 낮지 않다.

철강업종에서 에너지 비용의 구성비는 두 개의 주요 생산방식, 즉 Basic Oxygen Furnace와 Electric Arc Furnace에 따라 에너지 투입 요소가 서로 다르기 때문에 크게 차이가 난다. Electric Arc Furnace와 합금철의 경우 전력요금이 상당한 경쟁력을 만들어 낼 수 있다. 그러나 대량 구매에 따른 전력요금 할인으로 혜택을 보는 곳은 Electric Arc Furnace 방식을 사용하는 대규모 업체들이다. 에너지 집약적인 업종의 전력요금에 대해서 고려하여야 할 다른 요소는 일반적으로 도매 전력요금이 낮아지는 경향이 있다는 것이다. 에너지 집약적인 업종의 에너지 비용을 고려할 때 발전소로부터 전가된 탄소비용을 감안해야 하는 것 이외에도 전기소비세, 전방산업에서 오는 탄소세, 친환경 허가증과 관련된 비용, 재생 전력에 대한 관세 등이 존재하는 반면에 전력요금 할인, 전력요금 보상제도, 재생에너지의 Merit-order 영향 등을 고려하여야 한다.

만일 특정 제품이 해외에서 대량으로 수입된다면 탄소비용은 이 제품의 시장 점유율과 투자 결정에 상당한 영향력을 미친다. 철강 완제품과 반제품의 27.8% 정도가 수입품이므로 철강 시장은 개방된 시장으로 볼 수 있고, 무역 집약도는 철강업종에 적절한 기준으로 볼 수 있다. 철강재는 중간 제품이라 볼 수 있고, 철강재에 대한 수요는 철강을 함유하는 제품의 수요에 크게 의존한다. 철강의 경우 Carbon Leakage의 위험은 철강에 대한 세계 수요의 변화에 의해서 발생한다. EU는 주로 철강 반제품에 대하여 수입하는 위치에 있다. 이는 철강에 대한 무역이 반제품 중심으로 진행되며, 주로 개발도상국들이 철강 반제품을 수출하는 위치를 점하고 있다. 전체 제품의 중량으로 보면 EU가 수입 초과를 보이고 있지만 고급 철강재에 대해서는 수출이 더 많은 편이다. 전반적으로 철강업종은 고급 특수 철강 제품의 수출이 증가하는 추세이지만 범용 제품에 대해서는 국제 경쟁이 매우 심한 편에 속한다고 볼 수 있다.

철강은 육상 또는 해상 수송과 자동차, 기계, 건축, 에너지, 방위 산업 등 다른 제조업 분야에 대해서 전략적인 중요성을 가지고 있다. 자동차 산업의 경우 특수한 고급 철강제품을 대량으로 구매한다. 이와 같은 경우에 철강제품에 대한 수요는 매우 비탄력적이며, 지리적인 접근성은 경쟁력 측면에서 유리하게 작용한다. 대형 철강제품들도 수송비용으로 인해서 지리적 접근성이 중요한 역할을 한다. 이러한 이유로 철강제품의 수출입은 주로 인접 국가들 사이에서 발생한다. 유럽에 철강제품을 수출할 수 있는 국가들은 동유럽 주변의 몇몇 국가들에 지나지 않는다는 주장도 여기에 기인한다. 철강제품의 간접적인 무역은 철강이 포함된 제품의 수출입을 의미한다. EU에서 철강이 포함된 제품의 수출입 규모가 감소하고 있다는 점은 역내에서 이들 제품에 대한 수요가 매우 안정적이고, 역외에서는 EU 제품에 대한 수요가 약간씩 감소하고 있다는 점을 보여주고 있다. 따라서 철강에 대한 EU 시장은 비교적 소비가 고정되어 있는 시장이다. 반대로 금융위기 이전에 발생한 철강 설비에 대한 대규모 투자는 아시아에서 이루어졌다. 이러한 과도한 투자는 결과적으로 과잉설비로 이어졌으며 국제적으로 경쟁의 격화를 야기했다. 아시아에서의 높은 성장률과 시장 점유율의 상승은 아시의 생산설비 능력에 의해서 잘 나타나 있다.

5.4.4 철강업종의 사례연구 결과

EU는 ETS로 인한 유럽 제조업의 경쟁력 약화가 발생하고 있는지를 실증적으로 검증하기 위해서 2015년 프로젝트 용역을 실시하였다. 이 프로젝트는 Turcea, Ioana & Kalfagianni, Agni에 의해서 진행되었으며, 연구결과는 2015년 5월 "How to stay competitive while reducing carbon leakage: A policy analysis from the steel sector in the EU"라는 보고서로 출간되었다. Carbon Leakage의 사례연구 대상으로 선정된 제조업은 철강업종으로 이 업종은 EU ETS로 인해 Carbon Leakage에 노출될 위험이 가장 높은 업종인 동시에 다른 제조업의 탈이산화탄소에 가장 큰 영향을 미칠 수 있는 업종이기 때문이다.

이 연구에서는 정책 수립과 정책 수단의 채택, 정책 수행 등에 초점을 두고 다양한 정책 대안을 평가하기 위한 기준과 지표를 제시하고 있다. 정책을 수립하는 데 있어서 Carbon Leakage와 장기적인 경쟁력 문제, 기술 혁신 상호 간의 작용이 가장 중요한 요소가 된다. 평가 기준은 환경적인 유효성과 동적인 효율성, 정치적 가능성, 법적 가능성이며, 각 기준은 일련의 지표를 갖고 있다. 환경적 유효성의 지표는 EU의 2020년도부터 2050년까지 기후정책 목표들을 달성하는 것과 에너지와 원재료 효율성을 개선하는 것, 화석연료에 대한 의존도를 줄이는 것, EU에서의 기술혁신과 기술적 지도력에 기여하는 것 등으로 구성된다. 동적 효율성의 지표는 온실가스 감축기술에 대해서 투자를 유인하는 지속적인 동기부여의 제공과 혁신적 저탄소 기술의 전파를 가속시키는 것, 화석연료의 지속적인 사용을 피하고 기술적 경쟁을 강조하는 것, 공정과 연료연소에서 나오는 배출량을 모두 고려하는 것, 정책의 종합적인 접근방식 등이다. 정치적 가능성의 지표는 정책 입안자인 EU 집행부로부터 정책에 대한 지지와 정책 대안에 대한 Eurofer의 입장, 분배에 미치는 영향에 대한 인식, EU와 제3국가 사이의 무역관계에 미치는 영향에 대한 이해당사자들의 인식 등으로 구성된다. 법적 가능성의 지표는 WTO 관련법의 준수, 국제협력 관계에서 다른 공약, 책임, 능력 등과 부합하는 것, EU 법안의 준수, EU 역내 경쟁의 왜곡을 없애는 것 등이다.

종합적으로 이 연구는 EU의 대표적인 에너지 집약 산업의 철강업종에서 제기되는 Carbon Leakage와 경쟁력 문제에 대해서 핵심적인 해결방안으로 기술혁신을 제시하는 새로운 관점을 제공한다. EU가 에너지 집약적인 산업을 탈이산화탄소 산업으로 전환하는 과정에서 Carbon Leakage와 경쟁력 문제에 대하여 기술혁신과 탈이산화탄소에 대한 고려가 구체화된 종합적인 정책으로 산업계로 하여금 제조원가에서 에너지 관련 비용을 줄일 수 있게 하고, 혁신적인 고부가가치 제품의 개발을 통해서 새로운 시장의 확보를 가능하게 한다고 주장한다.

이 연구는 에너지 집약적인 산업 중에서도 업종 수준에서 보면 무시할 수 없는 다양한 차이가 존재하며, 철강업종 내에서도 상당한 차이가 존재하고 있다는 점을 강조한다. 철강업종은 매우 복잡한 제조업이며, 하나의 정책으로 모든 것을 해결하려는 것은 올바른 접근방식이라 볼 수 없다는 것이다. 과거에 하나의 정책으로 접근한 것이 철강업종에서 일부에게는 막대한 Windfall Profits을 가져다 준 반면에 일부에게는 경쟁력 측면에서 부정적인 영향을 주었다고 보았다.

이 연구의 결론은 높은 수준의 배출권 가격이 에너지 집약적인 업종의 경쟁력에 대해서 위협적인 것은 아니라 오히려 배출권 가격이 높을수록 화석연료에 대한 의존도를 줄이고 에너지와 연료의 효율성을 높이는 생산방식의 개발에 힘쓰게 된다는 것이다. 만일 정부가 배출권 경매수익을 기업의 온실가스 감축기술에 투자하는 기업을 지원하는 데 사용한다면 기업의 탄소비용을 절감하는 데 도움이 되며, 이에 따라 기업의 온실가스 배출량은 감소하고 기술혁신은 지속된다고 보았다.

아울러 철강업종뿐만 아니라 철강제품을 원자재로 활용하여 제품을 만드는 연관 제조 업종에 대해서도 정책적으로 심각히 고려를 해야 한다고 주장한다. 현재 EU의 철강업계가 직면한 과잉설비와 낮은 수익성 구조는 신규 설비투자와 기존 설비를 개선하는 투자를 축소하는 역기능을 하고 있으므로 이러한 상황에서 철강업종 자체의 온실가스 배출량을 감축하는 것만 아니라 다른 제조업의 온실가스 배출량을 감축할 수 있는 혁신적인 철강제품을 개발하여 전체 경제를 탈탄소화의 길로 유도할 수 있는 기회를 포착하는 것이 종합적인 더 나은 정책으로 판단하고 있다.

제6장 EU의 Transport 부문에 대한 온실가스 감축정책

6.1 Transport 부문의 온실가스 감축정책

6.1.1 Transport 부문의 온실가스 배출량 추이

Transport 부문은 EU 온실가스 배출량의 1/4 이상을 차지하는 가장 배출량이 많은 부문에 속한다. 1990년 이래 대부분의 경제부문에서 온실가스 배출량이 감소하고 있지만 Transport 부문에서의 배출량은 25% 이상 증가하였다. 만일 Transport 부문에서의 온실가스 배출량을 빠른 시일 내에 적정 수준으로 통제하지 못한다면 EU의 2030 온실가스 배출량 목표는 달성하기 어려운 것이 현실이다. 또한 Transport 부문에서의 배출량을 거의 완전한 수준까지 제거하지 못한다면 EU가 새로운 장기 전략으로 내세우고 있는 2050년까지 온실가스 배출량이 사실상 제로인 순환경제의 실현은 불가능할 것으로 보인다. EU가 2050년까지 Transport 부문에서의 배출량을 제로 수준으로 낮추려고 하는 목표는 기존 자동차 내연기관에 대한 기술 혁신으로 배출량을 개선하는 정도의 정책으로 달성할 수 있는 수준을 넘어서고 있다. 따라서 최소한 2035년까지 내연기관을 엔진으로 장착한 자동차의 판매를 중단하는 것이 필요하다. 이러한 변혁은 단순히 내연기관 자동차를 전기 자동차로 교체하는 것으로 끝나는 것이 아니라 자동차 소유권, 자동차 관련 세금 제도, 자동차 운행에 관련된 각종 제도 등 사회 전반적인 변화를 요구한다.

EEA(European Environment Agency)의 통계자료에 의하면 2016년 Transport 부문의 온실가스 배출량은 1,205백만 톤으로 전체 EU 온실가스 배출량의 27%를 점하고 있는 최대 배출부문이다. 승용차의 온실가스 배출량은 Transport 부문 배출량의 41%를 차지하고 있으며, EU 전체 배출량의 11%에 달하고 있다. Transport 부문에서 사용하는 연료는 석유로 93% 정도가 러시아를 비롯한 다수의 산유국에서 수입하고 있다. 온실가스는 휘발유, 등유, 경유 등 원유를 정제한 석유제품을 내연기관에서 사용할 때 발생한다. EU에서 소비하는 전체 석유제품에서 Transport 부문이 대략 66% 정도를 소비한다. 석유에 대한 수요는 매년 증가하는 모습을 보이고 있다. 예를 들어 전년 대비 2017년에 2% 정도 증가하였으며, 2018년에도 Transport 부문에서의 수요증가로 대략 1% 정도 증가할 것으로 추정된다. 다른 부문과는 달리 Transport 부문에서의 온실가스 배출량은 <그림 6-1>에서 보여주듯이 1990년 이래 지속적인 상승 추세를 보였으며, 금융위기 직전인 2007년에 1,134백만 톤으로 정점에 도달한 이후 2013년 1,021백만 톤까지 일시적으로 하락하기도 했지만 이후부터 상승 반전하여 2017년까지 지속적으로 상승하고 있다. 특히, 다른 부문과는 달리 1990년 이래로 단 한 번도 1990년보다 더 낮은 수준의 배출량을 기록한 적이 없다.

2016년을 기준으로 보면 <그림 6-2>에서 보여주듯이 Transport 부문의 배출량 중에서 도로 교통수단이 차지하는 비중은 72%에 달한다. 해상운송 부문이 13.6%, 항공부문이 13.3%를 차지하고, 철도는 0.5%에 지나지 않는다. 도로 교통수단이 차지하는 72%를 세분화하면 일반 승용차가 43%를 차지하고 있으며, 대형 트럭과 버스가 18.9%, 소형 트럭이 8.5%를 각각 차지하고 있다.

승용차 부문에서의 배출량 증가는 승객의 주행거리가 늘어난 것이 주된 원인이다. 열차의 경우에는 승객의 주행거리가 6% 정도 늘어났음에도 불구하고

그림 6-1 Transport 부문의 온실가스 배출량 추이

출처: "Greenhouse Gas Emissions from Transport", European Environment Agency, Nov. 2018.

그림 6-2   Transport 부문 교통수단별 배출량 비중(2016년)

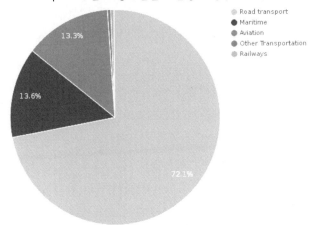

출처: "Greenhouse Gas Emissions from Transport", European Environment Agency, Nov. 2018.

배출량은 50% 정도 감소하였다. Van의 경우에는 1990년 이래 45% 정도의 배출량이 증가하여 Transport 부문에서 최대의 증가폭을 기록하였다. 일반적으로 Van은 트럭에 비해서 규제가 심하지 않기 때문에 많은 소형 트럭이 Van으로 대체된 것으로 보이며, 승용차에 비해서 세제상 유리하기 때문에 이 또한 Van이 크게 증가하는 원인을 제공한 것으로 보인다.

　　일반적으로 자동차로부터의 온실가스 배출량은 국가의 부의 수준과 비례해서 증가한다. 상대적으로 부유하지 않은 회원국이 몰려 있는 중앙 유럽 및 동부 유럽 회원국에서의 국민소득 대비 온실가스 배출량은 1백만 톤 이하이지만 대체로 다른 부유한 회원국들은 1~2백만 톤 범위에 들어간다. 단, 룩셈부르크만 예외적으로 약 4백만 톤을 기록하고 있는데 이는 룩셈부르크가 자동차 연료에 대한 세금을 인접 국가들에 비해서 상당히 낮게 부과하기 때문에 발생하는 비정상적인 현상이다. 또한 자동차의 온실가스 배출량은 자동차 무게에 따라 증가하는 경향이 강한데 부유한 국가의 소비자들이 상대적으로 자동차의 중량이 많이 나가고, 엔진의 용량이 크며, 연료 소모가 큰 자동차를 선호하는 경향이 강하다. 지리적으로 보면 지중해 연안 국가들과 동부 유럽의 국가들이 상대적으로 배출량이 적은 자동차를 이용하는 모습을 보이고 있다.

6.1.2 승용차와 Van의 배출량을 감축하기 위한 EU의 정책

EU 집행부는 2017년 11월에 2025년과 2030년에 적용될 승용차와 Van에 대한 온실가스 배출량 기준을 잠정적으로 설정하여 '3차 Mobility Package'의 일부로서 발표하였다. 2018년 12월에 EU 집행부에서 제시한 기준보다 좀 더 엄격해진 기준으로 EU 의회와 합의를 하였으며, 2019년 1월에 각 회원국의 승인을 얻었다. 이 법안은 최종 입법 단계에 들어갔으며 2019년 여름에 모든 절차가 종료된다. 새로 합의한 기준에 의하면 2030년에 새로이 등록하는 승용차의 온실가스 배출량은 2021년 대비 37.5% 감축하여야 하며, Van의 온실가스 배출량은 31% 감축하여야 한다. 중간 과정으로 2025년에 새로이 등록하는 자동차와 Van의 온실가스 배출량은 2021년 대비 15% 낮아야 한다.

NEDC(New European Driving Cycle) 검증절차에 따라 2020년과 2021년에 등록하는 승용차에 대한 온실가스 배출량은 $95gCO_2$/Km와 Van에 대한 온실가스 배출량은 $147gCO_2$/Km를 지켜야 한다. 2021년부터 자동차의 온실가스 배출량 검증은 새로운 배출량 검증절차인 WLTP(Worldwide Harmonized Light Vehicle Test Procedure)에 따른다. WLTP를 사용함에 따라 2025년과 2030년 자동차 온실가스 배출량 기준은 절대량을 설정하지 않고, 2021년 배출량 대비 일정 % 감축으로 설정되었다.

'3차 Mobility Package'에서는 2025년과 2030년 이산화탄소 배출량 목표를 클린 자동차 시장에 대한 투자를 유인하기 위한 명확한 신호를 시장에 보내기 위해서 저탄소 또는 무탄소 자동차에 대한 기술 중립적 인센티브 체계와 연계하고 있다. 인센티브는 전기 자동차 또는 연료전지 자동차와 같은 무탄소 자동차와 주로 하이브리드 자동차가 해당되는 배출가스 기준으로 $50gCO_2$/km 이하인 저탄소 자동차에 적용된다. 저탄소 또는 무탄소 자동차의 비중이 벤치마크로 제시된 2025년에 15%, 2030년에 승용차는 35%, Van은 30%를 초과하는 자동차 회사에 대해서는 이산화탄소 배출기준이 완화되어 적용하는 방식으로 보상된다. 저탄소 또는 무탄소 자동차의 비중을 확인하기 위해서 해당 자동차의 배출량 실적에 대한 수치적인 검증이 따르므로 저탄소 자동차보다 무탄소 자동차에게 상대적으로 더 높은 비중이 부여된다. 단, 승용차에 대한 인센티브는 개별 회원국별로 5% 한도가 주어진다. 예를 들어 특정 국가에서 신규로 등록한 저탄소 또는 무탄소 승용차의 비중이 5%를 초과하면 초과하는 부분에 대해서 더 이상 인센티브를 부여하지 않는다. 그러나 Van에 대해서는 이러한 한도가 설정되어 있지 않다.

'3차 Mobility Package'는 자동차 산업에 고용된 노동자의 재교육과 기술 향상을 위한 충분한 시간적 여유를 제공하기 위해서 전통적인 내연기관 자동차에서 전기 자동차로의 점진적인 교체를 지원한다. 따라서 주력 자동차의 교체에 따른 낙후 지역이나 유휴 노동자가 발생하지 않도록 하고 있다. 자동차 업종의 변혁이 고용에 미치는 영향은 사회적 공정성과 정의로운 변혁이라는 조항에서 다룬다. EU 집행부는 정의로운 변혁을 담보하기 위해서 잉여 Premium에서 특정 펀드나 관련 사업으로 수익을 할당하는 가능성을 고려하고 있다.

모든 자동차 회사가 동일한 목표를 달성해야 하는 것은 아니다. 대신에 특정 자동차 회사의 Fleet에 속한 모든 신규 승용차와 Van에 대한 평균 시험 중량에 근거한 EU 전체의 Fleet 목표 Set가 모든 자동차 회사에 배포된다. 이러한 접근방식은 현행 규정에 부합하는 것이고, 유럽 자동차 시장의 다양성과 개별 소비자의 욕구에 대해 맞추어 줄 수 있는 능력을 지속해 나가는 것을 허용하는 것이다.

EU 집행부의 제안은 이산화탄소 감축목표를 비용 효과적으로 이행하기 위한 몇 개의 조항을 담고 있다. 우선 친환경적인 기술 혁신에 의한 이산화탄소 배출량의 감축은 자동차 회사가 각자의 평균 배출량을 낮추는 데 도움을 줄 수 있도록 하고 있다. 이들 혁신적인 기술은 배출량을 감축하는 데 대한 영향이 공식적인 검증 절차에 반영되지 않은 것을 말한다. 새로운 제안은 친환경 혁신의 범위를 에어컨 시스템을 포함할 수 있도록 확장하고, $7_g CO_2/km$ 한도를 2025년부터 개정하는 것을 포함하고 있다. 승용차 10,000대 또는 Van 22,000대 이하의 소규모 자동차 제조회사는 각사의 특수한 상황을 고려해서 이산화탄소 배출량 목표의 하향 조정을 신청할 수 있다. 이러한 하향 조정은 2028년까지 한시적으로 적용된다. 목표가 낮아진 소규모 자동차 회사를 제외하고 다른 자동차 제조회사는 공동의 이산화탄소 배출량 목표를 달성하기 위해서 연합하는 것이 가능하다.

현실에서 이산화탄소 배출량을 감축하려는 목표의 효과성은 실제 주행에서 배출량을 결정하는 공식 검증절차의 대표성과 배출량 검증에 사용된 차량과 실제 시장에서 판매되는 차량이 얼마나 일치하는가에 달려 있다. 목표의 효과성을 담보하기 위해서 제안에는 신뢰할 만한 시스템을 유지하기 위한 시장 감독체계의 도입이 포함되어 있다. 즉, 실제 자동차 연료 소비 자료의 수집과 발표 등이 따를 것이다. 이는 자동차 제조회사들에게 의무화된 새로운 자동차 내부의 표준화된 연료 소비 측정기기를 통해서 나온 자료를 근거로 할 것이다. 더욱이, 검증에서 가록한 차량의 실적이 실제 주행에서도 동일한 성과를 내는 것을 담보하기 위해서 In-service 부합도 검증이 도입될 예정이다. 만일 두 값에 차이가 날 경우에는 의무이행 평가 기간 중에 이러한 차이를 수정할 수 있도록 정정체계가 수립된다. EEA는 자동차 제조회사별 이산화탄소 산출방식이 포함된 전년도 검증자료를 매년 주기적으로 공표한다. 만일 자동차 제조회사가 자사의 목표를 초과하여 이산화탄소를 배출하는 경우에는 개별 신규 등록 자동차에 대해서 gCO_2/km 당 €95의 벌금이 부과된다.

6.1.3 Heavy-duty Vehicles 배출량을 감축하기 위한 EU의 정책

2018년 현재 EU에는 7백만 대 정도의 트럭이 운행 중에 있으며, 평균 1년에 38만 대 정도가 신규로 등록한다. 2010년부터 2016년 사이에 신규 등록 트럭의 숫자는 45% 정도 증가하였다. EU 화물운송의 70% 정도는 도로를 이용하는 차량에 의해 운송된다. EU에서 화물운송과 버스 승객 등에 관련된 업종에 속한 중소기업의 수는 60만개 정도이며, 이 업종에 종사하는 인원은 대략 3백만 명 정도로 추산한다.

EU의 트럭 시장은 Daimler Trucks, MAN Truck and Bus, Volvo Trucks, Scania, DAF, Iveco 등 6개 주요 자동차 회사가 전체 시장의 88% 차지하고 있다. 또한 약 350만 명 정도가 트럭의 제작, 수리, 판매, 리스, 보험 등 관련 업무에 종사하고 있다. HDV(Heavy-duty Vehicles)에 속한 차량은 관련 기술, 규모, 중량 등이 서로 다른 다양한 차종이 속한 분야로서 주로 특정한 고객층이 특정한 용도로 사용하는 차량들이 주류를 이루고 있다. HDV는 차종의 범위가 광범위하기 때문에 신뢰할 만한 비용 효과적인 방식으로 온실가스 배출량이나 연료 소비량에 대해서 측정하는 것이 매우 어렵다.

HDV는 2016년을 기준으로 도로 교통에서 발생하는 온실가스 배출량의 27%와 EU 전체 배출량의 5% 정도를 차지하고 있다. 1990년 이래로 HDV에서의 배출량은 도로 화물운송의 증가에 따라 25% 증가하였으며, 새로운 정책이 시행되지 않는다면 지속적으로 증가할 것으로 예측되고 있다. 2015년 2월 EU 집행부가 제시한 'Energy Union Strategy'는 2030 에너지 및 기후 목표를 달성하기 위해서 도로 교통에서 추가로 탈이산화탄소를 진행하여야 한다고 강조하고 있다. 이어서 2016년 6월에 발표된 'European strategy for low-emission mobility'는 디지털 기술을 활용하여 교통체계의 효율성을 향상하는 데 중점을 두고 있다. 아울러 수송수단에서 저탄소 대체 에너지의 사용을 장려하고, 무탄소 차량으로 전환하기 위한 정책들을 제시하였다.

2018년 5월 EU 집행부는 Transport 부문에서의 온실가스 배출량을 감축하고, 'Climate Action Regulation'에 해당하는 부문에서의 2030년 30% 감축목표를 달성하기 위해서 EU에서 최초로 HDV에 대해서 이산화탄소 배출량 기준을 제시하는 법안을 '3차 Mobility Package'의 일부로 제출하였다. 신규 트럭에 대한 평균 배출량 목표는 2025년에 2019년 대비 15% 감축이며, 2030년에 2019년 대비 최소한 30% 감축이다. 신규 트럭에 대해서 배출량을 2030년까지 2019년 대비 30% 감축하는 안은 2019년 2월 EU 집행부와 의회 사이에 합의에 도달하여 입법절차만을 남겨두고 있다. 2030년 목표는 의욕적으로 장기적인 방향을 제시하기 위해서 설정된 것으로 2022년 새로운 기술에 대한 추가 정보를 반영하기 위해서 재검토가 필요한 지향적인 목표이다. 2025년 목표는 법적으로 강제력이 있으며, 현존하는 기술로도 달성이 가능할 것으로 평가된다. 첫 단계로 HDV 배출량의 70% 정도를 차지하는 대형 트럭에 대해서 이산화탄소 배출 기준이 제시되었다. 2022년에 다른 소형 트럭, 버스 등에 대한 이산화탄소 배출 기준이 제시될 예정이다.

EU 집행부의 추정에 따르면 비용 효율적인 방식으로 2030년 'Climate Action Regulation'에 해당부문의 목표를 달성하기 위해서 도로 교통부문에서 2030년까지 2005년 배출량 대비 25% 감축하여야 한다. 그러나 현재 입법과정이 진행 중인 승용차와 Van에 대한 감축정책이 시행되지 않는다고 가정하면 배출량 감축은 17% 정도 가능하고, 승용차 및 Van에 대한 감축 정책이 예정대로 시행되면 21% 정도 감축이 가능할 것으로 추정하였다. 만일 위와 같은 내용으로 HDV에 대한 배출량 규제정책이 시행된다면 2030년 목표에서 차이가 나는 4%는 1% 이내로 축소될 것으로 보인다. HDV의 배출량 규제 이후에도 남는 1%에 대해서는 다른 정책, 예를 들면 자동차 연료에 대한 재생에너지 사용비율의 제고 등을 통해서 관리할 수 있을 것으로 보인다.

이 제안에는 기술 중립적인 방식으로 저탄소 및 무탄소 자동차의 확대를 위한 인센티브 내용도 포함되어 있다. 현재 EU에서 운행 중인 HDV의 98% 정도가 경유를 연료로 사용한다. 사실상 무탄소 대형 트럭은 존재하지 않으며, 일부 도시에서 무탄소 버스를 운행하고 있다. 대부분의 자동차 제조회사들은 향후 무탄소 HDV의 개발에 나설 것을 이미 공언한 상황이다. EU 집행부는 배터리에 대한 Action Plan을 보완하는 인센티브 시스템을 통해서 이러한 기술들을 육성하고 지원하기로 제안하였다. 'Super Credits'는 이산화탄소 배출량 목표를 지키면서 혁신적 기술에 투자하는 자동차 회사에 더 많은 보상을 주는 체계로 무탄소 차량의 경우 2대, 저탄소 차량의 경우 각자의 배출량에 따라 2대 미만의 값을 부여한다. 'Super Credits'는 배출량 목표 달성에 저해가 되지 않도록 자동차 회사가 이를 활용하여 낮출 수 있는 배출량 한도는 3%로 제한된다. 'Super Credits'는 기술 혁신을 장려하기 위해서 버스, 소형 트럭 등도 대상이 되지만 이들 차량의 경우 자동차 회사가 낮출 수 있는 배출량 한도는 1.5%로 제한된다. 'Super Credits'는 해당되는 차량을 위한 EU 시장을 개척하는 자동차 회사와 공공기관을 지원하는 것을 의도하고 있다.

이 제안에는 비용 효과적인 이행이 가능하도록 여러 요소들을 포함하고 있다. 우선 생산과정이 장시간 소요됨을 감안하여 조기 목표 달성에 대한 보상과 목표의 환경적인 내용만 유지된다면 이월과 차입이 가능하도록 되어 있다. 자동차 제조회사가 각자의 다양한 차종에 배출량 균형을 맞추기만 하면 되는 완전한 유연성이 부여되어 있다. 또한 청소 전용차나 건설 중장비 등과 같이 특수 차량은 이산화탄소 감축 효과가 제한적이므로 배출규제에서 제외된다.

적절한 성과 기준의 관리를 위해서 목표에 미달하는 경우 벌금을 부과하거나 실제 주행에서의 배출량이 수집, 공개, 검증이 따른다. 'Monitoring and Reporting Regulation'에 의하면 2019년 1월부터 자동차 제조회사는 EU 시장에서 판매를 목적으로 생산하는 개별 화물 자동차에 대해서 연료의 소비량과 이산화탄소 배출량을 매년 EU 집행부에 보고하여야 할 의무가 있다. 이 정보는 새로운 VECTO(Vehicle Energy Consumption Calculation Tool)를 사용하여 산출된다. VECTO는 EC가 개발한 새로운 Simulation으로 3.5톤 이상의 HDV의 이산화탄소 배출량과 연료 소비량을 결정하기 위한 도구이다. 2019년 1월부터 일정한 형태의 모든 트럭은 신규 등록할 때 VECTO가 법적으로 강제로 적용된다. 2019년부터 VECTO에 의해 결정된 이산화탄소 배출량과 연료 소비량은 EU 집행부에 보고되며, 취합하여 각 트럭 종류별로 자료가 일반에 공개된다. VECTO 소프트웨어 플랫홈은 HDV의 인증절차에 필요한 VECTO-Engine, VECTO-AirDrag, VECTO-hash&sign 등 다양한 도구로 구성되어 있다. 'Certification Regulation'에 의하면 화물 자동차 제조회사는 7.5톤 이상의 화물 차량에 대해서 이산화탄소 배출량과 연료 소비량을 산정하여야 한다. 그러나 향후에는 자동차 제조회사가 보고하여야 할 대상이 소형 화물 차량과 버스, 트레일러 등으로 확대될 예정이다. 화물 차량의 이산화탄소 배출량, 연료 소비량, 다른 관련된 기술적인 정보 등 모든 수집된 자료는 EEA에 의해서 2019년도 자료부터 다음 해인 2020년에 일반에게 공개될 예정이다.

이 제안에 의해서 자영업자를 비롯한 소상공인들과 소비자들은 연료비용을 절감할 수 있게 되며, EU 자동차 회사들과 부품 협력업체들은 기술적 우위를 유지하는 데 도움이 된다. 이 제안에 따르면 2020년부터 2030년 사이에 약 54백만 톤의 배출량을 감축할 수 있으며, 2025년에 구매한 신규 트럭 1대 당 최초 5년간 €25,000의 연료비를 절약할 수 있을 것으로 기대된다. 2030년에 신규로 구매한 트럭의 경우 연료비 절감은 최초 5년간 €55,000에 달하는 것으로 추정된다. EU 전체적으로 2020년부터 2040년 사이에 170백만 톤의 석유 소비가 절약될 수 있을 것으로 기대된다.

6.2 자동차 온실가스 배출량의 검사방식

6.2.1 기존 NEDC 검사방식의 문제점

2000년 이래로 EEA는 신형 자동차에 대해서 NEDC 실험절차에 따라 실험실에서 이산화탄소 배출량을 측정해 왔다. EEA 자료에 의하면 신형 자동차의 실험실 평균 온실가스 배출량은 2000년의 $172.2gCO_2$/km에서 2016년의 $118.1gCO_2$/km로 31% 감소하였다. 신형 자동차의 온실가스 배출량에 대한 규제는 2008년까지 자동차 업계의 자율에 맡겨져 있었으며, 자동차 업계는 2008년까지 $140gCO_2$/km을 지키겠다고 선언한 바 있었다. 그러나 2000년부터 2008년까지 실험실에서의 자동차의 평균 온실가스 배출량은 11% 낮아지는 데 불과하였다. 이와 같이 자동차 업계가 약속을 이행하지 못함에 따라 EU는 2009년부터 강제적인 규정을 제정하였으며, 중간 목표로 2015년까지 $130gCO_2$/km, 2020년까지 $95gCO_2$/km를 배출기준으로 정하였다. 위의 기준은 차후에 2020년은 신형 자동차의 95%와 2021년은 판매될 자동차의 100%에 적용하는 것으로 완화되었다. 강제 규정이 제정된 이후 2008년부터 2016년까지 실험실에서의 자동차의 평균 온실가스 배출량은 23% 낮아졌다.

그러나 EU에서 규정한 실험실에서 진행한 자동차 온실가스 배출량 측정값은 자동차가 실제로 도로를 주행할 때 배출하는 온실가스 배출량하고 같지 않으며, 해를 거듭할수록 그 차이가 커진다는 데 문제의 소지가 있었다. 두 측정치의 차이는 2001년에 8%에서 2012년에는 28%, 2016년에는 42%로 커졌다. 이러한 차이는 운전자가 과거의 운전 방식을 크게 바꾸었기 때문에 발생하는 것이 아니며, 실험실에서 사용한 자동차와 실제로 판매되는 자동차의 옵션의 차이에서 발생하는 것도 아니다. 실험실용 자동차와 실제 판매된 자동차의 옵션의 차이에서 발생하는 온실가스 배출량의 차이는 실제 발생한 배출량 차이의 약 4% 정도만 설명할 수 있는 것으로 검증되었다. 매년 두 측정치의 차이가 커지는 이유는 자동차 업계가 주장하는 바와 같이 매년 자동차는 효율적으로 개선되고 있으므로 통계적 이상 현상이 아니며, 또한 실험 방법도 동일한 NEDC 검사 절차를 따랐으므로 이에 문제가 있었던 것도 아니다. 가장 근본적인 이유는 최근에 밝혀진 Diesel Gate에서 보듯이 자동차 업계가 배출량 검사 절차를 지키지 않고 다양한 방법을 동원하여 배출량을 인위적으로 축소 조정하였기 때문에 발생한 것이다.

또한 기술적으로 효율화된 신형 자동차는 실험실보다는 주행 테스트를 통해서 온실가스 배출량을 더 정확히 측정할 수 있었던 것도 하나의 이유이다. 궁극적으로 실험실에서의 자동차 업계의 인위적인 조작이 서류상 온실가스 배출량 개선의 가장 큰 요인임은 분명하다. 검사 결과에 따르면 2008년까지 자동차 업계의 인위적인 조작에 의한 배출량 차이는 $21gCO_2$/km에 달하는 것으로 밝혀졌으며, 이는 자동차 업계가 천명한 2008년까지 자발적인 온실가스 배출량 감축목표와 일치하는 수치로 사실상 실제 도로에서는 2008년까지 아무런 배출량 개선이 이루어지지 않았음을 보여주고 있다.

대부분의 대형 자동차 업체들은 NEDC 검사 절차에서 부여하고 있는 유연성을 점점 더 많이 업체에 유리하게 이용하고 있다. 이에 따라 실험실 측정치와 주행 테스트에 의한 측정치의 차이는 점점 더 커지고 있다. 2016년 자료에 따르면 벤츠의 경우 그 차이가 50%를 초과하는 것으로 나타났으며, AUDI, 토요타, BMW 등도 45%를 넘는 것으로 나타났다. 이러한 과도한 차이는 전문가들조차 정상적으로 설명할 수 없었으며, 실질적으로 공식적인 배출량 측정 장치를 무력화시키는 특수 장치를 실험실 자동차에 부착하지 않고는 달성하기 어려울 것으로 추측할 수 있었을 뿐이다. 2016년 11월 Volkswagen은 자동 Transmission을 장착한 AUDI 자동차의 경우 실험실에서 검사 중에 이산화탄소 배출량을 왜곡할 수 있는 장비를 장착하고 있다고 인정하였다. 이러한 자동차 업체들의 배기량 실험 조작행위는 궁극적으로 소비자와 환경에 손해를 입혔다. 자동차 업체들이 선전한 효율적인 연비는 사실상 도로 주행에서는 일어나지 않았던 것이다. 소비자 입장에서는 정확한 정보를 바탕으로 자동차를 선택할 수 있는 기회를 상실하였으며, 또한 전체 EU 자동차 업계에 대한 신뢰와 EU의 규제체계에 대한 신뢰를 상실하는 결과를 초래하였다.

6.2.2 WLTP 검사방식

NEDC 실험절차가 신뢰 상실의 위기에 부딪힘에 따라 새로운 배출량 측정방법으로 이전 검사에 비해 크게 개선된 WLTP 검사가 제시되었다. WLTP 검사에서 자동차는 이전에 비해 훨씬 장거리를 주행하게 되며, 실제 도로주행보다는 미흡하지만 주행방식도 급작스런 가속을 포함하여 상당히 동적으로 바뀐다. WLTP는 NEDC에 비해 정지된 상태에서의 측정이 대폭 감소하고, 고속도로 주행에 상응하는 높은 속도에서의 측정 시간도 크게 증가한다. 검사 방식의 변화뿐만 아니라 검사에 사용하는 자동차에 대한 사양도 매우 엄격해진다. 따라서 이전 검사에서 자동차 업체들이 악용한 다양한 편법들이 모두 배제될 예정이며, 자동차의 중량도 적절한 옵션을 장착한 후에 최소 중량과 최대 중량 양쪽 모두에서 배기량을 측정할 예정이다. 이러한 조치로 인하여 WLTP는 자동차가 실제로 도로 주행할 때 배출하는 온실가스 배출량에 가까운 측정값을 얻을 수 있을 것으로 판단된다. 그럼에도 불구하고 WLTP는 자동차가 실제로 도로를 주행하는 것이 아니라 여전히 실험실을 이용해서 얻어지는 배출량 측정치이므로 실제 배출량과는 약 23% 정도의 차이를 보일 것으로 추정된다. 이러한 차이는 실험실 검사에서의 융통성에서 기인하는 부분이 약 10%, 도로보다는 실험실에서 좋은 성능을 발휘하는 기술적인 요인이 약 8%, 실험실에서 측정할 때 자동차 옵션에 해당하는 부속품을 제외하는 데서 기인하는 요인이 약 5% 정도로 추정된다. 이러한 차이는 2025년에는 자동차 업체들이 기술 발전과 더불어 실험실에서의 융통성을 더 많이 악용할 것으로 예상되므로 31%까지 확대될 것으로 예상된다.

   따라서 2020년 이후의 승용차 및 승합차 온실가스 배출량의 측정에 대한 EC의 제안에는 실험실 측정치와 도로 주행에서의 측정치의 차이를 축소하기 위하여 실험실에서 검사하기 이전에 도로에서 운행한 자동차를 바로 WLTP 실험실에서 반복적으로 검사하는 In-service Confirmity Check 방식이 포함되어 있다. 또 이 제안에는 자동차의 검사 목적으로 연료 소모를 측정하는 계기를 설치하는 조항도 포함하고 있다. 물론 EC의 이러한 제안이 실험실에서의 측정치와 도로 주행에서의 측정치 사이에서 발생하는 차이가 점차 늘어나는 것을 완전히 막을 수는 없으며, 또한 실험실에서의 온실가스 배출량 감축이 실제로 도로에서 상응하는 온실가스 배출량 감축으로 연결되었다는 것을 보장해주지도 않는다. Diesel Gate 사건에서 보듯이 결국 해결책은 Fuel Economy Meter를 사용해서 실제로 자동차가 일정 거리를 달리기 위해 얼마나 많은 연료를 소모했는가를 직접 확인하는 방법밖에 없다.

   결론적으로 현재의 자동차 온실가스 배출량 검사는 실제 도로 주행에서 온실가스 배출량의 감축을 가져오지 못한 실패한 규제라고 볼 수 있다. 자동차 업계는 단지 실험실에서의 조작을 통해서 배출량 $21 g CO_2/km$이란 실적을 달성할 수 있었다. 이 문제를 고치기 위한 EC의 제안은 어떠한 효과를 거둘 수 있을 것

같지 않다. 검사 결과와 실제 도로 주행의 결과가 차이를 보이는 것을 분석할 수 있는 Fuel Economy Meter를 통해서 보고하는 체계는 지나치게 늦은 2025년으로 연기되었으며, 보고된 자료도 이러한 차이를 줄이기 위해 사용한다는 내용이 없다. WLTP 검사와 실제 도로 주행 사이의 차이가 2020년 23%에서 2025년에는 31%까지 확대될 것이라는 증거는 곳곳에 많다. 예를 들어 하이브리드 자동차의 판매 확대, 검사용 모드의 설치, 검사용 타이어 사용, 에어컨 및 변속기의 최적화 등을 꼽을 수 있다. 이러한 차이가 커지는 것을 막기 위해서 단순히 보고하는 것으로는 충분하지 않다. WLTP 검사에 의해서 나온 수치와 실제 도로 주행에서 나온 수차와의 차이에 상한을 두는 강제성 있는 규정의 신설이 필요하다.

2021년 이후부터 자동차 업계는 WLTP 검사 결과에 의한 평균 수치와 실제 도로 주행에서 나온 평균 수치의 차이가 고정되어 있거나 감소하고 있다는 것을 보장하여야 한다. 이러한 규제는 자동차 업계가 더 이상 NEDC와 WLTP 검사 방식을 이중으로 활용하여 기준연도인 2021년 수치를 조작하는 것을 막을 수 있을 뿐만 아니라 자동차 업체가 실험실에서만 배기량을 줄이는 기술이 아니라 도로 주행에서도 배기량을 줄이는 기술을 개발하도록 유도하는 기능을 한다. 궁극적으로 자동차 업체가 WLTP 검사에서 배출량을 조작하는 것을 막을 수 있는 수단이 된다.

6.2.3 자동차 배출량 검사방식과 2020년 목표 평가

EU의 주요 자동차 업체들은 2015년 자동차 온실가스 배출량 기준인 130 gCO_2/km를 충족하고, 2020년과 2021년 기준인 95gCO_2/km를 충족하기 위하여 노력하고 있다. 2020년과 2021년의 자동차 배출량 기준은 동일하지만 기준을 충족시켜야 하는 자동차의 수는 같지 않다. 2020년의 경우 특정 자동차 업체가 생산한 자동차의 95%가 평균적으로 배출량 기준을 충족하여야 하고, 2021년의 경우 자동차 업체가 판매한 모든 차량의 평균이 배출량 기준을 충족하여야 한다. 따라서 2020년에는 특정 자동차 업체가 생산한 품목 중 최악의 배출량을 가지고 있는 품목으로 5%를 측정에서 제외할 수가 있다. 각 자동차 업체는 배출량 기준이 EU 자동차 평균 질량에 상응하는 각사의 평균 자동차 질량에 따라 조정되어 적용되기 때문에 서로 다른 배출량 목표를 설정하고 있다.

각 자동차 업체의 2020년과 2021년 평균 배출량 기준은 각 해에 판매된 차량의 수와 2018년부터 2021년까지 판매된 새로운 모델의 배출량에 따라 달라진다. 따라서 과거의 배출량 실적으로 미래의 배출량을 추정하는 것은 정확하다고 보기 어렵다. 또한 배출량 검사 절차가 바뀌는 것도 큰 변수이다. 위의 배출량 기준은 NEDC 방식을 전제로 하고 있지만 WLTP 방식으로 변경되기 때문에 WLTP에 의해서 측정된 배출량을 NEDC 방식에 의한 측정값으로 전환시켜야 한다. 측정값을 전환하는 과정에는 EC가 개발한 CO_2MPS가 활용된다. EC에 따르면 CO_2MPS는 검사방식이 바뀌는 과정에서 규제측면에서 엄격함을 유지하며 측정값을 얻기 위해서 고안된 방식이다. 만일 EC가 예상한 바와 같이 CO_2MPS가 매우 엄격한 것으로 나타난다면 자동차 업체에서는 2020년까지 NEDC 방식과 WLTP 방식으로 이중으로 검사를 받은 후에 NEDC에 의한 검사 결과를 제출할 가능성이 높아 보인다. 반면에 일부 자동차 업체는 2020년 이후인 2025년과 2030년의 규제에 대비해서 기준연도인 2021년의 배출량을 인위적으로 높이기 위해서 WLTP 방식에 의한 검사 결과를 선택할 가능성도 있다. 현재 제안된 2025년과 2030년의 자동차 배출량 기준은 WLTP 검사에 의한 배출량으로 2021년 대비 각각 15% 감축과 30% 감축이다.

자동차 업체들이 2020년과 2021년 온실가스 배출량 목표를 달성하는 데 상당한 도움을 줄 수 있는 규정상의 유연성이 Super-credits 와 Eco-innovations 조항이다. Super-credits은 최종적으로 배출량을 산출하는 데 상당한 비중을 주도록 고안된 판매된 저탄소 자동차에 대한 승수이다. Super-credits은 $50gCO_2$/km 이하의 자동차에 대하여 부여되므로 모든 전기 자동차와 하이브리드 자동차가 해당된다. 승수의 값은 2020년 이전 시점에는 1이 적용되지만 2020년은 2, 2021년은 1.67, 2022년은 1.33, 2023년은 다시 1로 환원하도록 설정되어 있다. 단, Super-credits은 각 자동차 업체별로 일정 규제 기간 동안에 최대 $7.5gCO_2$/km까지 받을 수 있다. 각 자동차 업체가 배출량 기준을 충족하기 위해서 반드시 판매하여야 할 전기 자동차와 하이브리드 자동차의 대수는 각사가 처한 상황에 따라 약간씩 차이가 있다. 특히 일부 자동차 업체의 경우에는 Super-credits을 전부 받는다 하더라도 배출량 기준을 충족하지 못할 가능성이 있다. EU 전체적으로 볼 때 중간 정도인 $3.5gCO_2$/km의 Super-credits을 받기 위해서 2020년에는 1.2%의 전기 자동차와 2.0%의 하이브리드 자동차를 판매하여야 하며, 2021년에는

1.5%의 전기 자동차와 2.5%의 하이브리드 자동차를 판매하여야 한다. 또한 최대 수준인 $7.0gCO_2/km$의 Super-credits을 받기 위해서 2020년에는 2.5%의 전기 자동차와 4.3%의 하이브리드 자동차를 판매하여야 하며, 2021년에는 3.1%의 전기 자동차와 5.3%의 하이브리드 자동차를 판매하여야 한다. 대부분의 자동차 업체들이 Super-credits을 받기 위해서 2018년과 2019년에 상당수의 전기 자동차를 판매할 계획을 수립하였다. 시장에서 판매되는 전기 자동차의 종류는 2018년 20여 종에서 2020년에는 40여 종으로 늘어날 것으로 보이며, 특히, 자동차 업체들은 2025년까지 80여 종을 신규로 출시할 것을 발표한 상황이다. 이러한 자동차 업체들의 움직임은 각 자동차 회사들이 이미 전기 자동차에 대한 충분한 기술을 확보하고 있지만 제도적으로 온실가스 배출량 기준을 맞추어야 할 필요성이 발생할 때까지 전기 자동차의 출시를 고의적으로 보류하고 있다는 주장에 증거가 되고 있다.

Eco-innovations 조항은 자동차 업체가 실험실이 아닌 도로 주행에서 적용되는 새로운 고급 저탄소 기술을 개발하는 것을 장려하기 위해서 2011년에 도입된 제도이다. 자동차 업체와 부품 업체는 반드시 이 조항에 따른 배출량 감축의 혜택을 주장하기 위해서 EC의 승인을 사전에 받아야 한다. 2016년까지 대부분의 자동차 업체들은 Eco-innovations 조항에 대하여 주의를 기울이지 않았다. EEA에 의하면 2016년 판매된 자동차의 2% 정도가 이 조항의 적용을 받은 것으로 나타났다. EC는 2018년까지 태양광 지붕과 Led 조명 등을 비롯하여 7 종류의 기술이 이 조항에 해당하는 것으로 인정하였다. EC는 이산화탄소 배출량의 의무적인 감축량을 $1gCO_2/km$에서 $0.5gCO_2/km$으로 낮추는 등 이 조항의 규정을 완화하여 가급적 많은 자동차 업체들이 이 조항에 따른 혜택을 볼 수 있도록 유도하고 있다. Eco-innovations에 의한 혜택도 각 자동차 업체별로 일정 규제 기간 동안에 최대 7.5/km까지 받을 수 있다.

자동차 업체의 입장에서 2020년과 2021년 자동차 온실가스 배출량 기준을 준수하는 것은 선택의 여지가 없다. 만일 자동차 업체가 온실가스 배출량 기준에 미달할 경우 차 1대당 $1gCO_2/km$에 대하여 €95의 벌금이 부과된다. 벌금의 수준은 자동차 업체가 자동차 1대당 온실가스 배출량 감축에 소요되는 한계비용을 감안하여 거의 대등한 수준으로 책정되었다. 따라서 자동차 업체가 배출량 기준에 미흡한 차량을 의도적으로 생산한다는 것은 매우 위험한 선택이다. 자동차 업체들은 2020년 배출량 기준의 경우 배출량이 좋지 않은 자동차를 5% 제외할 수 있기 때문에 2021년 배출량 기준에 비해서 비교적 쉽게 충족할 것으로 보이며, 2020년에 부과되는 자동차 업체에 대한 벌금의 규모는 2021에 부과되는 벌금보다 작을 것으로 예상된다. 따라서 2020년에 벌금을 내야하는 자동차 업체의 경우에는 2021년에 부과되는 벌금의 규모가 2020년보다 훨씬 커질 가능성이 높다.

6.3 EU에서의 자동차에 관한 소비자 성향

6.3.1 경유 자동차와 온실가스 배출량

자동차 업계가 온실가스 배출량을 감축하기 위한 방편으로 경유 자동차를 주목한 것은 업계가 자발적으로 온실가스 배출량을 감축하겠다고 선언한 2000년대 초반부터이다. 유럽에서 경유 자동차의 비중은 2001년 36%에서 2011년 55%로 정점을 지났고, 2013년부터 조금씩 하향 추세를 보이고 있다. Diesel Gate 여파로 2016년에 50% 이하로 비중이 줄었으며, 2017년은 대략 45% 수준에 머무르고 있다. 이러한 경유 자동차의 하향 추세는 상당 기간 지속될 것으로 추정된다. Diesel Gate는 자동차 업계에서 주장한 바와 같이 경유 자동차가 실제로 저공해 자동차가 아니었다는 점에서 경유 자동차의 매력에 회복할 수 없는 심각한 타격을 입혔다. 이 사건은 자동차 업계가 스스로 자초한 사건으로 자동차 업계의 관행적인 속임수가 소비자 신뢰를 상실하게 된 근본 원인이다.

EEA에 의하면 EU에서 판매되는 신차의 온실가스 평균 배출량은 2015년에 $119.5gCO_2/km$에서 2016년 $118.1gCO_2/km$으로 지난 10년 동안 비교하면 가장 적은 감소폭을 기록하였다. 자동차 업계는 감소폭이 적은 원인을 경유차의 비중이 2015년 51.8%에서 2016년 49.5% 감소했기 때문이라고 해석하였다. 그러나 경유 자동차의 비중이 축소된 만큼 하이브리드 자동차 또는 전기 자동차의 비중이 확대된 것이므로 이러한 해석은 합리적이라고 보기 어렵다. 일반적으로 휘발유 자동차의 평균 온실가스 배출량이 $121.7gCO_2/km$으로 경유 자동차의 평균 배출량 $116.8gCO_2/km$ 보다 약 4% 정도 많은 온실가스 배출량을 보이기는 하지만 경유 자동차의 마력이 훨씬 높기 때문에 휘발유 자동차의 온실가스 배출량 측면에서 불리한 점은 어느 정도 상쇄되는 효과가 있다. ICCT(International Council on Clean Transportation)의 보고서에 의하면 2025년에 경유 자동차의 비중이 15% 정도로 하락한다고 해도 전체 자동차의 온실가스 배출량에 미치는 영향은 거의 없을 것으로 보고 있다. 자동차 업계의 주장과는 달리 경유 자동차의 비중이 축소되는 만큼 휘발유 자동차의 비중이 늘어나지만 온실가스 배출량이 적은 하이브리드 자동차 또는 전기 자동차의 비중도 동시에 늘어나기 때문이다.

지난 2000년 후 15년 동안 유럽에서 판매된 자동차의 평균 무게는 1,268Kg에서 1,392Kg로 약 10% 정도 증가하였다. 이러한 자동차 무게의 증가는 온실가스 배출량이 전체적으로 $8.5 g CO_2/km$ 정도 증가했다는 것을 의미한다. 자동차의 평균 무게는 2012년에 정점에 도달한 후에 조금씩 하락하다가 2016년부터 다시 증가하는 것으로 반전하였다. 자동차의 무게는 당연히 연료 소비에 영향을 미친다. 유럽 알루미늄협회에 따르면 전통적인 내연기관을 가진 자동차의 무게가 100Kg 감소하면 온실가스 배출량이 $5.4 g CO_2/km$ 감소한다고 한다. 자동차의 경량화는 이외에도 온실가스 배출량을 감축할 수 있도록 자동차 디자인의 최적화를 가능하게 한다. 유럽 알루미늄협회는 자동차 디자인의 최적화를 통해서 자동차의 온실가스 배출량을 $6.9 g CO_2/km$까지 감축할 수 있다고 보았다. 이렇게 자동차의 무게가 증가했다는 사실은 시장에서 소비자들의 기호가 전통적인 승용차 중심에서 더 무겁고, 유선형이 아닌 SUV 중심으로 변했다는 것을 의미한다. 자동차 시장에서 SUV의 비중은 2010년 10% 미만에서 2016년 26%로 급성장하였다. 자동차 전문가들은 이러한 성장세가 당분간 지속되어 2020년에는 자동차 시장의 1/3 정도를 점하게 될 것으로 예상하고 있다. SUV는 전통적인 Hatchback 승용차보다 평균적으로 259Kg 더 무겁고, 차량의 높이가 높아서 공기의 저항이 크므로 연료의 소비가 많고 필연적으로 온실가스 배출량이 많을 수밖에 없다. 2016년 시판된 SUV의 평균 온실가스 배출량은 $131.7 g CO_2/km$으로 중형 승용차 $117.5 g CO_2/km$, 준중형 승용차 $111.5 g CO_2/km$, 소형 승용차 $107.2 g CO_2/km$ 보다 월등히 많다.

6.3.2 자동차 온실가스 배출량 감축의 어려움

EU가 파리협정을 준수하기 위해서는 수송부문에서 나오는 온실가스 배출량을 2005년 대비 대략 90% 수준으로 감축하여야 가능할 것으로 보고 있지만 실제 배출량은 증가하는 추세를 보이고 있다. 세계적으로 자동차의 온실가스 배출량이 잘 줄지 않는 이유는 우선 대부분의 국가들이 소비자들의 자동차 보유에 어떠한 제약도 가하는 것을 원하지 않는다는 점, 자동차 업체들이 온실가스 배출량에 대한 정부의 규제를 기술혁신을 통해 지키려 하지 않고 각종 편법을 통해 이를 회피하려고 한다는 것과 자동차 업계가 정치적인 영향력을 발휘하여 온실가스 배출량에 대한 규제 내용을 본래의 목적에 어긋나게 사실상 형식적인 절차로 무력화시키고 있다는 점 등을 꼽을 수 있다.

EC가 2018년에 제안한 'Eurovignette Proposal'은 유럽에서의 도로주행에 비용을 부과하는 중요한 내용이다. EC는 기존의 자동차 연한에 따라 비용을 부과하는 시스템을 단계적으로 폐지하고 2028년부터 자동차 주행거리에 따라 비용을 부과하는 체계로 전환하자고 제안하고 있다. 또한 자동차에 부과하는 비용은 자동차의 환경에 대한 실적에 따라 차등적으로 적용되어야 한다고 제안하고 있다. 만일 이 제안이 통과된다면 'Eurovignette Directive'는 환경 친화적인 자동차를 주도적인 위치로 끌어 올리고, 소비자들에게 좀 더 효율적인 교통문화를 촉진하는 계기가 될 것이다. EC의 제안에 대한 회원국들의 반응은 별로 긍정적이지 않다. 회원국들은 기간에 기초한 연간 또는 월간 자동차 운행증을 판매할 수 있는 권리를 확보하기를 원한다. 물론 기간에 기초에 비용을 부과하는 현행 방식은 행정적으로 간편하지만 불필요한 자동차 사용을 줄이는 목적에는 맞지 않다. 이 방식은 회원국들이 자동차에 거두는 수익을 늘리지도 못할 뿐만 아니라 교통 혼잡, 교통의 효율성 등의 문제에도 제대로 대처하지 못한다. 회원국들은 향후 차량 공유제와 자율주행 자동차 등의 결과로 자동차 이용이 줄어들고, 이에 따라 유류에 부과하는 교통세의 수입이 줄어들 것에 대비해서 자동차 주행거리에 기초해서 비용을 부과하는 방식으로 바꾸어 나갈 필요가 있다.

회원국들은 세제정책을 통해서 불필요한 자동차의 소유와 이용 등을 억제하고, 자동차 시장이 저탄소 자동차에 유리하도록 바꾸는 데 도움이 되도록 하여야 한다. 예를 들어 대다수 국가에서 거의 부과하지 않고 있는 자동차 등록세를 자동차의 온실가스 배출량에 따라 차등적으로 부과한다면 저탄소 자동차의 판매가 크게 신장될 수도 있다. 현재 유럽의 다수의 국가에서 시행하고 있는 법인 소유의 자동차에 대한 비용처리 혜택은 실질적으로 자동차 업계를 보조하는 역할을 하며, 법인의 차량 소유를 부추기는 역할을 하고 있다. 반면에 차량 공유제도 등이 미국과 중국 등에서 기반을 넓혀가고는 있지만 유럽의 경우 전체적으로 시장이 크지 않고, 개별 회원국마다 규제가 달라 확대하기에 어려움이 많다. 또한 Mobility as a Service 또한 자료를 공유하는 문제로 쉽지 않은 상황이다. 각국 정부가 버스, 철도 등 대중교통 수단에 투자하는 것을 별로 원하지 않고 있으므로 개인의 승용차 사용은 대부분의 지역에서 가장 편리하고 매력적인 대안이 될 수밖에 없다.

자동차 업체들이 실험실 검사 또는 도로 주행 검사에서 자동차의 대기 오염물질이나 온실가스 배출량을 속이는 방법은 거의 무한대에 이르는 것처럼 많아 보인다. 검사 결과의 조작은 검사 절차에 있어서 허용되는 오차를 악용하는 것과 검사 절차에의 애매모호한 규정을 악용하는 것 등이 있으며, Diesel Gate 의 경우와 같이 아예 검사 기기를 속이는 장치를 불법적으로 자동차에 부착하는 방법까지 존재한다. 자동차 업계는 실제 도로 주행 때보다 실험실에서 훨씬 더 효율적으로 기능하는 기술까지 개발하였다. 자동차가 정지한 경우 엔진이 멈추는 장치가 대표적인 기술 중의 하나로 이 기술은 검사 시간의 25%가 자동차가 정지된 상태에서 진행하는 NEDC 검사 결과에 중요한 영향을 미쳤다. 또한 최근에 개발된 기술로 자동차가 낮은 속도를 유지하거나 가속 중에는 일부 실린더의 작동을 정지시켜 연료의 소비를 줄이는 기술도 있다. 이러한 기술은 단순히 검사 결과를 왜곡할 뿐만 아니라 자동차의 연비를 크게 과장하는 결과를 초래한다. 예를 들어 WLTP 검사에서 자동차 주행은 실제 도로 주행보다 수동적인 상태로 진행되기 때문에 이에 의해서 자동차 연비가 실제보다 20% 정도 과대 평가되는 것으로 나타났다. 자동차 검사 절차에서의 제도적인 허점들은 Diesel Gate 이후에 많은 지적을 받았고, 대부분의 경우 개선안이 만들어져서 2020년 이후에는 검사 현장에서 시행될 예정이다.

EU에서 자동차 산업은 농업에 비해 16% 더 크고, 식품 산업에 비해 12% 정도 작은 규모이다. 의류 산업이나 철강 산업에 비해서는 3배 정도 크다. 유럽의 대부분의 국가에서 자동차 산업은 가장 많은 직장을 제공하는 산업 중의 하나이며, 자동차 제조 공장은 전 유럽에 걸쳐 산재한다. 자동차 업계는 경제적인 영향력을 통해서 정치적인 영향력을 행사할 수 있다. GDP에서 세금을 제외한 GVA(Gross Value Added)에서 자동차 산업이 차지하는 비중을 국가별로 보면 각 국에서 자동차 업계가 행사할 수 있는 정치력 영향력을 가늠해 볼 수 있다. 예를 들어 독일의 경우 2015년 기준으로 GVA에서 자동차 산업이 차지하는 비중이 유럽의 평균보다 2.5배나 높다. 독일의 자동차 산업은 경제적으로 건설 산업과 대등한 위치에 있으며, 식품 산업보다는 3배 정도 큰 편이다. 이에 비해서 전통적인 자동차 강국인 프랑스, 이탈리아, 영국의 자동차 산업이 GVA에서 차지하는 비중은 유럽 평균의 1/3에서 절반 사이에 위치한다. 이들 나라에서는 독일에 비해 국가 경제에서 자동차 산업 이외에도 다양한 산업들이 골고루 잘 분산되어 있음을 보여준다. Diesel Gate 이후에 자동차 검사에 관한 규정을 강화시키자는 다양한 제안들에 대해서 EC가 반대한 사례에서 알 수 있듯이 자동차 산업이 국가 경제에서 차지하는 비중이 높아짐에 따라 자동차 업계는 자동차에 대한 각종 환경 규제를 완화시킬 목적으로 정치력 영향력을 행사한다. 또한 2020년 이후의 승용차와 승합차에 대한 배출량 기준도 독일 자동차로비협회의 로비에 의해서 최종 결정 단계에서 승합차에 대한 기준이 40%에서 30%로 바뀌는 등 현저히 약화되었다.

6.3.3 Transport 부문의 장기 전략

EU에서 온실가스 배출량의 1/4 정도는 Transport 부문에서 발생하므로 모든 수송수단은 체계적인 접근 방식에 의해서 탈온실가스가 가능하도록 하여야 한다. 고도로 효율적인 대체 엔진을 장착한 저탄소 또는 제로탄소 자동차는 이 접근 방식의 첫 번째 우선 순위에 있다. 지난 10년 동안 재생에너지 산업분야에서 발생했던 바와 같이 현재 자동차 업계는 전기 자동차와 같이 온실가스 배출량이 영인 자동차의 개발에 노력을 기울이고 있다. 탈이산화탄소화, 탈 중앙중심, 디지털화된 파워, 더 효율적이고 지속가능한 배터리, 고도로 효율적인 전기 엔진, 연결(Connectivity)과 자율 주행 등은 깨끗한 대기와 감소된 소음, 교통의 무사고 등의 강력한 혜택과 함께 도로 수송 수단의 탈이산화탄소를 가능하게 해준다. 이는 유럽의 시민의 건강에 중요한 도움이 되고, 경제에 크게 보탬이 될 것이다. 단거리 항해나 운하 또는 강을 운항하는 선박의 전기 동력 엔진의 사용 또한 좋은 선택이다.

현재의 지식과 기술에 근거해서 모든 수송 수단에 대하여 단지 재생에너지를 활용한 전기 동력 엔진의 사용을 강제하기는 어렵다. 즉, 배터리의 에너지 집약도가 매우 낮기 때문에 장거리 항해 또는 비행기의 경우에는 전기 동력 엔진이 적합하지 않다. 또한 대형 트럭의 경우에도 배터리에 의한 전기로 움직이는 것이 비용 측면에서 타당성이 부족할 수도 있다. 철도는 중·장거리 화물 이동에 가장 에너지 효율적인 운송수단이다. 따라서 화물열차의 경우 회원국 사이에 남아 있는 운영 또는 기술적인 측면에서의 모든 장애를 걷어 내고, 전반적인 기술 혁신과 효율성을 제고하여 화물차에 비해서 경쟁우위를 갖도록 해야 한다. 현재보다 더 많은 교통수단들이 전기로 운행할 수 있도록 하는 새로운 기술이 나올 때까지 대체 연료가 매우 중요하다. 수소 전지자동차, 연료전지 선박 등 수소에 기반을 둔 기술들도 중기에서 장기적으로 경쟁력이 있다. 또한 바이오 메탄이 많이 함유된 LNG의 경우 장거리 운송수단에 단기적인 대안이 될 수도 있다. 비행기는 효율성 제고와 동시에 무탄소 연료, 고급 바이오 연료 등으로 뛰어 넘어야 한다. 장거리 항해와 중장비 등은 바이오 연료와 바이오 가스뿐만 아니라 E-fuel이 이산화탄소 배출량을 없애는 데 일정한 역할을 할 수도 있다. E-fuel은 현존하는 재급유 기반설비를 활용하여 전통적인 내연기관 엔진에도 사용할 수 있다. 수소 엔진이나 연료전지 배터리 등과 같은 자동차 기술과 마찬가지로 탈이산화탄소 연료를 생산하기 위해서는 R&D 측면에서 상당한 발전이 필요하다.

둘째, 디지털화와 자료 공유, 상호 작동이 가능한 표준 등 전체 수송수단 체계에 대한 좀 더 효율적인 조직은 수송수단을 탈이산화탄소로 만드는 데 있어서 가장 중요한 일이다. 이는 모든 교통수단을 좀 더 자동화 시키고, 교통 혼잡을 줄이며, 스마트 교통관리가 가능하게 해준다. 지역의 기반시설과 공간계획은 공공 교통수단의 활용이 늘어나는 혜택이 현실화됨에 따라 개선된다. 도시 지역과 스마트 지역이 단거리 통행과 대기의 질에 대한 고려 때문에 수송수단 혁신의 중심지이다. 현재 유럽 인구의 약 75%가 도시 지역에 거주한다. 도시계획, 안전한 자전거 도로와 보행자 도로, 깨끗한 지역 공공 교통수단, 드론과 같은 새로운 택배수단의 등장, 자동차 공유 시스템의 등장 등은 운송체계를 근본적으로 변화시킬 것이다. 이는 탈이산화탄소 자동차 기술과 대기 오염, 소음, 사고 등의 감소와 함께 도시 생활의 질을 크게 향상시키는 결과를 가져올 것이다.

개인과 회사의 행동 변화는 이러한 진화를 기본 축으로 하여야 한다. 장거리 여행의 경우 디지털 기술과 영상 컨퍼런스가 발전하면 사업 목적의 장거리 여행의 필요성이 현재 생각하는 것보다 크게 줄어들 수 있다. 특히, 모든 교통수단이 규제 측면과 비용 측면에서 동일한 입지에 있을 때 충분한 정보를 가지고 있는 여행자의 경우 더 좋은 결정을 내릴 수 있다. 교통의 외부비용을 내부화 시키는 것은 기술과 교통수단에 대해서 가장 효율적인 선택을 하는 전제조건이다.

유럽이 2050년까지 온실가스 배출량이 영인 경제로 전환하기 위해서 2030년까지 TENT-T(Trans-European Core Network)와 2050년까지 종합 Network 등 필수적인 기반시설의 완성이 필요하다. 미래의 투자는 덜 환경 오염적인 수송수단에 집중하여야 하고, 자동차와 전력망과 같이 기술혁신을 가능하게 하는 교통과 디지털, 전기 Network의 시너지를 촉진하여야 한다. 또한 유럽 철도 교통관리 시스템과 같은 사업을 우선적으로 고려하여야 한다. ERTM(European

Railway Traffic Management System)은 고속열차의 연결을 통해서 유럽 내에서 단거리와 중거리 항공여행에 대한 대체 교통수단이 될 수 있도록 만들어 준다.

6.4 EU 역내·외 항공사와 해운업에서의 배출량

6.4.1 국제 항공사의 온실가스 배출문제

항공기의 온실가스 배출은 소비된 연료의 양과 직접적으로 관련 있다. 연료에는 항공기 연료를 비롯하여 공항 등 기반시설에서 사용한 것과 지상의 작업 차량 등에서 사용한 연료를 포함한다. 현재 각국이 판매한 연료의 양에 근거해서 UNFCCC와 EU 온실가스 MRR(Monitoring Mechanism Regulation)에 제출된 연간 보고서는 국가별로 비교가 가능하다. EU ETS 체계에서 EEA 지역을 운항하는 모든 항공사는 각사가 배출하는 온실가스에 대한 MRV를 이행하여야 한다. 각 항공사는 Monitoring Plan과 부속 자료를 제출하여야 하고, EC의 감독을 받아야 한다. 그러나 항공업이 상호 의존적이고, 국제적인 성격을 강하게 갖고 있으므로 항공업에 대한 다양한 온실가스 감축정책은 EU 보다는 국제 항공기구를 통해서 협의가 이루어지고 이행되어야 한다.

국제민간항공기구(ICAO: International Civil Aviation Organization)는 교토의정서와 관련하여 최초로 항공업의 온실가스 배출을 규제하는 방안을 2010년에 수립하였다. ICAO의 목표는 매년 2% 정도의 연료 효율을 향상시키는 것이었으나 교토의정서 1차 이행기간이 종료된 2012년까지 사실상 의미 있는 성과를 거두지 못했다. 이에 따라 EU는 EU ETS에 모든 역내·외 항공사를 포함시키는 방안을 마련하였으나 여러 가지 정치적인 이유로 역외 항공에 대해서는 적용을 일시적으로 중단하였다. ICAO는 2018년 6월에 CORSIA의 일부분으로서 항공사들의 온실가스 배출 기준을 채택하고, 모든 항공사들이 이를 실천할 것을 권고하였다. CORSIA는 Carbon Offsetting and Reduction Scheme for International Aviation의 약자로 국제 항공사들의 온실가스의 배출량을 2020년 수준에서 유지하는 것을 목표로 한다. CORSIA는 2021년부터 2027년까지 Pilot 단계와 1 단계로 구분된 두 단계에 걸쳐 시행된다. 두 단계 6년 동안 이 프로그램에 참여하는 것은 항공사들의 자발적인 의사에 맡겨지지만 EU의 모든 회원국은 여기에 참여하기로 결정하였다. EU는 ICAO 총회의 CORSIA에 대한 결의를 근거로 EU 역외를 운항하는 국제 항공사들에 대한 EU ETS의 제외정책을 2023년까지 연장하기로 결정하였으며, 2021년까지 GMM(Global Market−based Measure)의 도입을 추진하기로 하였다. 국제민간항공기구는 비행기의 연료 효율을 향상시키기 위하여 새로운 이산화탄소 배출기준을 마련하였으며, 2020년부터 비행기 구조 설계에 적용되고, 2023년부터 비행기 생산에 적용된다. 2028년까지 새로운 배출기준을 충족하지 못하는 비행기는 설계를 충분히 수정하지 않으면 생산이 허용되지 않을 예정이다.

EU 및 EEA의 역내를 운항하는 이유로 EU ETS의 적용을 받는 역외 항공사의 수는 250개를 상회하며, 이들 항공사의 2017년도 배출량은 64.2백만 톤으로 EU ETS 전체 온실가스 배출량의 약 4%를 차지하고 있다. 이러한 배출량은 전년 대비 4.5%가 증가하였고, 1990년을 기준으로 보면 거의 2배나 증가하였다.

6.4.2 해상운송에서의 온실가스 배출문제

해상운송 부문은 2000년대 이래로 중국이나 인도 등과 같은 개발도상국들의 경제발전과 세계 무역의 확대에 힘입어 급속히 성장하고 있는 분야이다. 2013년 기준으로 EU 무역량의 75%가 해상운송에 의해 수송되었을 정도로 세계 무역에서 해상 운송이 차지하는 비중은 높다. 세계의 식량과 에너지 안보는 결국 국제 해상운송에 달려 있다는 평가가 나올 정도이다. 또한 해상운송 부문은 420만 개 일자리가 걸려 있을 정도로 노동시장에서도 큰 비중을 차지한다.

2015년 기준으로 EU의 Rotterdam, Antwerp, Hamburg 등 3개 항구가 세계 20대 컨테이너 항구에 포함되어 있으며, 3,838백만 톤의 상품이 하역되고, 약 220만 대의 선박이 항구에 입항하였다. 2016년 기준으로 EU는 세계 상선의 37%를 소유하고 있으며, 주요 국가로는 스페인, 독일, 노르웨이를 꼽을 수 있다.

국제 해상운송에서의 온실가스 배출량은 2016년 기준으로 세계 온실가스 배출량의 2.5% 정도이다. 국제 해상운송에서의 온실가스 배출량은 1990년 대비 22% 증가하여, 국제 항공을 제외하고 가장 높은 증가율을 보이고 있다. EU에서 판매된 해상 벙커링 연료유에서 발생하는 온실가스 배출량은 2008년에 정점에 도달한 이후 유럽의 금융위기에 따라 2014년까지 1/4 정도 감소하였다. 그러나 그 이후부터 상승추세를 이어가 2016년 배출량은 147백만 톤에 달했다. 이러한 배출량은 2005년 대비해서 10% 정도 낮은 수준이지만 2050년 해상운송에서의 배출량 목표가 2005년 배출량 기준 40% 감축임을 감안하면 2016년 배출량에서 추가적으로 34% 정도를 감축하여야 한다.

해상운송에서의 온실가스 배출량에 대한 MRV는 해운업계가 연간 해상 온

실가스 배출량과 다른 연관된 정보를 의무적으로 제공하도록 규정함으로써 시
작되었다. EU의 'MRV Shipping Regulation'을 규정된 Monitoring과 Reporting
에 관한 의무를 준수하기 위해서 해운업계는 2017년 8월 31일을 기준으로
Monitoring Plan을 완성하여 검증기관에 제출하여야 한다. 해운업계가 제출한
Monitoring Plan에 근거한 배출량의 Monitoring과 Reporting은 2018년 1월부
터 시작되었다. EU 집행부는 2017년 IMO가 동의한 내용과 EU 규정에서의 차
이에서 오는 문제점을 극복하기 위해서 규정을 수정하는 작업을 진행하고 있다.
2019년 2월에 EU 집행부는 해상운송에서의 이산화탄소 배출량에 대한 MRV를
수정하는 안을 채택하였다. 수정안은 International Maritime Organization(IMO)에
의해서 확립된 세계의 선박 연료 사용량에 대한 자료 수집체계에 EU의 MRV의
호환이 가능하도록 Monitoring Parameter나 특정한 정의 등을 간편화하는 것이
다. 이로 인해 IMO와 EU 모두에 보고하여야 하는 선박의 행정적인 부담과 관
련 비용을 절감할 수 있도록 만드는 조치이다.

아울러 IMO는 2018년 4월에 국제 해운업계가 배출하는 온실가스 배출량
을 감축하기 위한 초기 전략에 동의했다. 이 전략은 2050년까지 온실가스 배출
량을 2008년 대비 50% 감축하는 내용과 21세기 내에 가능한 빠른 시점에 국제
해운업계에서 완전히 이산화탄소 배출을 제거하는 전망을 포함하고 있다. 또한
이 전략은 해운업계에서 온실가스 감축을 위한 단기 방안을 비롯해서 다양한 방
안들을 포함하고 있다. 그러나 이러한 전략에 대한 구체적인 실행계획은 현재까
지 합의가 이루어지지 않은 상황이다.

제7장 영국의 기후변화정책

7.1 영국의 기후변화정책과 온실가스 배출 추이

7.1.1 기후변화위원회

영국 정부가 2006년 10월에 발간한 'The Economics of Climate Change: The Stern Review'는 "만일 지금 당장 강력한 행동을 취한다면, 아직 기후변화의 최악의 영향을 회피할 수 있는 시간적 여유가 있다."고 결론 내리고 있다. 이 보고서는 기후를 안정화하기 위해서 소요되는 비용은 막대하지만 관리가 가능한 수준이며, 이를 미룬다면 매우 위험하고 더 많은 비용이 소요될 것이며, 강력한 정책적 행동은 온실가스 배출량을 감축하는 것이라고 적고 있다. 'Stern Review'의 발간 후 정부는 Climate Change Bill을 제출하였으며, 2008년 11월 법안이 의회를 통과하고, 발효되었다.

'Climate Change Act 2008'은 장기적인 목표 설정과 경제적으로 신뢰할 만한 전략을 통해서 온실가스 배출량의 감축을 추구한다. 장기적인 목표는 2050년의 온실가스 배출량을 1990년 대비 최소한 80%를 감축하는 것으로 설정되었다. 온실가스 종류는 이산화탄소를 포함한 6개로 규정되었다. 영국의 2050년 장기 목표는 <표 7-1>과 같이 5년 단위의 온실가스 배출량 예산(Carbon Budget)으로 세분화되어 관리되고 있다.

표 7-1 영국의 온실가스 배출량 한도

단계	기간	배출량 예산(Carbon Budget)	1990년 대비
1	2008년~2012년	3,012백만 톤	23% 감축
2	2013년~2017년	2,782백만 톤	29% 감축
3	2018년~2022년	2,544백만 톤	35% 감축(2020년까지)
4	2023년~2027년	1,950백만 톤	50% 감축(2025년까지)
5	2028년~2032년	1,725백만 톤	57% 감축(2030년까지)

5년 단위의 배출량 예산은 영국이 합법적으로 배출할 수 있는 배출량이 되며, 정부의 자문기구인 기후변화위원회(Committee on Climate Change)에서 결정한다. 기후변화위원회는 'Climate Change Act 2008'에 의해서 정부로부터 독립된 기구이다. 기후변화위원회는 온실가스 배출량 한도를 설정하는 것을 자문하고, 준수하는 과정에 대해 관리하며, 기후변화에 대비하는 기능을 수행한다. 기후변화위원회는 경제적 충격을 최소화하면서 어떻게 온실가스 배출량을 감축할 것인지에 관해 정부에 조언한다.

7.1.2 Carbon Price Floor/Carbon Price Support

2013년 영국은 Carbon Price Floor(CPF)/Carbon Price Support(CPS) 제도를 도입하였다. 이 제도는 EU ETS에 속하는 영국 할당대상 업체들에 대해서 배출권 가격이 CPF에서 정한 수준 이하로 하락하는 경우에 이를 세금으로 추가로 징수하는 제도이다. 이는 기존의 'Climate Change Levy'에 정한 발전에 사용된 화석연료에 대한 세금을 추가로 부과하는 방식으로 이행한다. CPF/CPS는 탄소 배출에 대한 가격을 명확히 유지하여 저탄소 기술에 대한 투자를 장려하기 위해서 고안된 제도이다. 사실상 CPF는 영국 발전 사업자에 대해서 배출권 최저 가격의 기능을 한다. CPF/CPS는 영국 온실가스 배출량의 25% 정도를 차지하는 화력발전소에 적용되며, 북 아일랜드는 대상에서 제외된다.

2001년에 도입된 'Climate Change Levy' 세율은 Downstream 기업에 적용되는 에너지 세율로 사용된 연료의 탄소 함량을 고려한다. 발전 사업자나 천연가스, LNG, 고체 화석연료 생산자는 소비자에게 'Climate Change Levy'에서 정한 세금을 부과하는 방식이다. 'Climate Change Levy'의 적용을 받지 않는 것은 전력생산에 소요된 연료와 재생 에너지원에서 생산된 전력 등이다.

CPF/CPS는 'Hydrocarbon Oil Duties' 법안에 연계되어 있다. 2005년에 도입된 이 법안에 의하면 발전 사업자는 전력 생산에 사용된 연료에 대하여 유류세의 환급을 요청할 수 있다. 일반적으로 석유에 부과되는 세금은 정유회사에서 출고되는 시점에 징수되며, 발전 사업자는 징수된 세금의 환급을 나중에 요청할 수 있으나 정부가 환급금에 제한을 가함으로써 효과적으로 석유에 의한 탄소가격 지원율을 설정할 수 있다. 2013년 'Hydrocarbon Oil Duties' 법안의 수정에 따라 발전 사업자가 환급을 요청할 수 있는 금액이 삭감되었다. 이에 따라 실질적으로 석유에 대한 CPS 세율이 설정되었다.

CPS 세율은 CPF와 EU ETS 배출권 가격을 비교하여 2년 미리 설정된다. 2013년에 CPF는 £16/톤으로 결정되었으며, 이에 상응하는 2013년~2014년의 CPS 세율은 £4.94/톤이다. 2016년~2017년 CPS 세율은 £18.08/톤으로 이 세율은 2020년까지 적용될 예정이다. 2016년에 적용할 세율을 결정할 당시 지속적인 EU ETS 배출권 가격의 낮은 수준과 이에 상응하는 높은 수준의 CPS 세율로 인하여 산업계에서 국제 경쟁력과 Carbon Leakage에 대한 우려를 제기하였으며, 이에 따라 2014년 3월에 CPS 세율을 2020년까지 동결하는 방안이 수립되었다. CPF의 수준은 2020년에 £30/톤부터 2030년에 £70까지 궤적선을 그릴 것으로 보인다. CPS로 인한 세수는 모두 정부의 일반예산으로 편입된다.

CPF 세율은 발전부문을 선진화하기 위한 광범위한 발전부문 개혁의 일부분이다. 2013년 영국 의회는 화석연료를 사용하는 신규 발전소에 대해서 배출량 실적기준을 설정하는 'Energy Act'를 통과시켰다. 이 기준에 의한 이산화탄소 배출량을 충족하는 발전 사업자는 'Climate Change Levy'를 면제 받는다. 2014년에 정부는 다양한 저탄소 기술에 대하여 Strike Price를 정하고 있는 'Contract for Difference' 제도를 도입하였다. 이 제도에서 정부는 발전 사업자에게 만일 전기의 시장가격이 Strike Price 이하로 하락하면 전기의 시장가격과 Strike Price의 차액을 지불한다. 그리고 발전 사업자는 전기의 시장가격이 Strike Price 이상으로 상승하면 그 차액을 소비자에게 환불하여야 한다. 또한 같은 해에 정부가 국가의 에너지 수요를 4년 선행하여 추정하여 공표할 것을 규정한 'Capacity Market' 입법안이 통과하였다. 이 법안에 따라 정부는 에너지 설비용량을 최저가로 확보하는 것을 담보하기 위하여 경매를 실시하여야 하며, 에너지를 공급하는 사업자에게 일률적인 대금 지급을 하여야 하고, 만일 사업자가 합의한 에너지 설비용량을 제공하지 못할 경우에는 이에 대한 벌칙을 평가하여야 한다.

7.1.3 영국의 온실가스 배출 실적

2014년에 영국 정부는 1차 탄소 배출량 한도 3,018백만 톤보다 36백만 톤 적은 배출량으로 법적인 배출량 예산을 준수했다고 발표하였다. 이후 2017년에 종료된 2차 탄소 배출량 예산도 132백만 톤 차이로 배출량 한도를 지켰으며, 2022년의 3차 배출량 예산은 상당량 차이로 배출량 예산을 지킬 수 있을 것으로 추정하였다. 또한 정부는 2020년의 온실가스 배출량이 1990년 대비 48%의 감축하는 것이 가능할 것으로 추정하고 있다. 이는 법에 명시된 2020년까지 1990년 대비 35% 감축목표를 훨씬 뛰어넘는 실적이다. 그러나 4차의 2027년과 5차의 2032년의 탄소 배출량 예산에 대해서는 획기적인 정책 변화가 주어지지 않는다면 목표를 달성하는 것이 매우 어려울 것으로 예상하고 있다.

<그림 7-1>에 나타난 바와 같이 2017년 기준으로 영국의 온실가스 배출량은 1990년 대비 43% 감소한 456백만 톤이다. 동일 기간 동안 영국의 GDP는 70% 이상 증가하였다. 이러한 실적은 영국의 GDP가 선진국 G7의 평균 GDP보다 높은 기간 중에서 거둔 것으로 온실가스 배출량 감축으로는 최고의 기록이다. 영국에서는 경제가 성장하는 동안에도 온실가스 배출량이 감소하는 추세는 지속되었다.

'Climate Change Act'에서는 온실가스 배출량의 실적집계를 실제 배출량을 기준으로 하는 것이 아니라 'Net Carbon Account'의 개념으로 집계한다. 이는 EU ETS에서 영국에 할당한 배출허용총량에 EU ETS에 속하지 않은 업체들에서의 실제 배출량을 합한 값이다. 영국의 실제 온실가스 배출량과 'Net Carbon Account'는 일치하지 않는다. 그 이유는 영국의 EU ETS에 속한 할당대상 업체들의 배출량이 배출허용총량하고 일치하지 않기 때문이다. 2017년 EU ETS에 의한 영국의 배출허용한도는 166백만 톤이고, EU ETS에 속하지 않은 부문에서의 배출량은 317백만 톤으로 추정된다. 따라서 'Net Carbon Account'에

그림 7-1   1990년 대비 영국의 GDP와 온실가스 배출량 추이

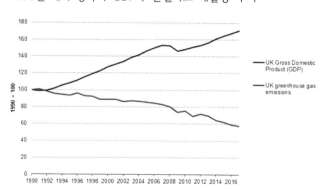

출처: "Reducing UK Emissions, 2018 Progress Report to Parliament", Committee on Climate Change, 2018. 6.

의하면 영국의 2017년 배출량은 484백만 톤으로 추정된다. 두 배출량의 차이는 실제 배출량의 증가를 의미하는 것이 아니라 EUA 할당량의 변경에 따른 결과일 뿐이다. 전체적으로 EU ETS에 속하는 할당대상 업체들의 배출량은 전년 대비 감소한 반면에 이에 속하지 않는 부문에서의 배출량은 전년과 동일한 수준으로 'Net Carbon Account'에 의한 2017년 배출량은 전년 대비 4% 증가하였다. 이와 같은 현상은 2014년부터 2016년까지 경매수량을 일부 제한한 반면에 2017년 경매수량이 정상화된 EU ETS의 Back-loading 정책 시행에 따른 일시적인 왜곡현상이다. 따라서 2017년의 경우 전년 대비 실적 비교는 통계적으로 무의미하다.

2008년 이래 온실가스 배출량의 감축실적을 부문별로 자세히 살펴보면 모든 부문에서 동일한 감축추세를 보인 것은 아니다. 여러 경제부문 중에서 <그림 7-2>에서 보여주듯이 발전부문에서의 현저한 감축실적이 다른 부문에서의 지지부진한 감축실적을 보상해 주는 모습이 강하게 나타나고 있다. 법적으로 지켜야 하는 4차와 5차 온실가스 배출량 예산을 달성하기 위해서는 최근 10년간 감축 실적이 뛰어난 발전 부문과 폐기물 부문 이외에도 다른 부문에서의 상당한 배출량 감축이 필수적이다. 4차 목표 달성을 위해서는 2025년까지 1990년 대비 배출량 50%의 감축이 필요하고, 5차 목표 달성을 위해서는 2030년까지 57%의 배출량 감축이 필요하다. 이는 매년 약 10백만 톤의 온실가스를 지속적으로 감축하여야 한다는 것을 의미한다. 2012년 이래 발전부문에서 86백만 톤의 감축이 이루어졌으며, 이러한 양은 동일 기간 감축량의 75%를 차지하였다. 가까운

그림 7-2 업종 부문별 온실가스 배출량 추이

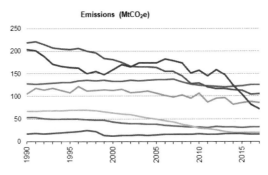

출처: "Reducing UK Emissions, 2018 Progress Report to Parliament", Committee on Climate Change, 2018. 6.

장래에 현재 가동 중인 모든 석탄발전소가 재생에너지로 대체된다고 가정하면 온실가스 배출량은 추가적으로 20백만 톤의 감축이 가능하다. 따라서 4차와 5차의 배출량 예산목표를 달성하기 위해서 다른 부문에서의 감축이 필수적이다. 최근 온실가스 배출량 감축에 크게 기여한 경제부문은 1990년 대비 70% 감축이 이루어졌고, 2012년 대비 23% 감축이 이루어진 폐기물부문이다. 그러나 이러한 감소추세는 최근 폐기장에서의 메탄가스의 고갈로 중단된 상태이다. 2012년 이래 발전부문과 폐기물 부문을 제외하고 나머지 경제부문에서 매년 평균 1%의 감축실적을 올렸지만 4차와 5차의 배출량 예산목표를 달성하기 위해서는 이들 경제부문에서 매년 3%의 감축이 필요한 상황이다.

    최근 영국에서 나타나고 있는 현상은 발전 부문과 F-가스 부문을 제외하고 나머지 부문의 배출량 감축 추세가 정체되고 있다는 점이다. 특히, 지난 10년간 발전 부문과 제조업 부문에서의 배출량 감축으로 인해서 2017년의 경우 Transport 부문에서의 배출량은 전년 대비 변함이 없지만 그 비중은 28%로 최대 배출 비중을 차지하게 되었다. 발전 부문의 배출량은 전년 대비 12% 감소하였지만 감소폭이 전년에 비해 축소되었다. 이는 석탄발전소의 단계적 폐쇄를 통한 배출량 감축 잠재력이 점차 소진되어 가고 있음을 보여 준다.

    2017년 10월 영국 정부는 단계별 온실가스 감축목표 달성을 위해서 각종 정책, 제안, 의향 등을 담은 'Clean Growth Strategy'를 발표하였다. 정부는 산업정책의 핵심으로 'Clean Growth Strategy'가 경제에 긍정적으로 기여한다는 저탄소 경제를 강조하여 목표 달성에 대한 강력한 의지를 천명하였다. 'Clean Growth Strategy'는 배출량을 감축하기 위한 새로운 정책도 포함하고 있다. 이

그림 7-3   업종별 온실가스 감축실적(2012~2017)

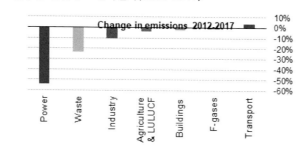

출처: "Reducing UK Emissions, 2018 Progress Report to Parliament", Committee on Climate Change, 2018. 6.

전략에서 가장 많은 온실가스 배출량 감축을 담당하고 있는 부문에 대해서는 다수의 적극적인 새로운 제안을 수립하였다. 예를 들어 신축 건물에 대한 표준 향상, 2040년까지 휘발유, 경유차 판매 중지 등에 대한 제안 등이 포함되어 있다. 그러나 전체적으로 정부의 전략은 4차 탄소 배출량 한도 목표 달성에 미흡하다는 평가를 받고 있다. 그 이유는 현재 이행 중인 정책에 따른 배출량 감축의 2/3 정도가 원래 기대효과에 크게 미흡할 것으로 보이기 때문이다. 대표적인 정책으로 저탄소 전력생산에서 오는 절감효과와 EU 차원에서 시행된 제품에 대한 에너지 효율 기준, 신차 연료 효율 기준, F-가스 배출량 감축 등이 포함된다. 이들 분야에서 목표 달성 미달의 위험이 존재하고 있다.

또한 'Clean Growth Strategy'는 2040년까지 내연 자동차 판매 중단 제안을 비롯하여 상업용 에너지 효율을 2030년까지 최소 20% 향상 시키는 방안 등이 포함되어 있다. 그러나 이러한 적극적인 제안을 수행할 수 있는 구체적 정책은 빠져 있는 상황이다. 이러한 제안 등이 최소한 2030년 목표 달성에 필요한 감축량의 1/4 이상을 담당하므로 빠른 시간 이내에 구체적인 정책으로의 전환이 필요하다. 빠른 시일 이내에 정책화가 필요한 제안으로는 ㉠ 기존 건물에 대한 에너지 효율 향상 기준, ㉡ 신축건물에 대한 저탄소 난방과 에너지 효율 기준, ㉢ 상업용 에너지 효율 20% 향상에 대한 구체적이며, 측정 가능한 정책, ㉣ 기존 상업용과 주거용 건물에 대한 고탄소 난방의 단계적 폐기와 저탄소 난방 대체 방안, ㉤ 전기 자동차 확대 보급 계획과 단계별 휘발유 및 경유 자동차 판매 중지 계획 등이다.

7.2 발전 부문 온실가스 감축목표와 성과

7.2.1 발전 부문 배출량 추이

2017년을 기준으로 발전 부문의 이산화탄소 배출량은 72백만 톤으로 영국 전체 배출량의 약 19%를 차지한다. 이는 1990년 대비 65% 감소한 수준이며, 전년 대비 12% 감소한 수준이다. 발전 부문의 이산화탄소 배출량 감축은 2017년에 $265gCO_2/kWh$를 기록한 전력생산에 따른 배출량 집약도의 감소에서 기인한다. 2017년의 전력수요도 전년 대비 2% 정도 감소하였다. 전체 전력소비는 2008년 이래 가구의 수가 5% 증가한 데 비하여 약 13% 정도 감소하였다. 이러한 전력소비 감소는 제조업에서의 20% 감소와 일반 가정에서의 11% 감소, 상업용 건물에서의 6% 감소를 반영한 것이다. 이러한 현상은 2012년 이래 영국의 전력의 수급체계가 효과적으로 화석연료에 의한 발전을 재생에너지로 대체하는 동시에 전력소비를 줄이고 있는 전반적인 추세를 반영한 것이다.

재생에너지와 원자력발전소 등 저탄소 발전소의 비중이 <그림 7-4>에 나타난 바와 같이 2008년 20%에서 2017년 52%로 증가하였다. 이는 주로 재생에너지의 전력생산이 2008년의 21TWh에서 2017년의 91TWh로 네 배 이상 증가한데 따른 것이다. 특히, 해상과 내륙의 풍력발전이 시설용량의 확대와 풍력발전소의 평균 Load Factor의 상승에 따라 12TWh에서 50TWh로 증가하였다. Load Factor의 상승은 평균 풍속의 증가와 효율적인 풍력발전 터빈의 설치가 복합적으로 작용한 결과이다. 이에 따라 해상 풍력발전 단가는 지속적으로 하락

그림 7-4   연료별 발전소 비중 추이

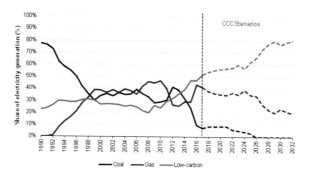

출처: "Reducing UK Emissions, 2018 Progress Report to Parliament", Committee on Climate Change, 2018. 6.

하고 있다. 추정에 의하면 2020년의 풍력발전 단가는 3년 전보다 60% 정도 낮은 가격이 될 것으로 보고 있다. 이 기간 중에 원자력발전소의 발전량은 대략 연간 60~65TWh로 큰 변동이 없었다. 아울러 화력발전소 중에서도 석탄발전소의 비중은 감소하고 있으며, 천연가스발전소의 비중은 대체로 현상유지를 하고 있다. 즉, 전체 전력생산에서 화석연료를 사용한 발전량은 2008년에 석탄발전소 33%와 천연가스발전소 46%의 합계 79%에서 2017년에 석탄발전소 7%와 천연가스발전소 41%의 합계 48%로 감소하였다. 영국의 해외로부터의 전력 수입은 2015년에 역사적 정점인 21TWh를 기록한 이후 점차 감소하여 2017년은 15TWh를 기록하였다.

　　2017년에 발전 부문에서의 이산화탄소 배출량이 크게 감소한 원인은 석탄발전소의 가동이 현격히 감소한 탓이다. 이는 우선 영국에서 석탄발전소가 온실가스 배출에 대해 EU ETS의 배출권 매입에 따른 비용 이외에도 이산화탄소 배출에 대해 탄소세를 부과하기 때문이다. EU ETS에서 2017년의 배출권 평균가격은 €6 수준에 불과했지만 영국의 'Carbon Price Support'에 따라 £$18/tCO_2$가 부과되었다. 또한 2017년에 천연가스 가격은 전년 대비 31% 정도 상승한 반면에 석탄 가격은 전년 대비 37% 정도 상승하여 천연가스가 상대적으로 가격 경쟁력을 갖출 수 있었다. 이로 인해 석탄발전소의 가동은 감소하였지만 대신에 동일한 발전량에 대해서 이산화탄소 배출량이 절반 수준인 천연가스발전소의 가동은 평상 수준을 유지할 수 있었다. 즉, 석탄발전소의 발전량은 2016년에 29TWh에서 2017년에 21TWh로 감소하였으나 천연가스발전소의 발전량이 증가한 것은 아니며 재생에너지의 시설 용량이 충분함에 따라 석탄발전소의 감소분을 재생에너지가 주로 충당하였다. 2017년에 영국 정부는 2025년까지 이산화탄소 배출량을 감축하지 못하는 석탄발전소는 폐쇄할 예정이라고 확인했으며, 2018년에 석탄 연소에 따른 이산화탄소 배출량 기준을 $450gCO_2/kWh$이라고 밝혔다. 2025년부터 석탄발전소는 전력생산에서 발생하는 이산화탄소 배출량의 50% 이상을 자체적으로 포집할 수 있는 경우에 한해서 허용될 것이라고 발표했다.

　　기후변화위원회는 발전부문의 저비용 탈탄소화 경로를 추적하기 위하여 달성 가능한 배출량 집약도를 산정한다. 달성 가능한 배출량은 실제로 공급한 전력량을 저탄소 발전용량부터 즉, 재생에너지와 원자력발전소, 그리고 천연가스

그림 7-5   달성 가능한 배출량 집약도

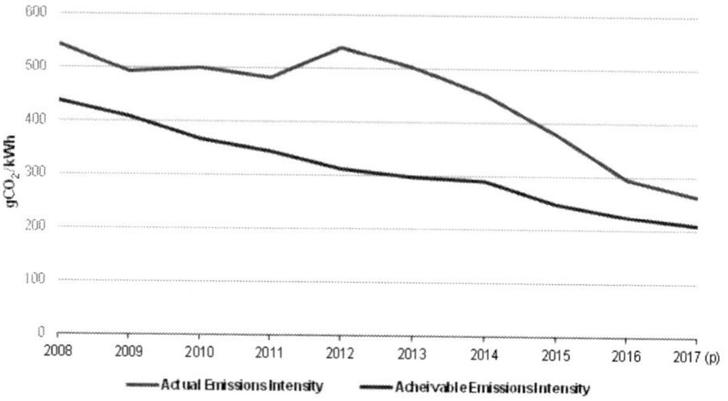

출처: "Reducing UK Emissions, 2018 Progress Report to Parliament", Committee on Climate Change, 2018. 6.

발전소와 석탄발전소를 순차적으로 완전히 가동할 경우에 발생하는 이산화탄소 배출량이다. <그림 7-5>에서 보듯이 2017년 달성 가능한 배출량은 내륙과 해상 풍력발전소의 설치와 바이오매스, 태양발전 등의 설비 확대로 전년 대비 7% 감소한 209gCO_2/kWh이다. 감소 속도가 전년 대비 약간 줄어들었으나 이는 석탄발전소의 상당수가 이미 폐기되었기 때문에 나타나는 현상으로 현재까지 발전 부문에서 탈탄소화가 상당히 진전되었음을 의미한다. 실제 배출량 집약도와 달성 가능한 배출량 집약도의 차이가 전력생산에 있어서 석탄발전소의 역할을 보여준다. 석탄발전소의 지속적인 전력생산 감소를 반영하여 2017년에 이 차이가 24% 하락하여 좁혀졌다. 이 차이는 석탄발전소가 완전히 폐기되는 2025년까지 지속적으로 좁혀질 것으로 보인다. 현재부터 어느 시점을 막론하고 전력 소비량의 절반 이상을 담당할 수 있는 저탄소 발전용량과 나머지 전력 소비량을 충분히 감당할 수 있는 천연가스발전소 용량도 확보된 상황이다. 추가적인 발전용량은 만일의 사태에 대비해서 안전을 담보하기 위한 설비의 성격으로 볼 수 있다.

7.2.2   2030년 목표 달성을 위한 발전 Mix와 전력 수급

영국 정부는 2050년 온실가스 배출량 목표를 순조롭게 달성하기 위해서는 중간 시점인 2030년 발전 부문의 이산화탄소 배출량 집약도에 대한 목표를 100gCO_2/kWh 이하로 설정하고 있다. 2030년에 이 정도 수준에 도달하여야만 2050년의 목표 달성을 위한 가장 비용 효과적인 경로를 밟을 수 있기 때문이다.

2030년까지 전력수요가 31TWh 정도 증가한다고 가정하면 전체적인 전력 수요는 365TWh로 추정된다. 발전 부문에서 추가적으로 이산화탄소 배출량을 감축하기 위해서는 저탄소 발전의 비중이 2017년 52%에서 2030년 최소 75%까지 확장이 필요하다. 저탄소 발전 용량은 2020년의 예상수준인 120TWh에서 2020년대에 130~145TWh를 확장하여 2030년에는 255~270TWh에 도달하여야 한다. 천연가스발전소 용량이 100TWh 수준을 유지한다고 가정하면 전체 전력생산에 따른 배출량 집약도는 $100gCO_2$/kWh 이하에 머무르게 된다. 저탄소 발전 용량으로 절차가 진행 중인 원자력발전소 1개와 이미 자금 지원이 계획된 재생에너지 70TWh를 합하면 2020년대에 추가하여야 할 용량은 50~60TWh 정도에 불과하다. 기존 재생에너지 설비 중에서 2020년대에 수명이 종료된 경우에는 다시 이를 연장하는 작업을 통해서 전체적인 설비 용량은 변동이 없을 것으로 가정한다. 이러한 경우 전체적으로 전력의 수요와 공급이 비슷한 수준에 있게 되므로 2030년 영국은 전력을 수입하거나 수출하지 않을 것으로 예상한다.

정부의 2030년 발전 용량에 대한 추정은 Hinkley Point C를 제외하고 신규 원자력발전소가 9%를 차지하고, 수입 전력이 22%를 차지하는 것으로 보고 있다. 기존 설비와 이미 계약된 재생에너지 설비 이외에 2020년대 이루어질 저탄소 발전에 대한 자금지원을 감안하면 2032년의 배출량 집약도는 $95gCO_2$/kWh로 하락한다. 이와 같은 정부의 목표 달성에 대한 경로는 원자력발전소와 관련하여 상당한 위험부담을 안고 있다. 기본적으로 정부가 추정한 원자력발전소의 비중은 2기의 추가적인 원자력발전소가 건설되어야 가능한 수치이다. 원자력발전소 건설에 따르는 불확실성을 감안하면 이 두 원자력발전소의 건설 지연 또는 사업 취소 등의 사건은 필연적으로 수요 충족을 위하여 천연가스발전소의 가동을 늘리는 결과를 초래할 것이다. 2기의 원자력발전소 중에서 몇 기가 지연 또는 취소될지 불확실하지만 이러한 사태가 발생하면 2030년의 배출량 집약도는 $35gCO_2$/kWh 정도 추가로 상승할 것으로 추정한다. 또한 영국이 현재 전력을 EU에서 수입하는 국가이지만 유럽의 전력시장에서의 구조적인 변화나 발전 연료가격의 변동은 정부가 예측하는 2030년의 전력 수입규모보다 적은 규모의 전력 수입이 이루어질 가능성도 적지 않다. 이러한 상황이 발생하면 영국은 국내적으로 천연가스발전소를 활용하여 더 많은 전기를 생산하여야 한다. 이 경우에 2030년의 배출량 집약도는 $45gCO_2$/kWh 정도 추가로 상승할 것으로 추정되므로 만일 두 사건이 동시에 발생한다고 가정하면 2030년의 배출량 집약도는 산술적으로 $175gCO_2/kWh$까지 상승하는 것이 가능하다.

7.2.3 2030년 발전부문 배출량 목표 달성을 위한 정부의 역할

2017년에 공포된 'Control for Low Carbon Levies'는 2021년부터 기존의 'Levy Control Framework'를 대체한다. 새로운 법은 재생에너지에 대해서 기존 비용이 하락할 것으로 예상되거나 궁극적으로 전력요금의 인하를 가져올 것으로 판단되면 추가적인 지원을 허용하고 있다. 이는 신규 계약에 대해서 무보조금을 기본으로 계약체결을 허용하는 것으로 전력요금이 떨어지지 않더라도 세금이 투입되는 경우가 발생할 수도 있다. 예를 들어 천연가스의 가격이 하락하면 종합적으로 전력요금은 낮아지지만 계약의 전체 비용은 증가하는 일이 발생한다. 만일 이러한 요소들이 감안되지 않는다면 새로운 법은 저탄소 발전의 투자를 저해하는 요인이 될 것이다.

최근 자료에 의면 육상 풍력과 태양광이 가장 저렴한 발전 형태로 화석연료를 사용한 최신 발전보다 저렴한 것으로 평가된다. 그러나 정부가 이러한 기술을 활용한 전력을 구매할 경매를 진행할 계획이 없는 것으로 보아 가장 비용 효과적인 사업을 계약할 수 있는 체계를 갖추고 있지 않은 것으로 평가된다. 신뢰할 만한 탈탄소화의 전략의 중요한 부분은 예정된 사업이 연기되거나 취소되는 경우, 또는 수입하기로 한 전력량이 부족한 경우에 대비해서 확실한 위기관리계획을 갖고 있는 것이다. 따라서 정부는 2030년까지 목표에 도달하기 위한 다양한 복수의 추진 경로를 설계하고 있어야 한다. 최근에 거론되고 있는 대규모로 설치 가능한 잠재력이 있는 저탄소 발전기술의 비용 절감 가능성을 정부가 적극적으로 조사하여야 하고, 필요하다면 R&D 비용을 지원하여야 한다.

2030년 배출량 목표 달성을 위해서는 2020년대에 예정된 저탄소 발전 사업들을 적기에 완성하는 것이 중요하다. 경제 전반에 걸쳐 비용 효과적인 경로로 탈탄소화하기 위해서 정부는 저탄소 발전을 지원하기 위한 새로운 유인책과 사전에 예정된 사업이 실패할 경우 발생하는 위기를 완충시키기 위한 위기관리계획을 수립하여야 한다. 정부가 비용 효과적인 경로로 2030년 배출량 집약도 $100gCO_2/kWh$를 충분히 달성할 수 있다는 확신과 명료한 신호를 모든 이해 당사자에게 전달하기 위해서 필요하다고 기후변화위원회가 제시한 정책은 다음과 같다.

㉠ 정부는 2020년대 저탄소 발전에서 필요한 50~60TWh의 재생에너지 신규 설비투자를 지원하기 위해서 현재의 저탄소 발전 계약방식을 연장하여야 한다. 이는 정규 경매에서 적절한 시간적 여유를 두고 진행하는 기존 저탄소 발전 계약에 관한 것을 포함한다. 만일 정부가 계약을 통해 지원하지 않는다면 재생에너지의 설비 확대는 충분하지 않을 것으로 보인다. 구체적으로 기존 정규 'Contract−for−Difference' 경매 프로그램은 필요한 저탄소 발전설비를 확보하기 위해서 비용 효과적인 접근방식으로 필수적이다. 충분한 여유 기간을 두고 일정이 공개되는 정규 경매에 대한 정부의 보장은 2020년대에 저탄소 발전을 위한 시장이 존재할 것이라는 신뢰를 투자자들에게 부여한다. 이는 필요한 자본을 영국에 유치하고, 투자비용과 전력요금을 최저 수준으로 유지하는 데 도움이 될 것으로 보인다. 'Contract−for−Difference'는 육상 풍력발전소나 태양광발전소 등과 같은 최저 비용의 저탄소 발전을 지원하기 위해서 제공되어야 한다. 경매방식이 비용을 낮추는 데 있어서 효과적인 것은 입증되었지만 경매방식에 부적합한 사업에 대해서는 행사가격이 합리적으로 결정될 수 있다면 협상에 의한 계약으로 보완되어야 한다. 이러한 수의계약방식은 잠재적인 경매 참여자가 거의 없거나 특별한 계약 조건이 필요한 원자력발전소, CCS 공장 등에 적합하다.

㉡ 2030년대에 규모의 경제를 갖춘 CCS를 배치할 수 있는 새로운 전략적 접근방식이 필요하다. CCS가 규모의 경제를 갖추기 위해서 2030년에 연간 10만 톤, 2035년에 연간 20만 톤 규모를 발전소 또는 기업체에 설치하는 사업이 연속적으로 진행되어야 한다. 비록 저탄소 발전의 저비용 구조가 발전부문에서 어느 정도 CCS가 필요할 것인지 의문을 제기하고 있지만 그래도 발전부문은 경제 전반적인 CCS의 설치에 있어서 중요한 역할을 할 수 있을 것으로 보인다.

㉢ 저탄소 사업에 대한 신뢰할 만한 위기관리계획의 개발과 이행이 필요하다. 정부는 저탄소 발전 프로젝트가 기한 내에 완공될 수 있도록 과업의 진행과정을 추적할 수 있는 체계를 수립하여야 한다. 아울러 정부는 신규 원자력발전소 건설 또는 전력의 수입 등과 같은 사업에서 지연 또한 부분 완공 등이 발생하는 경우에 대한 비상계획도 준비하여야 한다. 정규 경매제도는 다른 저탄소 발전이 부분 완공 등으로 필요한 전력의 확보가 어려운 경우 차기 경매에서 구매 전력을 늘릴 수 있어서 이에 대한 보완책이 될 수 있다.

　ⓔ 정책과 규제의 변화는 유연성 옵션이 시스템에 가져오는 가치를 반영하는 방식으로 보상된다는 것을 보장하기 위해서 계속 되어야 한다. 이것이 간헐적으로 중단되는 발전의 비중이 높아짐에 따라서 발생할 수 있는 시스템 안전에 대한 위험을 완화시켜주는 작용을 할 것이다.

　ⓜ 정부는 필요하다면 R&D 비용을 지원하는 등 적극적으로 새로운 저탄소 기술에 대해서 비용 절감의 가능성을 검토하여야 한다.

7.3 Transport 부문 온실가스 감축목표와 성과

7.3.1 Transport 부문 배출량 추이

국내 Transport 부문은 2017년 기준으로 126백만 톤을 배출하여 영국 전체 온실가스 배출량의 28%를 차지하는 가장 비중이 높은 부문이다. <그림 7-6>에서 나타난 바와 같이 국내 Transport 부문 배출량 중에서 자동차와 승합차, HGV에서의 배출량이 87%를 차지하고 있다. 승용차가 70백만 톤으로 전체 배출량의 15%를 차지하고 있으며, HGV와 승합차가 각각 20백만 톤, 19백만 톤으로 약 4%를 차지하고 있다. 버스와 철도는 각각 3백만 톤과 2백만 톤을 배출하여 1% 내외를 차지하고 있으며, 항공, 해상운송 등 Transport 부문의 기타 수송수단이 11백만 톤으로 2% 정도를 차지한다. 국내 Transport 부문의 이산화탄소 배출량은 2008년 정점에 도달한 이후 완만한 하락세를 보이다가 2013년부터 상승 반전하여 3년 동안 완만한 증가세를 보였다. 그러나 2016년과 2017년 사이에는 배출량에 변화가 없이 정체된 모습을 보여주고 있다.

일반적으로 도로교통 수요변화에 영향을 미치는 요인은 소득, 인구와 자동차 운영비용 등 다양하다. 2017년 영국에서의 가정 중요한 변화는 모든 교통수단에 대해서 수요를 감소시킬 수 있는 자동차 운영비용이 큰 폭으로 상승했다는 점이다. 영국 정부는 2010년 이래 동결된 연료에 대한 세율을 지속적으로 유지하였지만 자동차 연료비용은 여행의 수요를 감소시킬 수 있을 정도로 큰 폭으로

그림 7-6 국내 Transport 온실가스 배출량(2016)

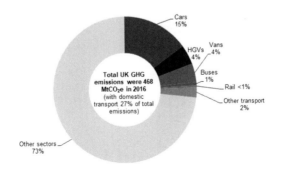

출처: "Reducing UK Emissions, 2018 Progress Report to Parliament", Committee on Climate Change, 2018. 6.

상승하였다. 만일 연료에 대한 세금의 동결이 없었다면 자동차 연료비용은 13% 정도 추가로 상승할 수 있었으나 세금 동결로 인하여 교통 수요는 4% 증가하였으며, 결과적으로 온실가스 배출량이 증가하고, 대기의 질이 나빠졌으며, 교통 혼잡을 유발하였다. GDP, 인구 증가, 제조업 생산 증가 등 다른 사회, 경제적 요인들도 교통 수요 증가에 기여하였다.

　　2016년을 기준으로 육상교통의 온실가스 배출량은 국내 Transport 부문 배출량의 93%에 해당하는 117백만 톤을 기록하였다. 승용차, Van, HGV 등 모든 종류의 차량에서 배출량이 증가하였다. 승용차가 전년 대비 2.1% 증가한 70백만 톤, Van이 전년 대비 5.5% 증가한 19백만 톤, HGV가 전년 대비 2.2% 증가한 20백만 톤을 각각 차지했다. 자동차의 온실가스 집약도도 전년 대비 모두 악화된 모습을 보였다. 승용차의 경우 전년 대비 0.1% 증가했고, Van은 0.9% 증가, HGV는 2.1% 증가한 것으로 나타났다. 도로교통에서의 온실가스 배출량이 지속적으로 증가하는 동시에 온실가스 집약도가 악화되고 있는 현실은 여행에 대한 수요를 억제하고 온실가스 배출량을 감소시킬 수 있는 강력한 정책이 필요하다는 것을 보여준다. 현재 영국의 대부분의 세대에서 여행의 수요가 줄어드는 추세를 보이고 있다는 점에서 이러한 추세를 지속시킬 수 있는 정책수단이 필요한 것 같다.

　　2016년을 기준으로 국내 및 국제 항공에서 배출하는 배출량은 35.5백만 톤으로 전년 대비 1.2% 증가하였다. 이러한 증가는 주로 영국에서 해외로 향하는 국제 항공부문에서 배출량이 늘어난 것으로 나타났다. 국제 항공에서 발생하는 배출량은 공식적으로 배출량 한도에 포함하지 않고 있으므로 상당히 많은 배출량이 규제에서 제외되고 있음을 알 수 있다. 여객의 수, 비행 거리, 항공기의 수 등 항공에 관한 각종 지표가 전년 대비 크기 상승했음에도 불구하고 배출량이 1% 남짓 증가한 것은 다른 요인들이 배출량 증가를 억제하고 있기 때문이다. 대표적으로 영국에 취항하는 비행기의 기종이 교체되어감에 따라 비행기의 연료 효율이 높아진 것을 꼽을 수 있다.

　　최근 해운에서의 배출량의 추이는 전반적으로 감소세를 유지하고 있다는 것이다. 2016년의 국내와 국제 해운을 합친 배출량은 2008년 대비 22% 낮은 수준이다. 그러나 전년 대비 해운의 배출량은 2.5% 증가한 14.5백만 톤을 기록하였다. 이는 국내 해운에서 배출량이 2% 감소했음에도 불구하고 국제 해운에서

6% 증가했기 때문이다. 국제 해운에서의 배출량이 크게 증가한 이유는 자료 부족으로 명확히 설명하기 어렵지만 대체로 선박의 배출량에 직접적으로 관련된 여러 요소들이 배출량의 감소를 시사하고 있음에 비추어 반대로 나타난 현실은 선박의 Bunkering 관행에서 과거 유럽에서 주로 하던 것을 영국으로 전환했을 가능성 등 변화가 있을 수 있다.

7.3.2 Transport 부문 배출량 목표 및 감축 성과

영국이 2030년 온실가스 배출량 목표를 달성하기 위해서는 Transport 부문에서 2017년부터 2030년 사이에 배출량 46%의 감축이 이루어져야 한다. 이를 위해서는 전통적인 자동차들의 연료 효율성이 향상되어야 하며, 전기 자동차의 비중이 크게 확대되어야 하고, 상품을 운송할 좀 더 적합한 수송수단을 개발하여야 하며, 여행을 좀 더 지속가능한 방식으로 전환할 수 있도록 유도하여야 한다. EU는 2009년부터 신규 승용차에 대해서, 2011년부터 신규 Van에 대해서 이산화탄소 집약도를 제한하는 규정을 도입하였다. 2020/2021년에 자동차 회사가 판매하는 승용차는 $95gCO_2$/km, 승합차는 2020년까지 $147gCO_2$/km을 달성하여야 한다.

<그림 7-7>에 나타난 바와 같이 2010년 이래 영국에서 판매된 신규 승용차의 이산화탄소 집약도는 지속적으로 하락하였으나 2017년에 상승 반전하였다. 영국에서 2017년에 판매된 신규 승용차의 이산화탄소 집약도는 $121.1gCO_2$/km으로 전년 대비 0.8% 상승하였다. 이러한 상승 반전은 주로 대형 SUV의 판매가

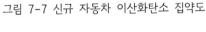
그림 7-7 신규 자동차 이산화탄소 집약도

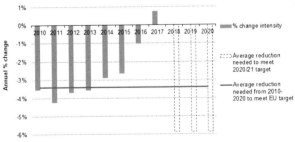

출처: "Reducing UK Emissions, 2018 Progress Report to Parliament", Committee on Climate Change, 2018. 6

급격히 증가한 탓이다. 2010년에 대형 SUV의 판매 점유율은 7.7%에 지나지 않았으나 2017년에는 18.1%로 급증하였다. 만일 승용차의 크기별 점유율이 2016년과 2017년이 동일하다고 가정한다면 2017년의 이산화탄소 집약도는 상승한 것이 아니라 하락한 것으로 나타나야 한다.

2017년 경유 승용차의 판매비중은 42%로 전년의 48%에 비해 감소하였지만 신규 휘발유 승용차와 경유 승용차 사이의 연료 효율성의 차이가 줄어들어 이 부분이 이산화탄소 집약도에 미치는 영향은 미미하다. 휘발유 자동차 판매비중의 증가가 이산화탄소 집약도에 미치는 영향은 전기 자동차, 하이브리드 자동차 등과 같은 대체 연료를 사용하는 자동차 판매 비중이 3.3%에서 4.7%로 증가한 것에 의한 영향으로 상쇄된다. 만일 자동차 연료 종류에 따른 비중만이 전년에 비해서 유일하게 변했다고 가정한다면 평균 이산화탄소 집약도는 0.5% 정도 감소할 것으로 추정한다. 전체적으로 동일한 차종, 동일한 연료 등으로 세분화해서 분석하더라도 이산화탄소 집약도의 개선은 미미한 상황이다. 예를 들어 중대형 경유 승용차의 경우 평균 이산화탄소 집약도는 $116.9 gCO_2/km$에서 $118.7 gCO_2/km$로 증가하였다.

EU 전체 신규 승용차의 2017년 이산화탄소 집약도는 $118.5 gCO_2/km$으로 EU의 2020/2021 목표인 $95.0 gCO_2/km$를 달성하기 위해서 매년 5.4%씩 하락하여야 한다. 반면에 영국의 승용차 이산화탄소 집약도가 하락하는 속도는 EU보다 높은 매년 5.9%씩 하락하여야 동일한 수준에 도달할 수 있다. 만일 목표에 미달할 경우에는 EU 차원의 엄격한 벌칙이 부과되므로 자동차 회사들은 전기 자동차의 판매 비중을 확대하는 등 비상조치를 취하여 남은 기한 내에 목표를 달성하여야 한다. 온실가스 배출량이 많은 대형 SUV 중심의 소비성향의 변화는 신규 승용차에 대한 법적인 온실가스 규제에 불리하게 작용하며, 영국의 장기 온실가스 배출 목표를 달성하는 데 주요 장애가 될 것이다. 따라서 규제를 준수하기 위하여 온실가스 배출량이 적은 친환경 승용차의 구입에 대한 Incentive를 크게 강화하는 것이 필요하다. 이러한 소비성향의 변화는 수익 중립적인 Incentive를 통해서 멈추거나 역전하는 것이 가능하다.

신규 승용차와는 달리 2017년에 신규 Van에 대한 평균 이산화탄소 집약도는 시장 추세가 대형 Van을 선호함에도 불구하고 전년 대비 4.8% 감소한 $165.4 gCO_2/km$을 기록하였다. 따라서 2020년 EU 기준 $147.0 gCO_2/km$을 준수하기 위해서는 매년 3.9% 감소가 필요하다.

신규 HGV에 대한 이산화탄소 집약도는 현재 규제사항이 아니므로 구체적인 수치를 알 수 없다. EU는 HGV에 대한 이산화탄소 배출량을 측정하고 감독하기 위해서 필요한 자동차 에너지 소모 계산방식(VECTO)의 도입을 추진하고 있다. 이에 따라 자동차 회사는 2019년 1월부터 매년 EU에 배출량과 연료 소모량을 보고하여야 한다.

7.3.3 전기 자동차 보급 확대 정책

2017년에 판매된 전기 자동차는 49,000대로 전체 신규 승용차의 1.9%, 신규 승합차의 0.34%를 차지하고 있다. 전기 승용차 판매는 전년 대비 28%, 전기 승합차 판매는 21% 증가한 수치이다. 전기 자동차 판매의 증가세는 공식적인 집계가 아직 진행 중이지만 2018년과 2019년에도 지속되고 있다.

전기 자동차에 대한 수요가 자동차 업계의 생산량보다 훨씬 많기 때문에 전기 자동차를 구매하기 위해서 소비자는 장기간 대기하여야 한다. 일부 자동차 회사의 경우 대기 수요가 감당하기 어려울 정도로 많아지자 추가적인 주문 접수를 거부하는 상황까지 발생하고 있다. 영국에서 자동차 회사가 판매하는 전기 자동차 모델은 2016년 46개에서 2017년 54개로 증가하였다. 여기에는 200마일 이상 주행할 수 있는 전기 자동차 모델도 5개가 포함된다.

전기 자동차 택시의 경우 런던을 비롯한 여러 도시에서 운행 중이다. 2018

그림 7-8 전기 자동차 판매 실적과 목표 추적 궤도

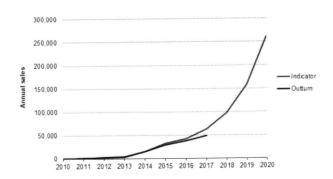

출처: "Reducing UK Emissions, 2018 Progress Report to Parliament", Committee on Climate Change, 2018. 6

년 1월부터 런던에서 신규 택시 면허는 전기 자동차를 비롯한 하이브리드 자동차, 수소전지차 등에만 제한적으로 발급하는 규제가 시행되고 있다. 런던은 전기 자동차 택시를 위해서 100군데 전기 급속 충전소를 설치하기도 하였다.

국제적으로 노르웨이의 2025년을 비롯하여 몇몇 나라는 2030년부터 2040년 사이에 전통적인 화석연료로 운행하는 자동차를 단계적으로 폐지하는 제도를 도입하고 있다. 몇 개의 자동차 회사가 전기 자동차에 대한 집중적인 생산을 천명하기도 하였지만 전반적으로 전기 자동차에 대한 자동차 회사들의 태도는 정부의 입장보다 뒤떨어진 편에 속한다.

전기 자동차의 보급을 획기적으로 늘리기 위해서는 전국적인 충전망을 갖추는 것이 중요하다. 전기 자동차 충전소는 지속적으로 증가하고 있는 추세이다. 전기 자동차 충전기의 수는 2017년 6월 12,800개에서 2018년 6월 16,700개로 증가하였고, 급속 충전소의 경우에도 동일 기간 동안 700곳에 설치된 2,300개 충전기에서 1,100곳에 설치된 3,500개 충전기로 크게 증가하였다. 전기 자동차 충전소는 일정한 지역 내에서 출·퇴근 등의 목적으로 짧게 운행하는 운전자와 여행 등을 목적으로 장거리 운행을 원하는 운전자의 욕구를 동시에 충족할 수 있는 망을 갖추어야 한다. 기후변화위원회의 분석에 의하면 전기 자동차가 5단계 온실가스 배출량 배출한도를 달성하는 데 주도적인 역할을 맡기 위해서는 2030년까지 간선도로변에 1,200개의 급속 충전기와 지역 내에 36,000개의 충전기가 필요한 것으로 추정하였다.

전기 자동차 보급 확대를 위해서 전기 충전소 기반시설을 갖추는 것은 공공부문 투지와 민간부문의 투자가 동시에 필요하다. 신규 주택단지 개발이나 상업용 건물의 신축에 있어서 지방자치 단체가 전기 자동차 충전 설비를 갖추도록 규제하는 것은 'EU Energy Performance of Buildings Directive'에서 요구하는 것과 같은 방향의 정책이다. 급속 충전기의 충전 속도가 빨라짐에 따라서 간선도로 주변에 설치하는 충전소의 경우 기존 송전망이 신규 충전기로 인한 추가 전력수요를 감당할 수 있는지가 문제가 된다. National Grid의 추정에 의하면 50곳의 350kW 충전기에 충분한 전력을 공급하기 위해서 £5억에서 £10억의 비용이 소요된다고 보았다.

2018년 10월 정부는 전기 자동차에 대한 보조금 지급을 현행대로 연장하기로 결정하였다. 정부는 어느 형태로든 보조금 지급을 2020년 이후에도 지급할 계획이다. EU에서 정한 'Alternative Fuels Infrastructure Regulation'에 따르면 정부는 소비자가 계약의 당사가가 아니더라도 아무 때나 충전소에 접근할 수 있음을 담보하여야 한다. 또한 'Automated and Electric Vehicles Bill'에 의하면 정부는 고속도로 휴게소와 자동차 연료 도매상에게 충전소를 설치하도록 지시할 수 있으며, 설치하는 모든 충전기는 소비자가 원하는 전력요금제의 적용이 가능한 Smart 충전기이어야 한다고 정할 수 있는 권한이 주어졌다. 이 법안에 의해서 정부는 충전소에서 부과하는 전력요금의 지불방식도 강제할 수 있게 되었다.

7.3.4 'Road to Zero'

㉠ 개요

2017년 정부는 21세기 영국에 맞는 고성장, 고생산성, 녹색 경제를 구축하는 것을 지원하기 위해서 과감한 종합 산업 전략을 발표하였다. 이 전략의 일환으로 도로에서 발생하는 대기 오염물질과 온실가스 배출량을 줄이고, 에너지 보안을 제고하기 위한 정책이 'the NO_2 Plan'과 'Clean Growth Strategy'이다. 여기에 도로 교통을 더 깨끗하게 만들고, 영국을 온실가스 배출량이 제로인 자동차의 설계와 생산에 있어서 세계 최전선에 위치할 수 있도록 지원하는 방안으로 'Road to Zero'를 2018년 7월 발표하였다. 이 전략의 목표는 배출량 제로인 자동차의 설계와 제조에 있어서 세계 최고의 위치를 선점하는 것과 2040년까지 모든 신규 등록 차량은 실질적으로 배출량이 제로인 자동차가 될 수 있도록 하는 것이다. 전통적인 휘발유 및 경유 자동차의 판매는 2040년에 종료된다. 그때까지 판매된 자동차의 절대 다수는 배출량이 제로인 자동차가 될 것으로 예상하며, 모든 신형 자동차는 배출량을 제로로 할 수 있는 상당한 설비를 갖출 것으로 예상한다. 이에 따라 자동차의 수명을 10년으로 보면 2050년까지 거의 모든 자동차가 배출량이 제로일 것으로 기대한다. 2030년까지 신규 승용차의 최소 50%에서 75%까지, 신규 승합차의 40%까지 배출량이 극히 미미한 차량으로 구성될 것을 기대한다. 영국 정부는 이러한 변혁이 이 전략에서 제시된 정책들에 의해서 소비자와 자동차 회사들을 지원하고, 이끌게 되기를 기대하고 있다. 이 전략에 의한 성과는 2025년에 중간 검토를 거칠 것이며, 급격히 변화하는 세계

환경 속에서 영국의 지도력을 유지하고, 영국의 의욕을 충족하기 위해서 만일 충분한 성과를 달성하지 못한다면 어떤 종류의 정부 개입이 필요한지를 검토하게 된다.

ⓒ 기존 차량에 대한 온실가스 배출량 감축방안

현재 영국에서 운행 중인 38.9백만 대의 자동차에 대한 온실가스 배출량 감축방안은 저탄소 연료 이용의 확대, 신기술로 기존 차량의 설비 개조를 통한 개선과 운전자의 운전습관 개선으로 요약된다. 우선 저탄소 연료는 지난 10년 동안 영국에서의 온실가스 배출량 감축에 지대한 기여를 해왔다. 2008년에 화석연료 공급자에게 연료에서 재생에너지의 비중이 1%를 차지하도록 강제하는 'Renewable Transport Fuel Obligation'이 도입된 바 있다. 그 결과 지속 가능한 저탄소 연료가 휘발유 및 경유와 혼합되어 사용되었다. 향후에도 한동안 액체연료에 대한 수요는 높을 것으로 예상되므로 저탄소 연료가 온실가스 배출량 감축에 지속적으로 핵심적인 기여를 할 것으로 보인다. 2017년 9월 정부는 향후 15년간 저탄소 자동차 연료에 대한 새로운 전략을 발표하였다. 이에 따르면 현재 전체 자동차 연료에서 저탄소 연료의 비중은 2.63% 정도이나 이를 2020년에 5.26%로 늘리고, 2032년까지 6.7%로 확대하는 것이다. 이러한 목표는 법적으로 강제된다. 이 법안에 의해서 향후 15년 동안 85백만 톤의 온실가스 절감 효과가 있을 것으로 추정한다. 이 추정량은 2020년대 Transport 부문에서 예상하는 온실가스 감축량의 1/3 정도로 추산한다.

엔진 개조를 통한 온실가스 배출량 감축은 엔진의 일부 또는 전부를 오염 물질의 배출량을 감소시키거나 연료의 효율을 향상하는 기술로 개조하는 것을 의미한다. 이러한 기술에 의해서 자동차의 미세먼지 및 온실가스 배출량을 획기적으로 감소시킬 수 있다. 일반적으로 엔진을 개조하는 것이 비용 측면에서 저탄소 차량을 신규 구매하는 것보다 저렴하다. 정부는 혁신적 엔진 개조 기술의 지속적인 개발과 실천을 통해서 배출량을 감소시킬 수 있다고 본다. 현재 영국에는 버스의 엔진 개조에 중점을 둔 소규모이나 성공적인 업체들이 존재한다. 정부의 지원 사업에 의해서 최근 수천 대의 자동차 엔진 개조작업이 진행되었다. 정부는 2013년부터 2015년까지 주로 버스인 3,000여 대의 차량에 대해서 £27백만을 지원하였다. 2017부터 2019년까지 진행되는 'Clean Bus Technology

Fund' 사업에서도 2018년에 2,700여대의 버스 엔진 개조사업에 £40백만을 지원하였다. 이러한 사업들은 영국에서의 엔진 개조 시장을 진흥시키고 업체들로 하여금 기술 변화의 기회를 포착하게 하며, 동시에 숙련된 업종에서 새로운 직장을 창출할 수 있게끔 하는 데 목적이 있다.

마지막으로 자동차의 기계적인 장치를 고치는 대신에 운전자들이 기존의 운전습관을 바꾸어도 상당한 온실가스 배출량을 줄일 수 있다. 부드러운 출발과 멈춤 등은 연료를 절감할 뿐만 아니라 오염물질의 배출량도 감소시킨다. 타이어의 공기압이 적절하고, 불필요한 짐을 자동차에 싣고 다니지 않는 것도 도움이 된다. 자동차 60,000대를 대상으로 실시한 시험에서 평균 15%의 연료 절약과 오염물질 배출량 감소가 있다는 것을 증명하였다. 따라서 정부는 운전 훈련과 기준, 정보 제공, 법인용 차량이나 개인용 차량의 운전습관에 변화를 줄 수 있는 새로운 기술 등 다양한 보완적인 수단을 지원한다.

ⓒ 신규 판매 자동차에서 Clean 차량의 비중 확대

영국은 유럽에서 가장 큰 저탄소 자동차 시장을 갖고 있는 나라로 2018년의 경우 신규 등록 차량의 2.7% 정도가 저탄소 자동차로 나타나고 있다. 영국이 이 분야에서 앞서 가고 있음에도 불구하고 대체로 저탄소 차량의 수급은 원활한 편이 아니며 소비자들의 호응도도 높다고 보기 어렵다. 정부는 이러한 문제를 규제와 자동차 구입대금에 대한 자금 지원, 소비자와의 소통 등을 통해서 해결하려고 하고 있다. 우선 자동차에 대한 규제를 보면 정부는 현재 EU가 부과하고 있는 규제를 EU 탈퇴 이후에도 지속적으로 그 수준을 유지할 예정이다. 현재 EU의 자동차 배기가스에 대한 규제는 'Euro Standard'라고 하며, 일련의 시험주행 중에서 배출하는 대부분의 오염물질에 대해서 상한선을 두고 있다. 1992년 처음 도입된 이래로 'Euro Standard'는 신규 자동차에서 배출하는 오염물질을 낮추는 데 결정적인 공헌을 하였다. 그러나 이 규제가 실험실에서 기대했던 경유 자동차의 NO_X를 실제 주행에서 낮추는 데는 실패한 것으로 평가 받는다. 특히 몇몇 자동차 회사의 경우 실험실과 실제 주행 사이의 차이가 지나치게 크게 발생하였다. 2016년 4월 주행시험에서 나타난 결과에 의하면 경유 자동차의 평균 NO_X 배출량은 실험실에서의 법적 배출한도보다 6배나 많은 것으로 보고되었다. 이 문제를 보완하기 위해서 버스 및 트럭에 대해서는 이미 2013년에 주행

시험제도가 도입되었으나 승용차와 승합차에 대해서는 최근에 주행시험에 대한 합의에 도달한 바 있다. 2017년 9월에 발효된 'The Real Driving Emissions'는 자동차 제조사에게 자동차의 다양한 정상 운행 상태에서 NO_x와 다른 오염물질의 배출량을 제한하도록 하고 있다. 이와 같이 어려워진 기준을 충족하기 위해서는 가장 효과적인 배출량 조절기술의 광범위한 채택이 필요할 것으로 보인다.

정부는 현재 저탄소 차량을 구매하는 소비자를 보조하는 방법으로 세제 혜택, 직접 구매자금 지원 등 다양한 재정지원 제도를 시행하고 있다. 이들 제도는 현재에도 매우 중요한 역할을 하고 있으며, 일부는 2020년 이후까지 중요한 역할을 지속할 것으로 보인다. 구체적으로 세제 혜택은 저탄소 차량에 대한 VED(Vehicle Exercise Tax)에 세율 경감을 들 수 있다. 배출량이 영인 차량은 아예 VED가 면제된다. 또한 2020~21년에는 법인용 자동차 세제 개혁을 통해 좀 더 장거리 제로 배출량 거리가 혜택을 볼 수 있게 된다. 전기 자동차의 경우 연료 소모가 없으므로 연료 혜택 비용이 부과되지 않는다. 아울러 기존 화석연료 택시를 전기 자동차로 전환하기 위하여 상당한 재정 지원이 택시업계에 지원되고 있다. 정부는 전기 자동차 충전에 소요되는 가정용 전력에 대해 5%의 부가가치세를 부과하고 있다. 이는 휘발유 또는 경유에 20%의 부가가치세가 부과되는 것에 비해서 소비자에게 상당한 재정적 지원이 된다. 현재에도 전기 자동차를 비롯한 저탄소 차량의 구매에는 기존 일반 차량의 구매보다 더 많은 초기 비용이 필요하다. 2017년 배터리의 가격이 2010년에 비해서 80% 정도 하락하였지만 주행거리를 늘리기 위해서 투입되는 배터리 용량이 증가함에 따라 전기 자동차의 가격은 크게 하락하고 있지는 않다. 2010년 무렵 하이브리드 차량의 구매에 자금을 지원하는 직접 구매자금 지원제도가 처음 도입되었으며, 2018년까지 15만 대의 자동차에 적용되었다. 이 제도에 의한 지원 금액은 2018년 10월까지 이전과 동일한 비율이 적용되었으며, 2020년까지 지속될 것으로 보인다. 판매가 증가함에 따라 하이브리드 자동차에 대한 세금을 동원한 구입자금의 지원은 장기적으로 불가능하다. 따라서 일정 기간이 경과하면 구입자금 지원은 종료될 것으로 보이며 다른 적절한 대안으로 대체될 것으로 보인다.

정부는 소비자들에게 자동차 연료와 자동차 종류에 따라 환경적 성과가 얼마나 다른지 정확한 정보를 제공하고자 한다. 이 과업은 자동차 회사, 자동차 도매상, 소비자 단체 등과 함께 해결할 과제이다. 이에 따라 정부는 도로 교통 배출량 자문 그룹을 구성할 예정이다. 이 그룹은 자동차 업계 이해당사자와 소비자 그룹, 소통 전문가 집단 등이 함께 영국 전역에 걸쳐 연료와 기술 선택에 대한 자문과 명백하고 일관된 소비자 소통 문제의 해결할 것이다. 이 그룹이 우선적으로 해결해야 할 과제는 어떻게 소비자들에게 다음 문제들에 대해서 명확하게 설명할 것인가 하는 것이다. 우선 현재 방식보다 연비가 더 정확해지는 자동차 이산화탄소 측정방식의 변경, 운전자에게 현재의 휘발유와 경유에 포함된 바이오 연료의 내용을 강조하는 새로운 연료 표시의 도입, 주유소에 의한 새로운 연료 등급제의 도입, 지방 정부에 의한 대기 청정구역의 도입 등의 다루어야 할 문제가 있다.

 ⓔ HGV 배출량 감축방안

 HGV(Heavy Goods Vehicles)는 영국에서 상품운송의 핵심적인 기능을 수행하고 있지만 육상 Transport 부문에서 온실가스 배출량의 18%와 NO_x 발생량의 13%를 차지하는 주요 오염원이기도 하다. 정부의 장기 목표는 온실가스 배출이 전혀 없는 HGV의 개발과 보급이다. 이 목표를 달성하기 위한 경로는 승용차 또는 Van의 경우와 같이 명확히 제시하기 어렵지만 최근 배터리 트럭의 등장으로 기술적인 측면에서 가능할 것으로 보인다. 그러나 자동차 회사 입장에서 대규모 투자를 결정하기 전에 이 기술이 경제적으로 타당성이 있는지 확신을 필요로 한다. 정부는 연구개발, 시험운행과 시범사업에 있어서 중요한 역할을 수행하고, 새로운 기술을 개발하고 전개하는 데 따르는 경제적 혜택을 산업계가 충분히 누릴 수 있도록 지원을 한다. 단기적으로 HGV에서 나오는 배출량을 줄이는 방법은 HGV를 직접 운전하는 사람들이 연료 효율과 환경적 성과에 한계적인 개선을 제공하는 방식을 채택하는 것이다. 여기에는 운전 훈련, 공기 저항이 적은 유선형 장비, 효율적인 타이어, Telematics 등이 포함된다. 정부는 2025년까지 HGV 온실가스 배출량을 2015년 수준에서 15% 감축하기 위한 업계의 자율적인 목표 설정에 동의한다. 이러한 자율 규제는 업계가 개선된 연료 효율을 통해서 현실적인 상업적 혜택을 누리면서 상당한 배출량 감축을 달성할 수 있는 방안이다. 업계의 자율 규제에 맞추어 FTA는 LERS(Logistics Emissions Reduction Scheme)을 시행한다. LERS는 15% 목표를 달성하기 위해서 개별 회사가 목표를 달성하도록 지원하고, 달성과정을 추적하는 기능을 수행한다. LERS는 단기목표로 2020년까지 5% 배출량 감축목표를 설정하고 있다.

7.4 기타 부문 온실가스 감축목표와 성과

7.4.1 제조업 부문

제조업 부문에서 직접 배출하는 온실가스 배출량은 2017년 기준으로 105 백만 톤으로 영국 전체 배출량의 1/4 정도를 차지하고 있다. 제조업 부문에서 배출하는 온실가스의 90% 이상이 이산화탄소이며, 배출량의 60% 정도는 일반 제조업에서 나오고, 나머지 40%는 화석연료 생산 및 정제 등에서 발생한다. 일반제조업의 배출량은 다시 공장의 난방이나 열 공급, 전기 생산 등에서 발생하는 것은 85% 정도이고, 나머지 15% 정도는 제조업 안에서 화학 반응에 의한 제조 공정에서 발생하는 온실가스이다. 제조업은 직접적인 온실가스 배출 이외에도 전체 전력생산량의 1/3 정도를 소비하므로 간접 배출량이 전체 배출량의 5% 정도인 23백만 톤에 달한다. 제조업 부문에서의 최근 배출량 추이는 2009년부터 2016년 사이에 연평균 3% 정도 감소하고 있었으나 2017년은 증가로 반전하였다. 단, 2017년의 제조업의 생산량이 전년 대비 3% 증가한 데 비하여 온실가스 배출량은 1% 정도 증가하는 데 머물렀다.

제조업 부문의 온실가스 배출량을 업종별로 보면 <그림 7−10>에서 보여주듯이 철강이 가장 높은 비중을 차지하고, 정유, 건설, 화학, 시멘트, 식품·음료업종 등이 뒤를 잇고 있다. 이들 6개 업종이 제조업부문의 배출량에서 차지하

그림 7-9   제조업 부문의 온실가스 배출 비중(2017)

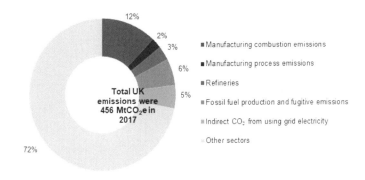

출처: "Reducing UK Emissions, 2018 Progress Report to Parliament", Committee on Climate Change, 2018. 6.

는 비중은 73%에 달하고 있다.

1990년의 제조업 부문의 온실가스 배출량에 대비하면 2017년 제조업의 배출량은 거의 절반 수준이다. 장기간에 걸쳐 상당한 감축이 있을 수 있었던 요인을 분석하면 대략 4개의 주요한 요인이 존재한다. 첫째, 생산량 영향으로 불경기와 관련된 배출량 감축을 꼽을 수 있고, 둘째, 구조적 영향으로 제조업의 구성이 저탄소 집약도 업종 중심으로 재편되는 과정이 있으며, 셋째, 연료의 교체효과로 석탄에서 천연가스로의 전환과 화석연료에서 전기로의 전환을 들 수 있다. 마지막으로 에너지 효율 개선에 의한 또는 업종 내에 제품 구성의 변화에 의한 에너지 집약도의 변화를 꼽을 수 있다. 제조업 부문에서 1992년에서 2007년 사이에 기록한 직접 이산화탄소 배출량 감소는 에너지 집약도의 개선과 저탄소 연료로의 교체가 가장 큰 역할을 담당하였다. 이 기간 중 에너지 집약도의 개선은 연평균 1.6% 정도를 보였으며, 저탄소 연료로의 전환은 연평균 0.6% 정도의 배출량 감축에 기여하였다. 그러나 2007년부터 2009년 사이에 있었던 배출량 감소는 에너지 집약적인 업종에 좀 더 심각한 타격을 입힌 제조업 생산량의 축소에 기인한다. 2009년부터 2015년 사이는 생산량은 증가한 반면에 배출량은 감소하였다. 이 기간 중의 변화는 주로 제조업부문의 구조적 변화에 의해서 감축이 발생한 것으로 설명된다. 제조업종이 저탄소 집약도 업종으로 재편되는 과정에서 발생한 효과가 25% 정도 기여한 반면에 에너지 집약도의 개선이

그림 7-10   제조업 업종별 온실가스 배출 비중

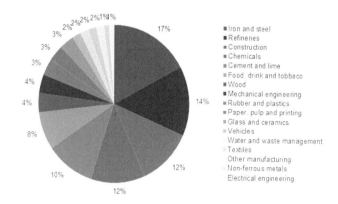

출처: "Reducing UK Emissions, 2018 Progress Report to Parliament", Committee on Climate Change, 2018. 6.

45%, 에너지 구성의 변화가 30% 정도 기여한 것으로 분석된다.

정부는 제조업에서의 배출량을 줄이기 위해서 제조업의 에너지 효율 개선에 중점을 둔 다양한 정책들을 수행 중에 있으며, 특히 'Clean Growth Strategy'에는 제조업의 온실가스 배출량을 감축하기 위한 다수의 정책들이 포함되어 있다. 우선 2030년까지 기업의 에너지 효율을 20% 개선하기 위한 제안으로 'An Industrial Energy Efficiency Scheme', 'Streamlined Energy and Carbon Reporting Framework', 'Industrial Heat Recovery Programme' 등이 있다.

• 'An Industrial Energy Efficiency Scheme'은 대기업의 에너지 사용과 에너지 비용을 줄이기 위해 조치를 취하는 것을 지원하는 방안이다. 이 정책은 기업의 에너지 효율 20% 개선목표와 기업의 생산성 향상에 지대한 기여를 할 것으로 보인다. 이 정책은 제4차 및 제5차 탄소 배출량 예산 중에서 제조업 부문에서 달성해야 할 목표의 1/4 정도를 담당할 것으로 기대되고 있다. 단, 에너지 효율 향상 20%라는 목표를 측정하게 될 기준이 명확하지 않은 문제점이 있다. 'Clean Growth Strategy'에는 이에 대한 기준 시점과 수량에 대해서 구체적인 내용을 제시하지 않았다.

• 'Streamlined Energy and Carbon Reporting Framework'은 과거 'CRC Energy Efficiency Scheme'에 포함되었던 기업의 보고방식을 영국의 대상 기업에 대해서 법적으로 의무화된 연간 온실가스 보고서로 대체하는 내용이다.

• 'Industrial Heat Recovery Programme'은 £18백만 기금으로 제조업체가 제조과정에서 발생한 열을 회수하여 재사용하는 설비에 투자하는 것을 장려하는 사업이다.

'Clean Growth Strategy'에 포함된 다른 정책으로 2020년대에 고탄소 화석연료를 사용하는 난방설비를 단계적으로 천연가스 공급망에서 제외하는 제안과 탄소 포집 및 활용방안에 대한 제안, 장기적인 저탄소 에너지 집약적인 제조업 공정의 개발을 지원하기 위한 Framework 개발 제안, 2021년까지 £162백만을 기업의 탈이산화탄소를 위한 혁신에 투입하기로 한 공약 등이 있다.

정부는 2050년까지 자원에서 추출하는 가치를 최대화하는 동시에 자원의 추출과 사용과 폐기에 관련된 부정적인 환경 및 탄소의 영향을 최소화하여 영국에서 제거할 수 있는 모든 쓰레기를 영으로 만드는 경제를 구축하겠다는 의욕적인 목표를 설정하였다. 이러한 전략은 제조업부문에서의 높아진 자원의 효율성과 순환경제에 대한 기회로 인하여 온실가스 배출량을 감축하는 데 도움을 줄 것으로 보인다. 구체적인 정책방안은 'Resource and Waste Strategy'에 포함되어 발표될 예정이다. 정부의 'Industrial Strategy'의 일환으로 발표된 'Industrial Strategy Challenge' 펀드는 세계가 클린 성장으로 전환하는 과정에서 클린 기술의 비용을 떨어뜨려 혁신을 주도하고, 새로운 클린 기술이 영국에서 성공적으로 상업화하여 시장이 성장할 수 있도록 정책과 규제, 세금과 투자 등을 조율해서 영국 제조업의 장점을 극대화하는 효과를 노리고 있다.

　　제조업 부문에서 온실가스 배출량을 감축하기 위한 다양한 정책 중에는 EU 차원에서 진행되고 있는 정책들이 있다. 영국의 EU 탈퇴에 따라 이들 정책의 지속성 여부는 온실가스 감축에 지대한 영향을 미치게 된다. 영국은 EU 회원국들과 함께 온실가스 배출량 감축을 위한 정책 중에서도 유럽 전체적으로 영향을 미치고, 회원국들의 상호협력이 필요한 분야에 대해서 정책을 개발해왔다. 영국은 EU 전체적으로 이행 성과가 좋은 정책에 대해서는 동일한 정책을 국내에 계속 적용할 필요가 있다. 제조업과 관련된 EU 차원의 대표적인 정책은 EU ETS를 꼽을 수 있다. 영국의 제조업체 중에서 EU ETS에 속한 기업의 수가 1,000개를 상회하는 현실을 고려하여 정부는 잠정적으로 EU ETS Ⅲ단계가 종료되는 2020년 말까지 영국이 EU ETS 체계에 머무르기로 결정하였다. 그 이후의 계획에 대해서는 현재 불투명한 상황이지만 영국이 EU ETS Ⅳ단계에 참여할 가능성은 낮은 것으로 평가된다. 따라서 정부는 2021년부터 새로운 ETS를 도입할 것인지 아니면 다른 제도를 통해 동일한 효과를 기대할 것인지 결정하여야 한다. 또 다른 EU 차원의 정책으로 모든 전자제품에 대해서 에너지 효율과 등급을 표기하는 정책이 있다. 이 정책으로 인해서 시장에서 에너지 효율이 나쁜 제품은 퇴출되었고, 전체적으로 전자제품의 에너지 효율은 크게 향상되었다는 평가를 받고 있다. 만일 영국이 EU 탈퇴로 이 정책에서 제외된다면 세계적으로 에너지 효율이 나쁜 제품들이 영국에서 범람하는 단초를 제공할 가능성이 높다. 따라서 영국에서 자체적으로 동일한 정책을 채택하여 시행하는 것이 불가피하다.

7.4.2 빌딩 부문

2017년 기준으로 빌딩 부문의 직접 온실가스 배출량은 83백만 톤으로 전체 배출량의 17%를 차지한다. <그림 7–11>에서 볼 수 있듯이 빌딩에서 직접 배출하는 이산화탄소는 일반 가정이 64백만 톤으로 77%, 상업용 빌딩이 11백만 톤으로 14%, 공공 빌딩이 8백만 톤으로 10%의 비중을 각각 차지한다. 또한 빌딩은 전력 소비량의 66%를 차지하고 있으므로 간접 배출량은 48백만 톤에 달한다. 이산화탄소를 제외한 빌딩과 연관된 온실가스 배출량은 약 2백만 톤에 달한다. 2017년 빌딩 부문에서 배출량이 전년의 87백만 톤에 비해서 약간 감소한 이유는 겨울철 기온이 높았기 때문이다. 기온으로 인한 영향을 중립으로 볼 경우에 2017년 배출량은 전년 대비 1% 정도 증가한다고 추정할 수 있다.

저탄소 난방설비를 갖춘 빌딩의 비중은 전체 빌딩 난방 수요의 4.5% 정도로 추정된다. 그러나 저탄소 난방설비 중의 82%는 바이오에너지가 차지하고 있으며, 바이오에너지의 60% 정도는 가정용 바이오매스이다. 바이오매스의 비중이 절대적으로 높은 것은 난방용으로 바이오매스의 활용이 최선이 아니라는 점과 바이오 에너지가 연소과정에서 미세먼지를 배출하여 대기 오염을 악화시킬 수 있다는 치명적인 약점이 있어서 장기적으로 문제의 소지가 있다. 가장 비용 효과적인 방식으로 외부 열의 차단하는 단열설비를 꼽을 수 있지만 이러한 설비를 갖춘 가정의 비율도 10년 이래 최저치에 머무르고 있다. 단열설비는 온실가

그림 7-11 빌딩 부문의 직접 이산화탄소 배출량 비중

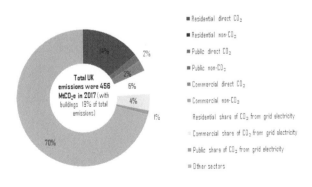

출처: "Reducing UK Emissions, 2018 Progress Report to Parliament", Committee on Climate Change, 2018. 6.

스 배출량 감축뿐만 아니라 건강에도 유익하고, 전력요금도 상당히 절감하는 효과를 갖고 있다. 일반 가정에서 지붕에 단열설비가 제대로 설치되어 있지 않으면 비용이 1년에 £105 정도가 추가되며, 벽면에 단열설비가 불충분하면 £115 정도 더 추가된다. 따라서 단열설비에 들어가는 비용을 감안하면 대략 4년 이내에 투자금액의 회수가 가능한 것으로 분석된다.

또한 공공 빌딩과 상업용 빌딩에 대한 에너지 효율 문제는 빌딩의 형태와 용도가 다양하고, 일관된 자료의 부족으로 분석하기 어렵지만 전체적인 빌딩의 에너지 집약도를 보면 가장 최근 자료인 2016년에도 정체되어 있어서 어떠한 긍정적인 성과도 찾을 수 없는 상황이다.

빌딩의 온실가스 배출량을 줄이기 위한 효과적인 정책은 우선 기존 빌딩에 대한 에너지 효율을 높이고, 저탄소 난방연료의 보급을 확대하는 것이다. 건물 신축 규정에 저탄소 연료의 사용을 강제하여야 하고, 기후변화에 대한 복원력을 갖도록 만들어야 한다. 'Clean Growth Strategy'에는 빌딩에서 발생하는 배출량을 감축하기 위한 에너지 효율에 대한 의욕적인 목표를 설정하고 있다. 이러한 목표가 실현되기 위해서는 세부적인 정책과 조치가 필요하다. 'Clean Growth Strategy'의 일환으로 에너지 효율에 대해서 정부가 발표한 정책은 가정용 건물의 효율성 개선을 위한 지원을 2028년까지 현재의 ECO 지원 수준으로 연장하고, 상업용 빌딩에 대해서는 새로운 에너지 및 온실가스 보고 체계를 확립한다는 것이다. 또한 정부는 기존 빌딩과 신축 빌딩에 대해서 에너지 성과 기준을 강화하는 작업을 시작하였으며, 신축 빌딩에 대해서는 2020년까지 저탄소 난방을 강제할 예정이다. 정부는 2030년까지 빌딩 부문에서의 에너지 사용을 절반으로 줄이고, 사용하는 에너지는 모두 클린 에너지로 하는 'Grand Challenge' 과업도 2018년 5월 발표하였다. 또한 가정용이나 상업용으로 가스망을 통해 공급되는 모든 고탄소 연료를 단계적으로 중지하는 방안과 전국적인 열배관망의 신설 등이 있다.

7.4.3 농업 부문

2016년 기준으로 농업 부문의 온실가스 배출량은 46.5백만 톤으로 영국 전체 배출량의 10%를 차지하고 있다. 이는 1990년 대비 16% 낮은 수준이지만 전년 대비 거의 변화가 없는 실적이다. 사실상 농업 부문에서의 배출량은 2008년 이래 거의 변동이 없는 편이다. 농업 부문에서 배출하는 온실가스는 메탄이 57%로 가장 많고, 아산화질소가 32%, 이산화탄소가 나머지 12%를 차지한다. 이러한 온실가스별 비중은 1990년 이래 거의 변하지 않고 있다. 메탄은 가축의 소화과정에서 발생하는 양이 83%이고, 가축의 분뇨나 쓰레기 처리과정에서 발생하는 것이 17%를 차지한다. 아산화질소는 경작지 비료 사용에서 오는 것이 77%를 차지하고, 쓰레기 또는 분뇨 처리에서 발생하는 것이 20%를 차지한다. 대부분의 이산화탄소는 농기구 등을 운영하는 데서 발생한다. 농업 부문에서 배출하는 온실가스의 거의 절반은 축산업에서 가축을 사육하는 과정에서 발생한다. 비료 등의 사용에 따라 농사용 경작지에서 발생하는 것이 24% 정도를 차지하고, 분뇨 및 쓰레기 처리과정에서 16% 정도가 발생한다.

농업정책의 상당 부분은 지방자치 단체에 위임되어 있으므로 온실가스 배출량 축소도 기업 수준의 자발적 규제에 의존하고 있다. England의 경우 Greenhouse Gas Action Plan이 2022년까지 3백만 톤의 감축목표를 설정한 정부의 유일한 정책적 수단이다. 이 정책의 핵심적인 내용은 효율을 개선하는 동시에 배출량을 감축하는 데 초점을 맞춘 정보와 자문의 제공이다. 이 정책에 따라 현재까지 시행된 많은 사업에 대해서 효과적인 평가의 체계가 결여되어 있었던 탓에 효과성을 평가하기는 어렵지만 정부의 통계 자료에 의하면 농부의 자세 측면에서나 감축을 실천에 옮기는 면에서 모두 개선이 이루어지고 있지 않다고 볼 수 있다. 2017년 보고서에 의하면 정부는 자발적인 규제 이외의 어떠한 정책도 도입할 의사가 없음을 분명히 하고 있다. 이런 상황에서 농업 부문에서의 온실가스 배출량 감축은 기대하기 어려운 현실이고, 이에 따라 4차 배출량 예산 목표도 달성하기 쉽지 않은 것으로 판단된다.

2032년까지 영국의 탈이산화탄소 목표로 수립된 'The Clean Strategy'에서 농업부문에서의 온실가스 감축은 지역적으로 England에 한정하고 있다. 이 전략에는 온실가스 배출량이 적은 비료의 개발과 육우에서 발생하는 고질병을 해결하기 위한 구상이 담겨 있다. 만일 이 전략이 차질 없이 진행된다고 가정하면 2030년까지 1백만 톤의 배출량을 감축할 수 있을 것으로 추정되지만 관건은 2020년까지 이러한 구상이 구체적인 정책으로 실행에 옮겨질 수 있느냐 하는 것이다. 이외에 정부가 제안한 새로운 ELM(Environmental Land Management) 체계는 기존의 환경 상태가 괜찮은 토지에 대해서 오염자가 비용을 지불하여야 한다는 원칙을 반영하는 새로운 규제방안을 도입하고 있다. 아울러 ELM에는 농장주와 토지 소유주들에게 환경적인 결과를 개선할 수 있도록 장려하는 보상체계 또는 펀드의 조성 등이 포함될 예정이다. Scotland 정부가 진행 중인 'The Scottish Climate Change Plan'에는 향후 15년간 이 지역에서의 온실가스 배출량 감축방안이 나와 있으며, 여기에 농업부문에서 2032년까지 80만 톤에 해당하는 9%의 감축목표를 설정하고 있다. 그러나 이 정책도 기본적으로 강제적인 규정에 의한 것이 아니라 농부의 자발적인 참여를 전제로 하고 있어서 목표 달성이 가능할지는 의문이다.

7.4.4 폐기물 부문

2016년 기준으로 폐기물 부문의 온실가스 배출량은 19.9백만 톤으로 영국 전체 배출량의 4%를 차지하고 있다. 이는 1990년 대비 70%가 감축된 실적이지만 전년 대비로 보면 5%에 해당하는 0.9백만 톤이 증가한 모습으로 장기적인 감소추세가 반전된 상황이다. 폐기물 부문에서 배출하는 온실가스의 92%는 메탄으로 주로 매립지에서 발생하고 있다. 매립지는 폐기물 부문에서 발생하는 온실가스 배출량의 69% 정도를 차지하고 있으며, 전년도 증가분의 대부분도 매립지에서 증가한 것이다. 폐기물 부문에서 나머지 배출량은 폐수 처리과정에서 발생하는 메탄 등으로 약 21% 정도를 차지하고, 생물학적 처리과정에서 9% 이하의 온실가스가 발생한다.

장기적으로 볼 때 정부 정책은 폐기물 부문에서 발생하는 온실가스를 감축하는 데 있어서 매우 성공적이라고 평가받는다. 향후 진행될 폐기물 부문에 대한 정부 정책은 'The Clean Growth Strategy'에서 주로 잉글랜드 지역의 쓰레기 처리에 집중되어 있다. 여기에서는 자원에서 추출할 수 있는 가치를 극대화하여 2050년까지 피할 수 있는 쓰레기는 제로인 경제를 구축한다는 목표를 설정하고 있다. 특히, 지방 자치단체가 각 가정의 음식물 쓰레기를 수거하여, 이를 이용하려는 사업자에게 전달하는 체계를 구축하여 2030년까지 음식물 쓰레기의 매립은 중단할 예정이다. 또한 과거 장기간 사용해왔던 매립지를 비롯하여 매립지에서 발생하는 온실가스 배출량을 관리할 수 있는 혁신적인 방법을 찾을 예정이다. 이에 관해서 정부는 폐쇄된 매립지와 폐쇄 예정인 매립지의 관리방안을 모색하는 실태 보고서를 작성 중에 있다. 이미 사용이 완료된 매립지에 관한 전반적인 검토 보고서는 2018년에 발간된 바 있다.

폐기물 부문에서 발생하는 온실가스를 감축하기 위한 구체적인 계획은 'Resource and Waste Strategy'에서 다룰 예정으로 여기에는 모든 피할 수 있는 쓰레기는 2050년까지 완전히 제거하는 25년 환경계획을 담을 예정이다.

7.4.5 F-가스

2016년 기준으로 F-가스 배출량은 16백만 톤으로 영국 전체 온실가스 배출량의 3%를 점하고 있으며, 1990년 대비 7% 낮은 수준이다. F-가스의 주요 발생 원인은 오존층을 파괴하는 CFC를 대체한 HFC가 냉장고와 에어컨 등에 냉매로 사용되기 때문이다. F-가스는 주로 소량으로 배출되지만 지구온난화지수가 매우 높고, 공기 중에 체류 기간이 길기 때문에 기후변화에 미치는 영향은 결코 작지 않다. 영국에서의 F-가스 배출량은 1997년 25백만 톤으로 정점에 도달한 이후 3~4년간 크게 감소하였으나 2000년대 들어 냉장고와 에어컨에 대한 수요가 증가하면서 꾸준히 증가하는 추세를 보이고 있다. 2009년부터 2015년까지 연평균 0.4% 정도의 증가세를 이어 갔지만 2014년 EU 차원에서 F-가스에 대한 규제가 강화됨에 따라 2016년부터 감소하는 모습을 보이고 있다. 대체로 건물의 에어컨 설비에서 발생하는 배출량은 수요의 지속적인 증가에 따라 계속 증가하는 모습을 보이고 있는 반면에 자동차 에어컨과 냉장고에서 발생하는 배출량은 EU의 F-가스 규제가 강화됨에 따라서 2016년부터 감소세로 전환한 모습이다.

F-가스의 배출량을 줄이기 위해서 현재 영국 정부가 채택하고 있는 정책은 EU 차원의 F-가스 규제, 'Mobile Air Conditioning Directive'와 'Kigali 수정안' 등 세 개가 존재한다. EU 차원의 F-가스 규제는 2015년 1월부터 영국에서 효력을 발휘하고 있으며, 주요 내용으로 제조업자 또는 수입업자가 EU 시장에 공급할 수 있는 HFC 양의 한도를 설정한 것이다. 한도는 3년마다 더 큰 폭으로 줄어들어 2030년은 2015년 대비 79% 감축에 도달하게끔 설정되어 있다. 또한 2015년부터 역내 냉동 및 냉장업자는 지구온난화지수 150 이상의 냉매의 사용이 금지되었으며, 2020년부터 지구온난화지수 2500 이상의 HFC를 주입한 기존의 냉장설비는 유지 보수가 금지된다. 'Mobile Air Conditioning Directive'는 2011년부터 적용되어 왔으며, 신규 자동차의 냉매는 지구온난화지수 150 이하의 물질만 사용하는 것이 가능하다. UN 몬트리올 의정서에 대한 'Kigali 수정안'

에서 선진국의 경우 HFC를 2036년까지 86% 감축하여야 한다. 이 수정안은 2034년까지 EU의 F-가스 규제보다 덜 엄격한 것으로 평가받고 있다. 영국은 2017년 11월에 이 수정안을 비준하였으며, 2019년 1월부터 효력이 발생하였다.

정부의 정책적 노력에도 불구하고 EU의 F-가스 규제 이후에 F-가스의 배출량은 기대만큼 크게 감소하고 있지 않다. 이러한 이유로는 F-가스에 대한 EU의 규제가 효력을 발휘하기 이전에 주요 수요층에서 미리 F-가스를 대규모로 구매해서 시장에 예상보다 많은 양이 남아 있을 가능성과 영국에 소재하는 기업들이 필요 이상의 높은 할당량을 보유하고 있거나 역내 다른 회원국에서 할당량을 구매했을 가능성도 있다. EU의 F-가스 규제 초기에 예상보다 배출량의 감소 속도가 느리기 때문에 영국 정부가 목표로 하는 F-가스의 배출량 감축은 달성하기 쉽지 않은 상황이다.

7.5 EU ETS와 Brexit

7.5.1 영국의 EU 탈퇴와 EU ETS

2016년 6월 23일 영국의 국민투표에서 EU를 탈퇴하는 제안이 통과하고, 2017년 3월 29일에 영국정부가 이를 EU에 공식적으로 통보함에 따라 영국의 EU 탈퇴가 공식적으로 시작되었다. 법이 정하는 바에 따라 EU와 영국 사이의 탈퇴협상은 최대 2년간 지속되며, 협상 결과에 관계없이 2년이 경과하면 영국의 EU 탈퇴가 자동적으로 효력을 발생한다. 따라서 2019년 3월 29일부터 영국의 EU 탈퇴는 확정된 것으로 이에 따라 EU ETS에도 상당한 영향이 불가피하다.

EU 회원국 중에서 독일의 배출량 902백만 톤에 이어서 2위를 차지하고 있는 영국의 온실가스 배출량은 2015년을 기준으로 456백만 톤으로 대략 세계 14위 수준이다. 영국은 그동안 EU의 환경정책에 있어서 수준 높은 온실가스 감축목표를 설정하도록 주도적인 역할을 수행해 왔다. 또한 EU ETS의 적용을 받는 업체의 수가 1,000여 개에 달하며, 이들 업체가 배출하는 배출량은 영국 온실가스 배출량의 40% 정도에 달하고 있다. 따라서 영국이 Brexit에 의해 EU ETS의 탈퇴가 결정되면 EU ETS의 배출허용총량 등에 있어서 수정이 불가피하다.

단기적으로 발생할 수 있는 문제는 EU와 영국 간의 합의안이 없는 상태로 Brexit가 효력을 갖는 경우이다. 2019년 2월에 신규로 할당된 배출권의 경우 영국의 EU 탈퇴가 현실화되면 2019년도 온실가스 배출량에 따른 의무이행의 부담은 사라지고, 무상으로 상당량의 배출권을 할당받은 상황이 된다. EU는 영국에서 발행되는 배출권에 대하여 일반투자자가 이를 알 수 있도록 별도로 국가표기를 하고, 만일 영국과 EU 사이의 합의안이 없는 경우 영국에서 발행한 배출권은 업체들이 의무이행의 수단으로 사용할 수 없도록 조치하였다. 또한 영국은 업체들의 2018년도 온실가스 배출량에 대한 의무이행 시한을 규정에 의한 2019년 4월 30일에서 Brexit가 효력을 발생하는 2019년 3월 29일로 약 1개월 정도 앞당겼다. 아울러 영국의 탈퇴시점과 EU ETS Ⅲ단계 종료시점이 상이한 데서 발생하는 제반 문제들을 처리하기 위해서 탈퇴시점인 2019년 4월부터 EU ETS Ⅲ단계 종료시점인 2020년 12월까지 '이행 기간'(Implementation Period or Transition Period)이 설정된다. 이행 기간 중에는 영국의 정책선택에 따라 EU ETS Ⅳ단계부터 EU와 영국의 ETS의 연계방안도 검토할 것으로 보인다.

7.5.2 Brexit에 따른 EU ETS의 영향

영국이 EU ETS에서의 탈퇴가 효력을 발생하면 2021년부터 시작되는 EU ETS Ⅳ단계에 여러 면에서 상당한 영향을 미치게 된다. 우선 EU ETS Ⅳ단계에서 영국의 탈퇴에 따른 배출허용총량의 수정은 불가피하다. EU는 영국의 탈퇴에도 불구하고 기존 1990년 대비 2030년 온실가스 배출량 40% 감축목표를 그대로 유지할 것이므로 EU ETS에서의 배출허용총량도 이를 반영할 것으로 보인다. EU ETS Ⅳ단계 동안 업체의 온실가스 배출추정량도 영국의 업체들의 배출추정량에 해당하는 부분을 제외하여야 한다. 대체로 배출권 거래시장에서의 수급균형은 수요가 조금 우세해질 것으로 추정된다. 그 이유는 영국의 탈퇴로 인한 배출허용총량의 감소보다 더 많은 배출량의 감소가 발생할 것으로 추정되기 때문이다. 이는 영국이 다른 EU 회원국들에 비해서 더 빠른 속도로 온실가스 배출량의 감축을 지속해왔기 때문이다. 따라서 EU의 2030년 온실가스 감축목표가 그대로 유지된다면 EU 회원국들이 영국의 몫을 어느 정도 떠안아야 하는 실정이다. EU ETS Ⅳ단계 전체 기간 동안 영국의 탈퇴로 인해서 신규로 발생하는 초과수요는 배출허용총량의 5% 수준으로 추정된다. 이 정도의 초과수요는 거래시장 전체 규모로 볼 때 의미를 부여할 정도의 수준은 아닌 것으로 보인다. 따라서 영국의 탈퇴가 거래시장의 배출권 가격에 미치는 영향은 약간은 긍정적으로 보이지만 큰 변동을 초래할 정도는 아니다.

구체적으로 <그림 7-10>에서 보여주는 바와 같이 영국과 EEA를 포함한 EU ETS Ⅲ단계 최종 연도인 2020년의 배출허용총량은 2005년 배출허용총량 2,377백만 톤 대비 23.6% 감소한 1,815백만 톤이며, EU ETS Ⅳ단계 최종연도인 2030년의 배출허용총량은 2005년 배출허용총량 대비 43.3% 감소한 1,348백만 톤이다. 즉, 영국을 포함하는 경우 Ⅲ단계 최종연도와 Ⅳ단계 최종연도의 차이가 467백만 톤이 된다. 그러나 영국을 제외한 경우 2030년 배출허용총량은 1,192백만 톤으로, 2020년 배출허용총량 1,606백만 톤에 비해서 414백만 톤 적은 수치다. 원래 EU ETS Ⅲ단계 종료 시점 대비 Ⅳ단계 종료 시점의 영국 업체들에 대한 배출허용총량이 53백만 톤 축소될 예정이었으나 대부분 전문가들은 동일 시점 대비 영국 업체들의 온실가스 배출량 감축 추정치는 이 보다 훨씬 높을 것으로 예상하였다.

그림 7-12 Brexit에 따른 EU ETS의 배출허용총량의 수정

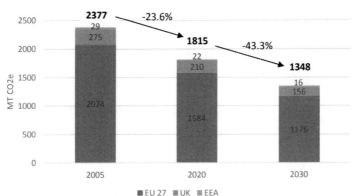

출처: "Brexit and the EU ETS: Greater as the Sum or in Parts?", Sandbag, 2017. 5.

7.5.3 Brexit 이후 EU ETS와 영국의 연계방안

Brexit가 정상적으로 효력을 발생한 이후에 EU ETS와 영국의 온실가스 감축정책의 연계방안은 대체로 다음 4가지 방안 중의 하나가 될 것으로 예측된다. 첫 번째 방안은 영국이 Brexit에도 불구하고 EU ETS의 회원 자격을 유지하는 방안이다. 이 안은 EU와 영국의 환경정책에 관련된 많은 관계자들의 지지를 받고 있지만 Brexit의 본래 목적 중의 하나인 EU 사법체계로부터 영국의 독립이라는 명제에 반하므로 실현 가능성은 높아 보이지 않는다. 만일 이 안이 채택된다면 배출허용총량을 비롯하여 EU ETS에는 아무런 변화가 초래되지 않을 것이며, 영국은 다른 회원국들과 마찬가지로 신규 진입업체를 위한 배출권과 혁신기금에 대한 접근이 가능할 것이다.

두 번째 방안은 영국이 아예 EU ETS에서 탈퇴하고 자체적으로 온실가스 감축정책을 추진하는 방안이다. 이 방안은 실행하기에 간단해 보이지만 2018년부터 2020년까지 이행기간 중에 영국 업체들이 보유한 배출권에 대한 구체적인 처리방안을 먼저 결정하여야 하는 문제점이 있다. 또한 EU ETS는 영국의 탈퇴시점부터 배출허용총량의 수정이 불가피하다.

세 번째 방안은 현재의 EU ETS와 EEA와의 관계를 영국에 적용하는 방안이다. 이 방안에서 영국은 EU의 사법체계를 따를 필요는 없으며, EU ETS는 배출허용총량을 수정할 필요가 없다. 그러나 EEA가 EU 단일시장의 일원으로 참

여하고 있는 데 비해서 영국은 EU 단일시장에서 탈퇴하려는 입장이고, EEA의 배출허용총량은 EU 배출허용총량의 1.2%에 불과하지만 영국은 11.6%를 차지하고 있다는 점에서 이러한 방안을 EU가 받아들이기에 어려움이 있을 것으로 보인다.

네 번째 방안은 영국이 자체적으로 ETS를 도입하고 이를 EU ETS와 연계시키는 방안이다. 이 방안은 현재 EU와 Swiss 사이에 적용되고 있는 방안으로 영국에서 발행된 배출권을 EU에서도 업체들이 의무이행의 수단으로 활용할 수 있다. 이 방안에서 영국과 EU는 각자의 배출허용총량을 설정하여야 한다. 이 방안의 변형된 형태로 영국은 ETS를 도입하지 않은 상태에서 기존의 업체들에게 EU의 배출권 매입을 통해서 의무이행을 요구하는 것도 가능하다. 이 방안은 영국이 일방적으로 선택할 수는 있지만 영국 업체들이 매입한 배출권의 처리문제에 대해서는 EU와 사전에 합의가 필요하다.

7.5.4 Carbon Tax Proposal

영국이 EU와 합의안을 만들지 않고 EU를 탈퇴하는 경우에 대비해서 영국 정부는 Carbon Tax를 부과하는 방안을 2018년 10월에 수립했다. 이 제안은 영국과 EU가 합의에 의해 영국이 EU ETS에 2020년 말까지 잔류한다고 해도 그 이후에 영국에서 Carbon Tax를 도입하기로 결정하면 유사한 형태로 적용될 가능성이 높은 방안이다. 기본적으로 이 제안에 의해 영향을 받는 기업은 EU ETS에 할당대상 업체로 선정된 1,000여 개의 기업이다. Carbon Tax는 2019년 4월 1일에 도입되어 1차 납세 해당기간은 2019년 12월 31일이며, 세금 납부는 2020년에 이루어진다.

할당대상 업체는 세금 산정을 목적으로 EU ETS와 동일한 연간 배출 할당량이 주어진다. 할당대상 업체는 현재의 MRV에 따라 각자의 배출량을 보고하여야 하며, 할당대상 업체의 이 보고에 의해서 배출량이 확정된다. 연간 할당 배출량보다 많이 배출한 업체에게는 2019년의 초과 배출량에 대해서 톤당 £16의 세금이 부과된다.

새로운 Carbon Tax 제안은 EU ETS의 영국 할당대상 업체들이 안정적인 경영을 할 수 있도록 안정적인 배출권 가격을 유지할 수 있을 것이다. 또한 이 제안은 영국이 EU를 탈퇴하더라고 법적으로 계속 유효한 온실가스 감축목표를 달성하는 데 도움이 될 것으로 보이며, 영국이 EU ETS에서 나옴에 따라 상실하게 될 배출권 경매 수익을 충당하는 데 크게 도움이 될 것으로 판단된다.

제8장 유럽의 Carbon Tax

8.1 Carbon Tax vs. ETS

8.1.1 완전정보에서의 Carbon Tax와 ETS

㉠ 온실가스 배출 기업이 하나인 경우

온실가스 감축을 위해서 업체에 대해서 탄소세를 부과하여 가격을 규제하는 정책과 ETS를 통해서 온실가스 배출량을 제한하는 정책은 정부가 배출량 감축에 따르는 한계비용곡선(Marginal Abatement Cost Curve)과 한계편익곡선(Marginal Benefit Curve)에 대해서 완전한 정보를 보유하고, 미래에 대해서 불확실성이 존재하지 않는 경우에 동일한 정책적 효과를 거둘 수 있다. 즉, 당국이 탄소세 부과 등과 같은 가격 규제를 통해서 달성하는 배출량 감축과 ETS의 시행 등과 같은 수량 규제를 통해서 달성하는 배출량 감축은 일치하고, 배출량 감축에 소요되는 비용도 일치한다.

온실가스를 배출하는 기업이 하나만 존재한다고 가정하자. 이 기업이 온실가스를 감축하기 위해 투입하는 한계비용을 보여주는 한계감축비용곡선은 양(+)의 기울기를 갖고 있다. 온실가스 한계감축비용곡선이 양의 기울기를 갖는 이유는 기존 감축수준에서 추가로 배출량을 감축하기 위해서는 투입되는 비용이 기존보다 증가하기 때문이다. 즉, 기업은 처음에 가장 비용이 적게 소요되는 방식으로 배출량을 감축하며, 이후에 이루어지는 배출량 감축은 순차적으로 점차 비용이 증가하게 된다. 규제가 없다면 기업의 배출량 감축규모는 영이 되며, <그림 8-1>에서 한계감축비용곡선의 아래 부분 "B+C+D"에 해당하는 감축비용을 지불하지 않게 된다.

비용과 편익분석에 따라 한계편익곡선과 한계감축비용의 교차점에서 최적 감축규모가 결정된다고 가정하자. 한계편익곡선은 각각 다른 배출량 수준에서 추가적으로 배출량이 감축됨에 따라 소비자가 얻게 되는 편익을 보여준다. 한계 편익곡선이 음(−)의 기울기를 갖는 이유는 기존 감축수준에서 추가로 배출량을 감축함에 따라 소비자가 얻게 되는 단위당 편익이 기존보다 감소하기 때문이다. 한계감축비용곡선과 한계편익곡선이 만나는 최적배출량은 <그림 8−1>에서 e*로 표시된다.

  이 최적배출량에 도달하기 위한 정책 중의 하나는 한계편익곡선과 한계감축 비용곡선이 만나는 수준으로 탄소세를 부과하는 것이다. 탄소세의 수준은 <그림 8−1>에서 수평선으로 그려진다. 기업은 한계감축비용이 탄소세보다 낮은 경우 에는 배출량을 감축하는 것이 경제적으로 유리하다는 것을 알고 있다. 탄소세로 인한 징수금액 "A+B"가 기업이 선택하게 되는 감축규모에 따른 한계감축비용 "B"보다 크다.

  <그림 8−1>에서 기업은 최적배출량의 오른쪽으로 표시되는 한계감축비 용 "C+D"가 탄소세 부과 금액 "D"보다 크므로 세금을 지불하는 대신에 탄소 를 배출하는 것을 선택하게 된다. 결과적으로 효율적인 감축수준은 e*에서 결정 되고, 기업의 감축비용은 "B+D"가 되며, 정부의 수입은 "D"가 된다. 정부가 탄소세 대신에 ETS를 시행하면 배출허용총량(Cap)은 한계편익곡선과 한계비용 곡선이 교차하는 e* 수준으로 결정된다. 따라서 기업이 지불하여야 하는 감축비 용은 "B"가 되며, 감축수준은 e*에서 결정된다.

그림 8-1 하나의 기업이 온실가스를 배출하는 경우

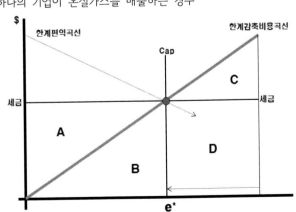

② 다수 기업이 온실가스를 배출하는 경우

<그림 8-2>에서 한계감축비용곡선과 한계편익곡선이 만나는 점(P*, Q*)에서 배출량 감축에 대한 가격(P*)과 수량(Q*)이 결정된다. 이 점에서 배출량 감축에 투입되는 비용은 배출량 감축에 의해 얻어지는 편익과 일치한다. 이 점에 미치지 못하거나 또는 지나치는 경우에는 경제적으로 비효율적이다. <그림 8-2>에서 효율적인 가격, P*은 탄소세가 되며, 효율적인 수량, Q*은 ETS에서 배출허용총량이 된다. 따라서 완전한 정보 아래에서 탄소세 또는 배출허용총량이 결정된다면 배출량의 감축규모와 감축비용은 일치할 것임을 보여주고 있다.

예를 들어 ETS에 의해서 개별기업의 배출허용총량이 결정되면, 기업은 배출허용총량에 도달할 때까지 배출량을 감축하며, 이 수준에서 한계감축비용곡선이 P*에 도달한다. 반면에 온실가스 배출에 대해 탄소세가 부과되면, 기업은 한계감축비용이 탄소세와 만나는 수준까지 감축을 하며, 이 수준에서 개별기업의 배출량은 Q*와 일치한다. 정부가 어느 정책을 선택하는 것에 관계없이 균형배출량은 Q*이며, 정책에 의한 총비용은 한계감축비용곡선의 짙은 색 부분이 된다. 따라서 다른 모든 조건이 동일하다면 특정 시점에 있어서 탄소세와 ETS는 모두 비용 효율적인 정책이다. 비용 효율성은 모든 업체에게 배출량에 관계없이 동일한 한계감축비용이 적용되기 때문에 달성된다. 한계편익곡선과 한계감축비용곡선의 교차점이 경제적으로 효율적인 가격과 수량이 된다.

그러나 현실적으로 정부는 배출량 감축에 따른 사회적 편익과 감축 비용에 대해서 완전한 정보를 갖고 있지 않으며, 이러한 불확실성하에서는 두 정책

그림 8-2 다수 기업에서의 효율적인 배출량

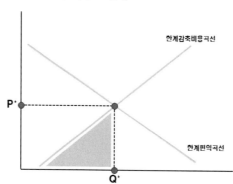

이 동일한 효과를 달성한다는 것을 기대할 수 없다. 정부는 탄소세를 부과함에 따라 비용 측면에서의 확실성과 수량 측면에서의 불확실성을 택하거나, ETS를 시행함에 따라 수량 측면에서의 확실성과 비용 측면에서의 불확실성을 선택하여야 한다. 어느 정책이 온실가스 감축에 있어서 더 효율적인 정책인가는 뚜렷한 결론을 내릴 수 없다.

8.1.2 불확실한 정보에서의 Carbon Tax와 ETS

㉠ 한계감축비용곡선과 한계편익곡선의 기울기

온실가스 감축 비용에 불확실성이 존재하는 경우 탄소세가 ETS보다 경제적으로 효율적이라는 주장이 존재한다. <그림 8-2>에서 본 바와 같이 당국이 배출량 감축에 따르는 한계감축비용곡선과 한계편익곡선을 정확하게 알고 있다면 탄소세와 ETS는 동일한 효과를 거두게 된다. 그러나 현실에서 온실가스 감축에 소요되는 비용과 이에 따르는 사회적인 편익은 확실하게 알 수 없지만 한계감축비용곡선과 한계편익곡선의 상대적인 기울기를 파악하는 것은 가능하다고 본다. 즉, 한계감축비용곡선의 기울기가 한계편익곡선의 기울기보다 좀 더 가파른지 아니면 좀 더 평평한지 상대적인 기울기의 정도에 대한 정보를 파악할 수 있다. Weitzman은 1974년에 발표한 논문 "Price vs. Quantities"[6]에서 한계편익곡선의 기울기가 한계감축비용곡선의 기울기에 비해서 상대적으로 낮을 때 탄소세 같은 가격 정책수단이 유리하고, 한계감축비용곡선의 기울기가 한계편익곡선의 기울기에 비해서 상대적으로 낮을 때 ETS 같은 수량 정책수단이 유리하다고 주장했다. 한계편익곡선의 기울기가 낮다는 것은 추가되는 각 단위의 배출량 감축이 기존 배출량 감축 수준에 비해서 거의 비슷한 정도의 편익을 제공한다는 것을 의미한다.

한계감축비용곡선과 한계편익곡선에 대한 정확한 정보가 없는 상황에서 당국은 임의로 추정한 한계감축비용곡선과 한계편익곡선의 교차점에서 탄소세율 또는 배출허용총량을 결정할 수 있다. 정부가 시행하는 두 정책 대안은 예상 한계감축비용곡선이 실제 한계감축비용곡선과 일치하는 경우에 동일한 결과를 달성한다. 그러나 불확실성 아래에서 실제 한계감축비용곡선은 예상 한계감축비용

---

6) M. L. Weitzman, "Price vs. Quantities" (1974), Review of Economic Studies, 41(4): 477-491.

곡선과 반드시 일치하는 것이 아니므로 탄소세를 부과하거나 ETS를 시행하는 데 따르는 경제적 비효율성이 존재한다. 예를 들어 실제 한계비용곡선이 예상 한계비용곡선보다 높다고 가정하자. 만일 당국이 탄소세를 부과하면 기업은 한계감축비용이 탄소세와 동일한 수준까지 배출량을 감축한다. 즉, 균형수량보다 적은 수준에서 실제 배출량 감축이 이루어진다. 반대로 정부가 균형수량을 배출허용총량으로 설정한 ETS를 시행하면 균형가격보다 높은 수준에서 감축비용이 결정된다. 따라서 예상보다 한계감축비용곡선이 높은 경우에 당국이 탄소세를 부과하면 적정 수준 이하의 배출량 감축이 이루어지며, ETS를 시행하면 적정 수준 이상의 비용이 소요된다. 이러한 현상은 실제 한계비용곡선이 예상 한계감축비용곡선보다 낮은 경우에도 동일하게 나타난다. 결론적으로 불확실성 아래에서 정부가 탄소세를 부과하거나 또는 ETS를 시행하는 데 따르는 경제적 효율성 손실의 크기는 한계감축비용곡선과 한계편익곡선의 기울기가 상대적으로 얼마나 가파른가에 의해서 결정된다.

ⓒ 한계편익곡선의 기울기와 Tipping Point

불확실성 아래에서 탄소세가 ETS에 비교해서 경제적 효율성의 손실이 작다고 주장하는 근거는 배출량 감축에 따른 한계편익곡선의 기울기가 한계감축비용곡선의 기울기에 비해서 상대적으로 평평하다는 점을 전제로 하고 있다. 상당수 학자들은 온실가스가 지구온난화에 영향을 미치는 과정에서 한계편익곡선의 기울기가 비교적 낮을 수밖에 없다고 보고 있다. 즉, 온실가스가 지구온난화에 미치는 부정적인 영향은 연간 배출되는 일정량, Flow 개념이 아니라 대기 중에 축적된 양, Stock 개념에 의한 것이기 때문이다. 대기 중에 포함된 온실가스의 비중이 인간의 행동에 의해서 바뀌는 데 걸리는 시간은 몇 해가 아니라 보통 수십 년 또는 수백 년이 소요된다. 인류는 이미 산업혁명 이후 200여 년간 온실가스를 배출해왔으며, 매년 추가로 배출하는 온실가스 규모는 이미 대기 중에 포함된 온실가스 규모에 비하면 소규모에 불과하다. 따라서 이미 축적된 온실가스에 조금씩 더해지는 추가적인 배출량을 일부 감축하여 얻어지는 사회적인 편익은 장기간에 걸쳐 점진적으로 나타날 것으로 판단된다.

그러나 이와 같은 논리에 의해서 한계편익곡선이 비교적 평평하다는 주장은 지구온난화에 있어서 작은 변화들이 어느 정도 기간을 두고 쌓여 추가적인 작은 변화가 하나만 더 일어나더라도 갑자기 큰 영향을 초래할 수 있는 상태를 일컫는 Tipping Points가 존재하지 않는다는 것을 전제로 하고 있다. 일부 과학자들은 대기 중에 축적된 온실가스가 일정 수준을 초과하는 경우에 극적인 사건이 전개될 것으로 예상하고 있다. 기후변화에 대한 연구에서 Tipping Points는 일단 대기 중에 축적된 온실가스가 어느 수준에 도달하면 이제까지의 기후변화 과정이 갑자기 중단되고 한계편익곡선이 매우 가파르게 바뀌는 수준을 의미한다. 이 수준이 지나가면 더 이상 기후변화는 원래의 상태로 돌이킬 수 없게 되며, 일부 지역에 거주하는 인간과 환경에 미치는 영향은 파국적이 된다. 만일 이러한 Tipping Points가 실제로 존재한다고 가정하면 온실가스 축적에 따른 대규모 부정적인 영향을 회피하기 위해서 배출량을 감축하는 것이 대규모 편익을 만들어주므로 한계편익곡선의 형태는 크게 변할 수밖에 없다.

온실가스 축적에 대한 Tipping Points가 존재하느냐 또는 어느 수준이냐에 대해서 과학적 근거는 빈약하다. 현재까지 확인된 것은 갑작스런 기후변화가 과거에도 있었다는 사실이다. 과학자들은 인류활동에서 기인하는 기후변화가 미래에도 과거와 유사한 변화를 야기시킬 수 있는지에 대해서 연구 중이다. 확률적으로 보면 가능하지만 가까운 장래에는 발생하지 않을 것으로 보이는 갑작스럽고, 예기치 않은 기후변화는 일반적으로 예상하는 점진적인 기후변화보다 인류와 환경시스템이 적응하기에 많은 어려움과 높은 사회적 비용을 발생시키게 될 것이 확실하다. 만일 Tipping Points가 가까운 장래에 발생할 가능성이 높다고 추정된다면 한계편익곡선의 기울기는 가파르게 변할 것이며, 이에 따라 탄소세보다 ETS가 경제적 효율성의 손실 규모를 줄일 수 있는 정책이 될 수도 있다.

정책선택에 따른 경제적 효율성의 손실의 규모를 추정하는 데 있어서 두 곡선의 상대적인 기울기의 정도를 갖고 설명하는 것은 비록 한계편익곡선에 정보가 불확실하다 하더라도 한계감축비용곡선에 관한 정보에 근거를 두고 있다. 이는 온실가스를 배출하는 기업이 탄소세 또는 배출허용총량에 따라 배출량 감축을 결정하는 경우, 배출량 감축으로 인한 사회적 편익은 기업들의 의사결정 과정에서 전혀 중요한 고려대상이 아니기 때문이다. 만일 기업이 사회적 편익을 고려한다면 처음부터 온실가스 배출로 인한 외부효과가 발생하지 않았을 것이라고 보는 것이 타당하다.

온실가스 배출량 감축에 따르는 한계감축비용곡선은 한계편익곡선에 비해서 추정하기 쉬운 편이다. 배출량 감축을 위해서 현재까지 개발된 다양한 저탄소기술을 종합적으로 보면, 한계감축비용곡선의 기울기는 평평하지 않은 것으로 나타나고 있다. 일반적으로 기업이 최초의 온실가스 배출량 감축을 위해서는 많은 비용이 소요되지 않을 수 있어도 배출량 감축이 증가함에 따라 추가적인 배출량 감축에는 더 많은 비용이 소요된다. 배출권가격이 높은 수준에서 형성되어 경제적으로 배출량 감축을 위한 획기적인 새로운 기술개발을 촉진한다면 이후에는 한계감축비용곡선이 비교적 평평해질 수도 있지만 아직까지는 기술적으로 그러한 단계에 도달하지 못한 실정이다.

ⓒ ETS가 유리한 경우

Stavins[7]는 온실가스 감축비용과 사회적 편익 사이에 양의 상관관계가 존재하는 경우에 탄소세 부과에 의한 가격규제보다 ETS에 의한 수량규제가 경제적으로 더 효율적인 결과를 가져온다고 주장하였다. 두 곡선이 양의 상관관계를 갖고 있다는 것은 실제 한계편익곡선과 실제 한계감축비용곡선이 정부의 예상 한계편익곡선과 예상 한계감축비용곡선보다 동시에 더 높게 위치하는 경우를 의미한다. ETS에 의한 수량규제가 탄소세에 의한 가격규제에 비해서 얼마나 더 경제적으로 효율적인지는 상관관계의 정도와 한계편익곡선과 한계감축비용곡선에 대한 불확실성의 정도에 달려 있다. Stavins는 가격규제보다 수량규제가 정책적으로 우위에 서게 만드는 비용과 편익의 범위는 현실적으로 가능한 범위에 속한다고 보았다. 즉, 배출량 감축으로 인한 사회적 편익이 일반적으로 추정되는 값보다 몇 배 더 크지 않는 이상 ETS의 시행으로 인한 경제적 효율성의 손실이 탄소세로 인한 경제적인 효율성의 손실보다 작다고 보았다.

Weitzman이 제시한 한계감축비용곡선과 한계편익곡선의 기울기를 활용한 경제적 효율성 손실규모에 따른 정책선택은 정적인(Static) 경제 또는 고정된 기간에 한해서 적용이 가능하다. 이러한 접근방법은 단기적인 피해를 유발하는 대기오염물질 같은 Flow 개념의 비용과 편익분석에 유용하다. 그러나 온실가스가 지구온난화에 미치는 영향은 대기 중에 이미 축적되어 있는 온실가스의 양과 관련된 Stock 개념으로 이해되어야 하고, 한 해에 배출하는 배출량이 기후변화에 미치는 영향은 무시해도 좋을 수준일 수도 있다. 따라서 고정된 시간의 틀에서

---

7) Robert Stavins, "Correlated Uncertainty and Policy Instrument Choice," Journal of Environmental Economics and Management 30: 218-232 (1996).

진행되는 정적인 분석은 다른 기간에 발생하는 사건과 연관되어 있지 않으므로 지나치게 단순화된 분석이라고 볼 수 있다. 특정 기간에 이루어진 기업의 설비 및 운영효율의 개선이 미래의 다른 기간에 배출되는 온실가스의 배출량에도 영향을 미칠 수 있다. 또한 대기 중에 축적된 온실가스가 시간의 흐름에 따라 점차 자연적으로 감소하는 현상도 고려되어야 한다.

만일 경제적인 효율성이 시간에 따라 변화하는 동적 효율성이 고려된다면 탄소세 정책과 ETS의 선택 문제는 복잡해진다. 이 경우 경제적 효율성을 달성하는 실제 배출량 수준 또는 탄소세율의 발견만이 문제가 되는 것이 아니다. 경제적 효율성이 이루어지는 지점이 경제발전 또는 외부의 충격에 따라서 매번 변하며, 이러한 불확실성이 탄소세 또는 ETS에 대한 선호도를 바꾸는 결과를 초래한다. 이 경우 탄소세와 ETS에 대한 정책선택이 비용 불확실성에 대한 동적 구조, 즉 기간에 걸친 비용 충격의 상관관계 구조에 대한 가정에 의해서 결정된다. 감축비용에 대한 일시적인 충격이 있는 경우에는 탄소세가 유리한 반면에 영구적인 충격의 경우에는 ETS가 유리하다.

8.1.3 탄소세와 ETS의 개선방안

㉠ 탄소세 개선방안

온실가스 배출량을 감축하기 위하여 탄소세를 부과하는 정책은 근본적으로 배출량의 감축규모가 불확실하다는 문제점을 갖고 있다. 이 문제는 탄소세를 정책방안에서 제외해도 좋을 정도로 심각한 의미를 갖고 있다. 기후변화의 과정을 되돌리는 것은 사실상 불가능하므로 온실가스 감축정책에 있어서 ETS와 같이 수량을 규제하는 정책 이외에는 다른 정책은 무의미하다는 주장도 존재한다. 그러나 탄소세의 부과에 따른 배출량의 감축규모가 불확실하다는 것이 배출량 감축이 아예 존재하지 않는다는 것과 동일한 의미는 아니다. 비록 탄소세의 부과가 배출량 감축규모가 불확실하다는 한계를 갖고 있다고 할지라도 탄소세는 비교적 감축규모에 대해서 확실성을 제고시킬 수 있는 제도적인 보완장치가 존재한다. 예를 들어 탄소세 부과방식을 장기적인 감축목표는 점진적으로 달성하도록 추진하는 동시에 우선적으로 단기적인 감축목표를 달성하는 방식으로 설계할 수 있다. 기업들이 매년 각자의 배출량을 의무적으로 신고하는 제도를 도입

하면 매년 개별기업이 배출하는 배출량을 정확히 추적하는 것이 가능하고 이에
따라 탄소세 부과의 성과를 평가할 수 있다. 만일 배출량 감축이 목표에 부족한
경우에는 세율의 인상을 통해서 이를 해결하는 것이 가능하다.

　　탄소세 도입을 주장하는 학자들은 단기적인 배출량의 변동성이 기후변화를
통제하기 위한 노력에 저해되지 않을 것이라고 보고 있다. 오히려 단기적인 배
출량의 변동성이 배출권거래제의 시행과정에서 발생하는 배출권 가격의 변동성
보다 더 좋다고 판단한다. 이러한 주장은 이산화탄소가 매년 생산되었다 소멸되
는 Flow가 아니라 대기 중에 끊임없이 축적되는 Stock이라는 점에서 지지받고
있다. 그러나 탄소세의 도입을 반대하는 측면에서는 매년 탄소세율을 수정한다
는 것이 정치적으로 가능한 일인가에 의구심을 갖고 있다. 특히 경제 침체기에
정부에서 세율을 인상하는 정책을 시행할 수 있는가에 대해서 의문을 제시한다.

　　ⓛ ETS의 효율성 제고 방안
　　ETS는 기본적인 'Cap & Trade' 방식을 유지하면서 배출허용총량을 유연하
게 결정하도록 시스템을 보완함으로써 탄소세가 갖고 있는 효율성에 대한 장점
을 어느 정도 상쇄시킬 수 있다. 배출허용총량의 유연성은 배출량 감축비용에
영향을 미치는 경제적인 환경을 고려하여 배출허용총량을 초과하도록 인정하거
나 배출허용총량을 변경하는 방식으로 이루어진다.

　　또한 'Safety Valve'라고 부르는 배출권 가격에 대한 상한선을 배출허용총
량에 연계하는 방식도 경제적 효율성을 보충할 수 있는 방식이다. 이 방식에서
배출권 가격이 상한선에 도달하면, 당국이 그 가격에 배출권을 무제한으로 공급
함으로써 배출량이 배출허용총량을 초과하는 것을 용인하는 방식이다. 이 방식
을 적용하면 만일 배출허용총량을 준수하기 위해서 소요되는 비용이 예상보다
높을 경우에는 탄소세를 부과하는 것과 동일한 감축효과를 가져 오며, 반대로
배출허용총량을 준수하기 위한 비용이 예상보다 낮을 경우에는 가격 상한선이
있는 ETS와 가격 상한선이 없는 ETS는 동일한 감축효과를 가져 온다.

　　ETS에서 배출허용총량을 효율적으로 설정하고, 가격 상한선을 효율적인 탄
소세 수준과 동등한 수준으로 설정하면 상당 수준까지 경제적 효율성을 높일 수
있다. 만일 가격 상한선이 효율적인 탄소세 수준이지만 배출허용총량이 지나치
게 엄격하게 설정된다면, ETS는 사실상 탄소세 부과와 유사한 기능을 하게 되

며, 거의 비슷한 수준의 효율성을 거둘 수 있다. 특히 배출량의 감축규모는 ETS의 배출허용총량보다는 'Safety Valve' 가격으로 설정된 배출권 가격 상한선에 의해서 결정된다. 극단적인 경우에 탄소세와 동일한 수준의 가격 상한선이 설정되고, 배출허용총량이 영이라면 이것은 탄소세를 부과하는 것과 동일한 효과를 거둘 수 있다. 물론 ETS에서 배출허용총량을 영으로 설정해도 기업들이 온실가스 배출을 중단할 수 없으므로 기업들은 각자의 배출량에 상응하는 배출권을 가격 상한선에 정부로부터 매입하여 의무이행을하여야 한다.

만일 ETS에서 도입한 'Safety Valve'에 의한 가격 상한선이 효율적인 탄소세 수준보다 높게 설정되면 경제적인 비효율성이 초래된다. 이러한 경우에 배출량의 감축규모는 'Safety Valve'에 의한 가격보다 배출허용총량에 의해서 결정될 가능성이 높다. 극단적인 경우에 상한선 가격이 'Safety Valve'가 발동될 수 없을 정도로 높게 설정되면 실질적으로 'Safety Valve'가 도입되지 않은 ETS와 동일한 경제적 효율성의 손실을 초래한다.

ETS에 'Safety Valve'의 제도를 도입하면 이로 인해서 기업들이 온실가스의 배출량을 저감하는 기계설비의 개발과 온실가스 집약적인 구형 기계설비에 대한 대체가 지연될 가능성이 있다. 온실가스를 배출하는 데 따르는 비용이 장기적으로 상승한다고 예측하면 기업은 탄소 집약도가 높은 에너지원을 대체하고, 배출량 감축을 위한 새로운 기술의 연구개발에 열중하게 된다. 미래 배출권 가격이 더욱 높아질 것으로 예상된다면 이러한 노력에 대한 동기도 따라서 커질 것이다. 만일 ETS에서 'Safety Valve'에 의해서 가격 상한선이 설정되면 기업은 미래 배출권가격이 이 상한선에 머무르거나 이 이하로 형성될 것으로 추정하게 된다. 결과적으로 'Safety Valve'에 의해서 기업은 온실가스를 저감하는 기계설비에 대한 연구개발과 투자를 축소하는 결과를 초래한다.

이러한 문제는 가격 상한선과 함께 가격 하한선을 설정함으로써 어느 정도 완화시킬 수 있다. 가격 하한선을 설정하는 것은 정부가 배출권을 무상으로 할당하는 경우가 아니라면 쉽게 실행에 옮길 수 있다. 배출권을 경매방식으로 할당하는 경우에는 정부에서 최저 경매가격을 설정한 후에 이 가격보다 낮은 가격에 대해서는 배출권을 할당하지 않으면 된다. 이와 같이 ETS에 가격 상한선과 하한선을 설정하면 실질적으로 배출권 가격의 변동 범위가 한정되고, 이에 따라 배출권 가격이 안정적으로 움직이는 효과를 거둘 수 있다. 이와 같이 ETS에 가격의 상한선과 하한선이 설정되면 탄소세가 갖고 있는 경제적 효율성의 상당 부분을 보충하는 효과가 있다.

8.2 유럽 각국의 Carbon Tax

8.2.1 덴마크

1990년에 덴마크는 2005년까지 1988년 대비 이산화탄소 배출량을 20% 감축하는 'Energy 2000' 정책을 채택하였다. 이 목표를 달성하기 위해서 1992년부터 난방 생산에 사용되는 화석연료 소비에 대해서 DKr 100/톤의 세금을 부과하였다. 탄소세는 모든 화석연료 사용자에 대해서 부과되었으며, 기업에 대해서는 조세 부담을 제한하기 위해서 Danish Energy Agency와 에너지 효율 협약을 맺었으며, 일반적으로 더 낮은 세율이 적용되었다. 탄소세는 1990년대에 덴마크에서 진행된 기본적으로 고용에 관한 세금과 자본소득에 관한 세금을 낮추고 환경에 대한 세금을 올리는 광범위한 환경 세제 개혁의 일환으로 도입되었다.

탄소세가 도입된 직후 정부는 온실가스 감축목표를 달성하기 위해서 적극적인 조치가 필요하다고 판단하였으며, 기업에 대해서 추가적으로 탄소세를 부과하는 내용이 포함된 종합적인 'Green Energy Package'가 1996년에 도입되었다. 'Green Energy Package'는 기존 온실가스 감축 목표 이외에도 교토의정서에 의한 감축 목표인 2012년 배출량을 1990년 대비 21% 감축하는 목표를 달성하고, 탄소세를 통한 세수로 기업에 대한 에너지 효율 향상 자금을 지원하며, 예산 적자에 대한 보전 등을 목적으로 하고 있다. Danish Energy Agency와 장기 에너지 효율 협정을 체결하는 에너지 집약적인 기업에 대해서는 탄소세에 대한 부분적인 환급이 가능하였다.

'Green Energy Package'는 탄소세뿐만 아니라 이산화황에 대한 세금과 Space 난방에 대한 에너지 세금, 고용세 감면, 기업 에너지 효율 향상에 대한 보조금 등에 관한 내용을 포함하고 있다. 초기에 도입된 탄소세는 이후 에너지 세율의 인상을 반영하고, EU ETS의 배출권 가격을 고려하며, 물가 상승률을 감안하기 위하여 여러 번의 수정을 거쳤다.

'Green Energy Package'에 대한 평가에 의하면 덴마크의 이산화탄소 배출량은 1996년부터 2005년 사이에 5% 감소하였으며, 1990년부터 2012년 사이에는 14% 감소한 것으로 나타났다. 또한 2035년까지 1990년 대비 23% 감축이 가능할 것으로 예상하였다. 그러나 이러한 성과에서 탄소세만의 영향을 분리하여 평가하는 것은 자료 부족으로 가능하지 않다. 일부 연구에 의하면 탄소세의 에너지 비용에 대한 영향은 고용에 대한 세금 감면과 에너지 효율 개선에 대한 보조금 등으로 상쇄 효과가 있는 것으로 보고 있다. Danish Energy Agency는 탄소세가 고용, 개인 소비, 경상수지 등에 대해서 미치는 영향은 미미한 것으로 보고하였다.

8.2.2 핀란드

핀란드는 1990년에 최초로 탄소세를 도입한 국가이다. 탄소세의 도입 목적은 환경 상황을 개선하고, EU의 에너지 세금에 대비하며, 다른 부문의 세제 감면에 의한 세수부족을 상쇄하고, EU 2030 에너지 및 기후 목표를 달성하는 동시에 핀란드를 2050년까지 석탄 없는 깨끗한 재생에너지에 기초한 사회로 전환하기 위함이다. 처음 탄소세의 부과 대상은 석유 연료, 천연가스, 석탄과 토탄이며, 세율은 €1.12/톤이다. 세율은 나중에 수차례 인상을 거쳐 2013년에 난방용 유류에 대한 세율은 €35/톤, 유류 의 교통세는 €60/톤에 이르렀다.

2008년에 핀란드는 연간 단위의 자동차세와 자동차 등록할 때 납부하는 비용에 탄소에 관한 부분을 추가하였다. 2011년 에너지 세제 개혁에 의해서 난방과 수송 연료에 대한 세금은 기본적으로 이산화탄소 배출량에 근거하도록 하였다. 현행 화석연료에 대한 세금은 에너지 부분, 탄소 부분과 전략비축유에 대한 비용 부분으로 구성된다. 탄소세는 전기 사용량에 대해서는 적용되지 않는다.

핀란드의 에너지 세금 체계에서 다양한 세금 환급제도가 시행 중에 있으며, 그 규모는 €21억 정도로 추산된다. 에너지 집약적인 업종에 대한 세금 환급제도는 1998년에 도입되었으며, 2012년에 환급 규모와 대상 기업을 크게 확대하는 개정이 이루어졌다. 이러한 에너지세의 환급제도로 인하여 실질적으로 탄소세의 유효성은 많이 저하되었다.

핀란드에서 탄소세는 에너지세와 합쳐져서 시행되므로 온실가스 배출량 감축이 어느 세제에 의해서 이루어졌는지 구분하기 어렵다. 조사 자료에 의하면 1990년부터 1998년 사이에 에너지세와 탄소세에 의해서 온실가스 배출량은 약 7% 정도 감소하였으며, 연료 소비량도 4.8% 감소한 것으로 보고하였다. 특히 핀란드의 1990년부터 2012년까지 온실가스 배출량은 13.3% 감소하였다.

그러나 핀란드의 탄소세는 정치적, 경제적 상황에 따라 주먹구구식으로 시행되고 있다는 평가를 받고 있으며, 전반적인 에너지 세제가 저소득층과 지방

거주자 등에 대해서 불리하게 만들어졌다는 비판도 있다.

8.2.3 프랑스

프랑스 정부 2014년에 'Finance Bill 2014'에서 EU ETS에 포함되지 않는 연료에 대해서 2014년 €7/톤, 2015년 €14.5/톤, 2016년 €22/톤의 탄소세를 도입하였다. 2015년 8월에 1990년 대비 2030년까지 온실가스 배출량을 40% 감축하는 내용을 포함한 'Energy Transition to Green Growth'에 관한 법률을 제정하였다. 이 법에 따라서 탄소세는 2020년에 €56/톤에서 2030년까지 €100/톤까지 순차적으로 인상될 예정이다. 이 법은 온실가스 감축목표 이외에도 2030년까지 2012년 수준 대비 화석연료 사용량 30% 감축과 2050년까지 2012년 수준 대비 최종에너지 소비량 50% 감축목표를 담고 있다.

2014년에 탄소세의 대상은 천연가스와 난방용 석유와 석탄이었으나 2015년에 수송용 연료가 추가로 포함되었다. 탄소세는 EU ETS에 포함되지 않은 기업과 가정이 사용하는 연료의 대부분에 대해서 부과된다. 그러나 트럭 운전자, 택시, 농업 종사자 등 다양한 취약계층에 대해서는 탄소세의 적용이 면제된다.

프랑스의 탄소세는 세수 중립적으로 설계되어 있어서 징수하는 만큼 다른 세금의 감면이 뒤따른다. 탄소세의 세수 일부는 법인세 인하와 저소득층에 대한 에너지 지원에 제공하였으며, 최근에는 탄소세의 상당 부분이 노동세 감면에 사용하려고 추진하고 있다. 탄소세는 별도의 하나의 체계를 갖추 세제가 아니라 국내 소비세의 일부로 포함되어 있다. 2016년까지 소비세의 일부로서 탄소세는 €40억 정도를 징수한 것으로 나타나고 있다. 정부의 평가에 의하면 탄소세로 인하여 2017년에 Transport 부문에서 1백만 톤 정도와 빌딩 부문에서 2백만 톤 정도의 온실가스 배출량이 감소한 것으로 보고 있다.

프랑스에서의 탄소세는 2007년 대통령 선거에서 처음 언급된 제안된 이래 정치적으로 소모적인 논쟁거리가 되어 왔다. 2009년 정부가 제안한 탄소세는 과도한 면제 조항과 저소득층에 대한 보상계획이 세금의 공정성에 위배된다는 이유로 위헌 판결을 받았다. 현재에도 탄소세는 사회의 다양한 계층으로부터 정치적인 수용성이라는 측면에서 도전에 직면해 있다. 어느 연구에 의하면 탄소세의 체계가 분배 측면에서 퇴보적인 것으로 평가하고, 특정 지역에 대한 영향을 감안하여 재분배 정책이 가미될 수 있도록 수정할 것을 권고하고 있다. 이에 대해

프랑스 정부는 탄소세가 취약계층과 기업에 대해서 미치는 부정적인 영향을 완화시키기 위해 노력하고 있다.

8.2.4 아일랜드

2010년 아일랜드는 EU ETS에 포함되지 않는 모든 주거용 및 상업용 석유와 천연가스 사용에 대하여 Carbon Tax를 부과하기로 결정하였으며, 2013년에 고체 화석연료에 대해서 세금 부과를 결정하였다. 정치적인 이유 때문에 석탄과 토탄에 대한 탄소세의 도입이 다른 화석연료에 비해 늦어졌다. 우선 북아일랜드로부터 수입하는 High Sulphur 석탄이 문제가 되었으며, 토탄은 난방용으로 주로 사용되기 때문에 지방과 저소득층의 저항이 심했었다. 탄소세가 도입된 시점은 금융위기에 의해서 공공분야의 부채가 최고 수준에 도달한 때로 EU와 IMF의 금융지원에 대한 조건으로 세금을 통해 재정수익을 늘리는 것이 기본 목적이었다.

2010년에 세율은 €15/톤이 적용되었으며, 2014년 5월부터 모든 화석연료에 대해서 €20/톤이 부과되었다. 탄소세율은 매년 예산 편성과정에서 재점검된다. 세율을 올리는 것은 정치적 과정으로 부정적인 영향을 상쇄하고 남을 긍정적인 요인이 있어야 한다. 탄소세로 인한 세수는 일반예산에 편입되어 다양한 용도로 사용하는 것이 가능하다. 원래 탄소세는 세수 중립적으로 설계되었지만 정부가 탄소세 수익에 상응하는 고용세를 감면하는 것은 심각한 재정적자로 인하여 불가능하였다. 그러나 탄소세로 인한 수익이 다른 세목의 세율 증가를 막는 역할을 했다는 평가를 받고 있다.

교토의정서에서 아일랜드는 2012년까지 온실가스 배출량은 1990년 대비 13% 이하로 감축할 것을 공약하였지만 2012년의 아일랜드 배출량은 1990년 대비 5.9% 많은 수준이었다. 경제 불황이 시작하면서부터 탄소세가 시행되었기 때문에 아일랜드에서의 온실가스 배출량이 감축된 부분을 탄소세와 경제 불황으로 인한 요인을 분리하여 평가하기가 매우 어렵다.

8.2.5 노르웨이

노르웨이는 1991년에 탄소세를 도입하였다. 탄소세의 목적은 온실가스 배출의 외부비용을 자체적으로 처리하여 배출량을 감축하고, 저탄소 기술에 대한 투자를 장려하는 데 있다. 탄소세는 노르웨이 온실가스 배출량의 60%를 차지하는 난방유, 경유, 휘발유, LPG, 천연가스 등에 적용된다. 또한 HFC와 PFC에도 탄소세가 적용된다. 석탄과 Coke에 대해서는 1992년부터 2003년까지 탄소세 부과대상이었으나 그 이후에는 제외되었다. 국제 항공, 해상운송과 원양어업 등은 면제 대상이다. 내수면에서의 어업에 대해서는 낮은 세율이 적용된다.

이중과세 문제를 없애기 위해서 EU ETS에 속하는 업체에 대해서는 탄소세가 면제된다. 대략 노르웨이 온실가스 배출량의 80% 정도가 EU ETS 또는 탄소세의 대상이 된다. 노르웨이에서 온실가스 배출에 대한 직접 규제에서 제외된 부문은 농업 부문과 폐기물 부문뿐이다. 그러나 1991년 탄소세의 도입 이래로 산업계는 국제 경쟁력과 고용에 대한 부정적인 영향을 이유로 지속적인 탄소세 반대 입장을 견지하였으며, 이로 인하여 탄소세 대상에 상당수의 감면 조항이 생겨났다. 이러한 감면 조항들이 탄소세의 효과성을 상당 부분 잠식하고 있다.

2016년 탄소세율은 부문과 연료의 종류에 따라 NKr 29~445/톤 범위에 속한다. 해상 유전에 대한 세율이 가장 높다. 세율은 매년 예산 승인과정에서 정치적으로 결정된다. 석유업계에서 납부하는 탄소세에 의한 세수는 점증하는 공공연금에 충당하기 위해서 정부연금기금에 편입되며, 나머지 탄소세에 의한 세수는 정부의 일반예산에 편입된다.

노르웨이 정부는 탄소세가 도입되지 않았다고 가정한다면 2010년 노르웨이 온실가스 배출량은 실제 배출량보다 6백~7백만 톤 정도 높은 수준이었을 것으로 평가하고 있다. 1990년과 2014년 사이에 노르웨이 온실가스 배출량은 2.5% 증가하였다. 그러나 노르웨이는 높은 GDP 상승률과 인구 증가율에도 불구하고 2014년의 에너지 집약도는 1990년 대비 40% 정도 감소하였다.

8.2.6 포르트갈

포르트갈은 2014년에 재정적자를 보완하기 위해서 다른 세금을 인상하는 대신에 'Green Taxation Reform'을 채택했으며, 탄소세는 이 개혁안의 일부로 도입되었다. 'Green Taxation Reform'의 목적은 환경 보호와 에너지 자립, 경제 성장과 고용 창출, 그리고 정부의 재정 자립도 제고에 있다. 탄소세는 포르트갈 온실가스 배출량의 26% 정도를 차지하는 석유, 천연가스, 석탄에 적용되며, EU ETS에 속한 업체는 제외된다. 2015년 1월부터 €5/톤의 탄소세가 적용되었으며,

세율은 EU ETS 배출권의 가격에 연동되어 매년 조정절차를 거치도록 되어 있다.

기본적으로 'Green Taxation Reform'은 세수 중립적인 것을 목적으로 설계하였고, 초기에 탄소세의 세수를 저소득층에 대한 지원 용도로 사용하고자 했으나 실제로 2015년 이후에 탄소세 세수의 용도에 대한 제약이 없어졌고, 세수는 정부의 일반예산에 편입되어 사용되고 있다.

EU의 평가에 의하면 'Green Taxation Reform'로 인하여 포르트갈의 온실가스 배출량은 2020년까지 전체 배출량의 2%에 해당하는 약 92백만 톤 감소할 것으로 추정하였다. 이러한 평가는 탄소세만의 영향이 아니라 'Green Taxation Reform'에 포함된 다른 정책들에 효과를 모두 망라한 것이다. 포르트갈이 2030년까지 온실가스 배출량을 1990년 대비 40% 감축하겠다는 목표를 현재의 'Green Taxation Reform'을 통해서 달성하는 것은 어려울 것으로 보고 있다. 일부 연구에 의하면 포르트갈이 2030년 목표를 달성하기 위해서는 탄소세율을 €35/톤까지 인상하여야 가능할 것으로 판단하고 있다.

8.2.7 스웨덴

스웨덴은 1991년 화석연료 소비와 이산화탄소 배출량을 줄이며 기술 혁신을 장려하기 위해서 탄소세를 도입하였다. 탄소세는 EU ETS를 제외하고, 스웨덴 전체 배출량의 42% 정도를 차지하는 난방을 목적으로 사용하는 화석연료와 Transport 부문에 적용된다. 탄소세는 가정, 기업, 농업 부문에도 부과된다. 일부 탄소세 감면이 농업용 차량 또는 광산용 차량에 소비되는 경유에 적용되며, 지역난방공사도 감면 대상이다.

탄소세율은 처음 도입 시점에 SKr 250/톤이었으나 꾸준히 인상되어 2016년의 탄소세율은 SKr 1,120/톤으로 일부에 대해서는 감면이 적용된다. 탄소세에 의한 세수는 모두 정부의 일반예산에 편입되어 사용된다.

스웨덴에서 탄소세는 온실가스 배출량을 감축하는 데 있어서 중요한 역할을 담당했다는 평가를 받고 있다. 1990년부터 2014년 사이에 스웨덴의 GDP는 60% 이상 증가한 데 비하여 온실가스 배출량은 24% 감소하였다. 특히 탄소세가 부과되는 가정용 난방연료의 사용은 극적으로 감소한 반면에 탄소세가 면제되는 바이오 연료의 생산과 사용량이 크게 증가하였다. 그러나 탄소세는 저소득층이 상대적으로 자신의 소득의 더 많은 부분을 에너지 소비에 사용할 수밖에 없다는 점을 들어 에너지 세금과 함께 분배 측면에서 비판이 대상이 되고 있다. 스웨덴 정부 보고서는 이러한 문제를 사회복지체계를 통해서 다루어야 한다고 보고하였다.

8.2.8 스위스

2008년 스위스는 화석연료 사용을 줄이기 위한 종합적인 기후정책의 일환으로 스위스 온실가스 배출량의 35% 정도의 비중을 차지하는 석유, 천연가스, 석탄의 사용에 대해서 1999년에 제정된 'CO_2 Act'에 탄소세를 도입하였다. 스위스 정부의 기후변화 정책의 목적은 2010년까지 에너지에 관련된 이산화탄소 배출량을 1990년 대비 10% 감축하는 것과 교토의정서에 의한 2012년까지 온실가스 의무감축량 1990년 대비 8% 감축목표를 달성하고, 에너지 효율 향상과 재생 에너지 사용에 대한 보조금 지급을 통해서 자발적 행동에 우선순위를 부여하기 위함이다. 2011년에 스위스의 2020년 온실가스 배출량 목표는 1990년 대비 20% 감축하는 것으로 'CO_2 Act'를 개정하였다.

탄소세가 면제되는 부문은 국가 ETS에 해당하는 업체나 자발적인 온실가스 배출량 감축을 선언한 중소기업이다. 2008년에 탄소세율은 스위스 프랑 12/톤이었으나 점진적으로 인상되어 2016년에 스위스 프랑 84/톤까지 도달하였다. 탄소세율은 온실가스 배출량 목표와 연계되어 있으며, 사전에 목표한 배출량을 달성하지 못하는 경우에 탄소세율은 지속적으로 인상되어 2018년은 최대 스위스 프랑 120/톤까지 가능하다.

탄소세에 의한 세수의 2/3 정도는 개인에 대한 건강보험 시스템과 기업에 대한 사회보장 기여분의 경감을 통해서 재분배되며, 나머지 1/3은 빌딩의 온실가스 배출량 감축에 사용된다. 탄소세 세수를 개인의 임금 수준에 비례해서 민간부문이나 공공부문에 직접 재분배하는 것이다. 탄소세 세수의 일부는 재생 에너지와 에너지 효율 자원의 활용 개선에 필요한 기술혁신 사업 등에 대한 대출 보증 기능을 수행하는 기술 펀드에 투입된다.

스위스 정부는 탄소세가 온실가스 배출량 감소에 매우 효과적인 정책으로 평가하고 있다. 탄소세 징수에 의한 2008년과 2013년 사이의 전체 온실가스 누적 감축 배출량은 250만 톤에서 540만 톤 사이로 평가하였다. 정부의 조사한 자료에 따르면 대략 누적 감축 배출량의 4/3 정도가 가정에서 난방용 화석연료를 온실가스 집약도가 낮은 천연가스나 재생 에너지로 교체해서 달성한 성과이고, 나머지 1/4는 기업 부문의 성과이다.

/ 참고문헌 /

강현호, 『환경국가와 환경법』, 신론사, 2015.

고문현·류권홍, 『기후변화대응을 위한 에너지·자원법』, 숭실대학교출판국, 2015.

고문현·정순길, 『온실가스 감축과 배출권거래제』, 도서출판 다사랑, 2017.

김남진·김연태, 『행정법Ⅱ』, 법문사, 2019.

김두수, 『EU환경법』, 한국학술정보, 2012.

김홍균, 『환경법』, 홍문사, 2019.

박균성·함태성, 『환경법』, 박영사, 2017.

박덕영 편저, 『세계주요국의 기후변화법제』, 이담북스, 2012.

박덕영 외 16인 공저, 『EU법강의』, 박영사, 2012.

박순애·김성배 외 3인 공저, 『환경정책의 역사적 변동과 전망』, 문우사, 2015.

유상희 외 5인, 『기후변화 및 탄소시장 용어집』, 경문사, 2010.

이순자, 『환경법』, 법원사, 2015.

이승은·고문현, 『기후변화와 환경의 미래』, 21세기북스, 2019.

정서용, 『글로벌 기후변화 거버넌스와 국제법』, 박영사, 2011.

정회성·변병설, 『환경정책의 이해』, 박영사, 2006.

정회성, 『신기후체제에 대비한 기후변화의 이해』, 환경과 문명, 2016.

조인성, 『환경보호와 과학기술의 법적 이해』, 한국학술정보, 2011.

조홍식·이재협·허성욱(공편저), 『기후변화와 법의 지배』, 박영사, 2010.

조홍식 편저, 『기후변화시대의 에너지법정책』, 박영사, 2013.

최병선, 『정부규제론』, 법문사, 2006.

최봉석, 『환경법』, 청목출판사, 2014.

홍정선, 『환경법원론(하)』, 박영사, 2019.

홍준형, 『환경법특강』, 박영사, 2013.

홍준형, 『환경법』, 박영사, 2005.

환경행정연구회, 『환경정책론』, 대영문화사, 2017.

Eric A. Posner, David Weisbach 저, 이은기 옮김, 『기후변화정의(Climate Change Justice)』, 서강대학교출판부, 2014.

Carbon Market Watch Policy Brief, How effective will the EU's largest post 2020 Climate tool be?, 2018. 4.

Carbon Tracker, Carbon Clampdown, Closing the Gap to a Paris－Complaint EU－ETS, 2018. 4.

CE Delft and Oeko-Institut, Ex-Post Investigation of cost pass-through in the EU ETS-An analysis for six sectors, 2015. 11.

EC, A Clean Planet for all. A European strategic long-term vision for a prosperous, modern, competitive and climate neutral economy, 2018. 11.

EC, EU ETS Handbook, 2016.

EC, EU Emissions Trading System(EU ETS), 2016. 9.

EC, EU ETS Revision, European Commission Proposal, 2015. 7.

EC, EU and the Paris Climate Agreement: Taking stock of progress at Katowice COP, 2018. 10.

EC, Impact Assessment: Proposal for a Directive of the European Parliament and of the Council amending Directive 2003/87/EC to enhance cost-effective emission reductions and low-carbon investments, Commission Staff Working Document, 2015. 7.

EC, Impact Assessment: Proposal for a Directive of the European Parliament and of the Council concerning the establishment and operation of a market stability reserve for the Union greenhouse gas emission trading scheme and amending Directive 2003/87/EC, Commission Staff Working Document, 2014. 1.

EC, The Paris Protocol-a blueprint for tackling global climate change beyond 2020, Commission Staff Working Document, 2015. 2.

EC, Preliminary Carbon Leakage List, 2021-2030, 2018. 8.

EC, Publication of the total number of allowances in circulation for the purpose of the Market Stability Reserve under the EU Emission Trading System established by Directive 2003/87/EC, 2017. 5.

EC, Report on the functioning of the European Carbon Market, 2018. 12.

EC, Two years After Paris-Progress towards meeting the EU's Climate Commitments, Commission Staff Working Document, 2017. 11.

EEA, Aviation and Shipping-impacts on Europe's environment, 2018. 1.

EEA, Fluorinated Greenhouse Gases 2018, Data reported by companies on the production, import, export and destruction of fluorinated greenhouse gases in European Union, 2007-2017, EEA Report No 21/2018, European Environment Agency, 2018.

EEA, Trends and Projections in Europe 2018, Tracking progress toward

Europe's climate and energy targets, EEA Report No 16/2018, European Environment Agency, 2018.

EEX, Markets and Products 2017, EEX, 2017. 3.

ERCST, 2018 State of the EU ETS Report, 2018.

IETA, The World Carbon Markets: A Case Study Guide to Emissions Trading California, 2017.

Institute for Climate Economics, EU ETS—Last Call before the doors close on the negotiations for the post 2020 reform, Climate Brief No. 49, I4CE, 2017. 9.

PBL Netherlands Environmental Assessment Agency, Trends in Global CO2 and Total Greenhouse Gas Emissions: 2018 Report, 2018. 12.

Sandbag, An agenda for strategic reform of the ETS, 2017. 12.

Sandbag, Brexit & the EU ETS—Greater as the sum or in parts?, 2017. 5.

Transport and Environment, CO2 Emissions from Cars: the Facts, 2018. 4.

Transport and Environment, From Effort Decision to Climate Action Regulation: the Good, the Bad, the Ugly, 2018. 3.

Transport and Environment, Impacts & consequences of the adopted CAR, 2018. 10.

UK Department of Energy and Climate Change, UK Analysis: Impacts of the Market Stability Reserve on the EU ETS, 2014. 12.

UNFCCC, INDC Submission by the Republic of Korea on June 30, 2015. 6.

UNFCCC, U.S. Cover Note, INDC and Accompanying Information, 2015. 3.

U.S. Energy Information Administration, Analysis of the Impacts of the Clean Power Plan, 2015. 5.

U.S. Environmental Protection Agency, Inventory of U.S. Greenhouse Gas Emissions and Sinks: 1990—2015, 2017. 4.

Vivid Economics, Brexit and the UK's future climate policy—Principles and Options, 2017. 5.

Vivid Economics & Ecofys, Carbon Leakage Prospects under Phase III of the EU ETS and Beyond, 2013.

World Bank Group, Carbon tax Guide, A Handbook for Policy Makers, 2017. 3.

A. Averchenkova, S. Bassi, K. Benes, F. Green, A. Lagarde, I. Neuweg and G. Zackmann, "Climate Policy in China, the European Union and the United States: main drivers and prospects for the future", Policy Paper, Grantham Research Institute on Climate Change and the Environment, 2016. 12.

F. Green and N. Stern, "China's new normal: Structural change, better growth, and peak emissions", Policy Brief, Grantham Research Institute on Climate Change and the Environment, 2015. 6.

F. Green and N. Stern, "China's changing economy: implications for its carbon dioxide emissions", Climate Policy, p. 1−15, 2016.

H. Bolsher, V. Graichen, G. Hay, S. Healy, J. Lenstra, L. Meindert, D. Regeczi, M. Schickfus, K. Schumacher and F. Timmons−Smakman, "Carbon Leakage Evidence Project: Factsheets for selected sectors", ECORYS, 2013. 9.

H. Fallman, C. Heller, K. Seuss, M. Voogt, D. Phylipsen, S. Lersel, M. Oudenes, E. Zelljadt, J. Troltzsch, M. Duwe and A. Riedel, "Evaluation of the EU ETS Directive carried out within the project: Support for the review of the EU Emissions Trading System" EC, 2015. 11.

B. Gorlach & E. Zelljadt, "Forms and Channels of Carbon Leakage", Climate Change 16/2018, Environmental Research of the Federal Ministry of the Environment, Nature Conservation and Nuclear Safety, 2018. 2.

P. Krugman, "Competitiveness: A Dangerous Obsession", Foreign Affairs, 1994. 4.

M. Porter and C. van der Linde, "Green and Competitive: Ending the Stalemate", Harvard Business Review 73, 1995.

I. Turcea & A. Kalfagianni, "How to stay competitive while reducing carbon leakage: A policy analysis from the steel sector in the EU", 2015. 5.

J. Reinaud, "Issues behind Competitiveness and Carbon Leakage: Focus on Heavy Industry", IEA Information Paper, 2008.

K. Schumacher, J. Cludius, F. Matthes, J. Diekmann, A. Zaklan and J. Schleich, "Price Determinants of the European Carbon Market and Interactions with Energy Markets", Federal Environment Agency, Germany, 2012. 6.

L. Lam, S. Nierop, O. Krabbe and B. Borkent, "Feasibility Check on

Correction Factor and Benchmark Updates in EU ETS Phase Ⅳ", ECOFYS, 2016. 3.

M. Elkerbout, "A strong revision of the EU ETS, but the future may bring impetus for further reform", CEPS, 2017. 11.

M. L. Weitzman, "Price vs. Quantities", Review of Economics Studies, 41(4), p. 477−491, 2001. 1.

R. Starvins, "Correlated Uncertainty and Policy Instrument Choice", Journal of Environmental Economics and Management 30: p.218−232, 1996.

S. Bruyn, R. Vergeer, M. Hoen, M. Korteland, J. Cludius, K. Schumacher, C. Zell−Ziegler and S. Healy, "Ex−post Investigation of Cost Pass−through in the EU ETS: An Analysis for Six Sectors", CE Delft & Oeko Instit, 2016. 3.

/ 찾아보기 /

저자 약력

고문현

경북대학교 법과대학 및 동 대학원 서울대학교 환경대학원(수학)을 거쳐 서울대학교 대학원에서 '헌법상 환경조항에 관한 연구'로 법학박사 학위를 취득했다. 헌법재판소 헌법연구원, 울산대학교 법학과 조교수를 거쳐 현재 숭실대학교 법과대학 교수, 기후변화특성화대학원(에너지법제도 전문가 양성과정)원장, 이산화탄소 지중저장 환경관리연구단(K-COSEM)의 이산화탄소 지중저장(CCS) 법제도 및 대중소통연구팀 연구책임자, 대법원 양형위원회 자문위원 등으로 활동하고 있다. 한국헌법학회 24대 회장(2018), 국회헌법개정특별위원회 자문위원, 한국환경법학회 학술상, 숭실대학교 펠로우십(숭실대학교 우수교수상), 환경부장관 표창장 수상(토양 및 지하수 분야 기여)했다. 주요 저서로는 『환경헌법』, 『독일환경법』, 『기후변화 대응을 위한 에너지·자원법』, 『기후변화와 환경의 미래』(공저) 등 20여 권이 있다.

정순길

고려대학교 경영학과를 졸업하고 미국 University of Iowa에서 금융학 석사를 마친 후 같은 대학에서 재무관리 파생상품을 전공으로 경영학 박사학위를 취득하였다. SK증권에서 부서장으로 파생상품을 담당하였으며, 흥국자산운용에서 대표이사로 자산운용을 총괄하였다. 후에 상장기업인 신풍제지에서 대표이사로 근무한 후 숭실대학교 숭실융합연구원에서 경제학과 전임교수로 에너지·환경사업단장을 맡아 관련된 각종 프로젝트를 진행하였다. 최근 저서로 『배출권거래제』가 있다.

이숭은

서울대에서 제어계측학 석·박사를 졸업한 후 한국은행에서 근무 중 동대학원 언론학 박사를 취득했다. KBS「생로병사의 비밀」프로그램을 거쳐 현재는 EBS「다큐프라임」, 「지식채널e」PD로 재직하고 있다. 국제적으로는 유엔 지속가능한 글로벌 목표 <UN SDGs> 그룹의 대표단 Adviser, 정부 고위급 포럼 <UN HLPF> 회의 참석 Media Press 자격으로 기사를 공유하고 있다. 또한 국내적으로는 <UN Global Compact> CSR 사회적 기업 Partnership 부문과 함께, <K-SDGs> 워킹그룹 14(해양생태계 보존) 및 15(육상생태계 보호) 연구위원을 맡고 있다. 기타 NGO 사단법인인 <우리들의 미래>와 <환경정의>에서 학술 연구위원, <한국헌법학회> 홍보이사로 활동하고 있으며, 숙명여자대학교에서 강의를 하고 있다. 주요 작품과 저서로는 「DMZ의 사계」, 「슬픈 늑대」, 「한반도의 나무」, 「EBS 지식채널e 환경시리즈」, 『기후변화와 미래의 환경』(공저) 등 다수가 있다.

EU 기후변화정책의 이해

초판발행   2019년 6월 25일

지은이   고문현·정순길·이승은
펴낸이   안종만·안상준

편 집   강민정
기획/마케팅   정성혁
표지디자인   이미연
제 작   우인도·고철민

펴낸곳   (주) **박영사**
              서울특별시 종로구 새문안로3길 36, 1601
              등록 1959. 3. 11. 제300-1959-1호(倫)

전 화   02)733-6771
f a x   02)736-4818
e-mail   pys@pybook.co.kr
homepage   www.pybook.co.kr
ISBN   979-11-303-3444-8   93360

정 가   23,000원